周一贯 ○ 著

小学语文教育的/文化观

江西教育出版社
JIANGXI EDUCATION PUBLISHING HOUSE
·南昌·

图书在版编目（CIP）数据

小学语文教育的文化观 / 周一贯著 . -- 南昌：江西教育出版社 , 2021.11

ISBN 978-7-5705-2672-7

Ⅰ . ①小… Ⅱ . ①周… Ⅲ . ①小学语文课 – 教学研究

Ⅳ . ① G623.202

中国版本图书馆 CIP 数据核字 (2021) 第 217278 号

小学语文教育的文化观

XIAOXUE YUWEN JIAOYU DE WENHUAGUAN

周一贯　著

江西教育出版社出版

（南昌市抚河北路 291 号　　邮编：330008）

各地新华书店经销

江西省和平印务有限公司印刷

720 毫米 ×1000 毫米　　16 开本　　16.5 印张　　字数 206 千字

2021 年 11 月第 1 版　　2021 年 11 月第 1 次印刷

ISBN 978-7-5705-2672-7

定价：48.00 元

赣教版图书如有印装质量问题，请向我社调换 电话：0791-86710427

投稿邮箱：JXJYCBS@163.com　　电话：0791-86705643

网址：http://www.jxeph.com

赣版权登字 -02-2021-678

版权所有　侵权必究

语文是什么？有人说是"天地语文"，也有人称之为"生命语文"。一句话，语文似乎和其他课程有点不一样，多半就是因为它的涵盖之广和润泽之深吧。

这自然缘于语文是母语，是每个人类生命从降生以后就听到的语言、学说的语言，并由此开始学习与人交流和自我思考。可以说，有了母语，每个幼小生命方能得以享用文化和文明的恩泽。

于是，语文教育当以立德树人为宗旨。"学语习文"虽然重要，但只是一种必需的手段。而语文学科所具有的善于熏陶、感染的特点，又正可以将其作为立德树人的根基——社会主义核心价值观，并转化为语文的血肉。

在《义务教育语文课程标准（2011年版）》导引下的统编小学语文教材，在这方面有了极大的加强，其首要的一点便是中华优秀传统文化的凸显。这不仅表现在古诗文的篇幅有了很大的增加，还表现在入选了不少反映优秀传统文化的课文，这些课文赞颂古代劳动人民的智慧、坚韧、爱国敬业和诚实守信。由此不难看出，学好、用好统编语文教材，不能只是就课本说课本，更需要有弘扬中华优秀传统文化的文化视野和文化自信。在坚守儿童立场的同时，立足教材而又适度超越教材，实现"用教材教"而不只是"教教材"的文化境界。

确立统编小学语文教材的"文化观",也是新时期时代发展的必然要求。正是语文的这种文化观的律动,《中国汉字听写大会》《中国诗词大会》乃至"见字如面"的信函文化、"琅琅书声"的诵读活动等,都先后成了电视节目中为全民享用的时尚品类。这对学校语文课程的教学,无疑是一股颇具冲击力的文化洪流。

文化是什么?一个多见的定义是人类创造的所有物质财富和精神财富的总和。这说明正是人类作为文化的主体,创造了文化,而文化又作为世代相传的价值体系作用和影响着人。英国文化人类学家爱德华·泰勒说:"文化,或文明,就其广泛的民族学意义来说,是包括全部的知识、信仰、艺术、道德、法律、风俗以及作为社会成员的人所掌握和接受的任何系统的才能与习惯的复合体。"他是人类文化学的开创者,无疑正是因为看到了,文化是如此广泛地渗透在人类生活之中而难分彼此,几乎成了人类的一种生存方式,才下此结论的。对文化的这种认识,中国人也不例外。如对"文"与"化"这两个字,最早在《易·贲·传》中就有"关乎人文,以化成天下"的记载。这里的"人文"和"化成天下"就已相当接近"文化"的概念。至于将"文"和"化"连用成词,最早可见刘向(西汉)的"凡武之兴,为不服也,文化不改,然后加诛"。总之,文化与人就是凭借这种互动,在人类发展的历史中相互促进,实现了不绝的繁荣。语言文字的符号系统,既是人类对文化发展的重大贡献,又成了文化"须臾不可离"的载体。这就是不容忽视的语文固有的文化属性。有人说"得语文者得天下",大概是因为语文与人文主义、人文科学、人文修养、人文内涵、人文素质、人文情怀、人文境界等密切相关吧!其实把语文视为文化载体确实有充分的理由,因为人类对文化的诸多认识,都要用语文来表达,而历代先人对文化的创造又都必须凭借语文的记载,得以世代沿袭。若没有了语文的记录,今人又如何得知象耕鸟耘、大禹治水、秦王称霸、蔡伦造纸……难道语文只是文化的载体吗？不，语文本身就是文化。在乡间，人们习惯把知书识文的人称为"有文化"的人，而所谓的文盲被称为"没文化"。笔者15岁参加中国人民解放军，任职"文化教员"，部队的战士们要上三门课，分别是"政治课""军事课""文化课"。我是负责上"文化课"的，其实"文化课"就是语文课。当时，我是一个刚上初中一年级的学生，也能教文化课吗？完全行，因为当时的"文化课"设置的目标就是扫除文盲。由此看来，视"语文"就是"文化"，不是什么新发现，在民间早就这样认为了。

通常人们对文化有三个比喻：一是把文化比喻为一条长河，从古至今奔涌不息；二是把文化比喻为人体血脉，经脉所至而生命得以依存；三是把文化比喻为树木之根，根壮方能叶茂，本固才见枝荣。我们不难发现这三个比喻有一个共同点，那就是文化不是一成不变的，而是发展的、生长的。正如陈望道先生所认为的：所有的语文教学和研究，应该屁股坐在中国的今天，伸出一只手向古代要东西，伸出另一只手向外国要东西。陈望道先生所表达的意思是，"屁股坐在中国的今天"是最重要的立场。屁股坐稳了，要来的古代的东西或外国的东西，才能为今天的中国所用。

由此说明，语文教育的文化观，不仅要重视对民族传统文化的承传，还要善于理解其他民族的文化，并且注意在学习承传中的创新转化。创新转化也就是传统文化内在的发展机制。这种发展机制，就小学语文教育而言主要表现在四个方面：

一是"童本机制"。语文教育文化观，首先应是一种生命发展的文化观。如果说，语文教育文化是"以文化人"，"化"的关键则首先在于其对象是"人"。小学语文教育的对象是儿童，所以"以文化人"就必须坚持"以童为本"的儿童立场。传统文化或外来文化无疑博大精深，小学语文教育的文化观，自然只能是弱水三千只取一瓢饮，即能够为儿童所接受、所认知、所喜欢的那一部分。这话说起来容易，做起来却不易。因为儿童毕竟生活在当今时代，其兴趣爱好自然也会有更多的时代特点，要他们去读《三字经》《千字文》，去吟诵"古诗词""小古文"，自然会有许多的不习惯，对外来文化也是如此。一句话，儿童与传统文化、外来文化之间难免会缺失亲近感、认同感和融合力。所以，如何从儿童的心理、生理特点出发，去营造乐趣、转化方法，自然就成了重中之重。

二是时代机制。时代在发展，民族传统文化、外来文化也在随着时代而发展，晋代的陆机在《文赋》中说得好："谢朝华于已披，启夕秀于未振。"意思是古人已用之意与辞，如朝华的已开之花，宜摈弃不取。而古人未述之意与辞，则如夕秀的未开之花，宜取而用之。这里的意思就是文化的承传贵在通变，即要"望今制奇，参古定法"（刘勰《文心雕龙·通变》）才好。可见"世道既变，文亦因之，今之不必摹古者也，亦势也"（明代袁宏道语）。确实，即使是古代的先哲们，也十分强调文化在继承中要有时代的发展。这就正如鲁迅先生所言："因为新的阶级及其文化，并非突然从天而降，大抵发达于对于旧支配者及其文化的反抗中，亦即发达于和旧者的对立中，所以新文化仍然有所承传，于旧文化也仍然有所择取。"（《浮士德与城》）显然，文化在这种时代变化机制中的推进，正是文化自身得以与时俱进、生生不息的缘由所在。

三是现实机制。现实的存在要求是硬道理。一切事物若能在现世存在，必然有其现世的需要。正是基于这样的道理，所有的传统文化、外来文化只有可以为现实的文化建设服务，才有存活的条件。这就决定了文化的发展过程必然要与现实生活相联系、相结合，并在这种联系、结合中进行转化。如中国民俗的节气文化，在统编小学语文教材中有不少与之相联系的内容，如入编了民间的《二十四节气歌》《数九歌》《十二月花名歌》，有与节气相关联的不少古诗，还有直接表达节气的课文，如《四季》《秋天》《端午节》……于此可见，古老的节气文化也都是在与现实生活的结合中，获得了新的存在价值。就以端午节来说，不只是"粽子"仍是今天的美食，传统的香袋制作，也被赋予了现代的防疫意识，而划龙舟竞渡，更成了强身健体的运动之一。

四是变式机制。正因为语文教育的文化观对语文教育发展过程的审视，存在着基于"童本"、源于"时代"、重于"现实"的内在机理，就必然会带来诸多的变式、变法策略，使语文课程文化能获得更强大的生命动力和生存活力，这就有赖于发展方式的改变，从而使语文教育文化更适合于当代儿童生命成长的需要，更能够与当代儿童的生活方式、思维方式、学习方式、表达方式、合作方式相适应。特别应当指出的是，今天我们正处于信息社会，"互联网+"已无孔不入地走进我们的生活，就更应当让语文教育的文化生存与这种信息化的社会生活相适应。这在曾经红遍全国乃至世界华语圈国家的《中国汉字听写大会》《中国诗词大会》《朗读者》《见字如面》等荧屏节目中可见一斑。正是因为这些节目采用了图像化的呈现方式，多样化的选题答题，多极化的参与设置和游戏化、表演化的操作过程，才使观众的参与情趣盎然，热烈空前。于此可见，语文教育文化内容的创造性发展以及形式的创新性呈现是紧密相关的一个整体。

历史在延伸，时代在进步！2020年8月下旬，教育部已在组织我国义务教育课程标准的新修订。回想上一次修订启动还是在10年前（2010年），10年后的今天，修订是在中国特色社会主义进入新时代背景下进行的，重在解决存在的问题，重在面向未来做好提升。所以必须体现培养时代新人的要求；必须立足当今世界复杂局面的挑战；必须应对疫情防控暴露出来的问题；必须服务国家义务教育发展的战略。（余慧娟：《突出重点，打造新时代新课标》，《人民教育》2020年第18期）这对于语文课程如何坚守母语本色，培育家国情怀，造就具有创新精神和实践品质的新一代，是一场更为严峻的挑战。作为语文教师，我们当然不能忘了"学语习文"的课程基本要求，但更要追求"以文化人"的育人大计。因此，语文课程更应当跳出学科知识的狭小范畴，更多地拓展文化视界。当下更应当在学好、用好统编教材上下功夫。但即使只是教材的文化观，也是一个宏大的话题。本书以五个部分言说："语文教育的文化之本""语文教材的文化之源""语文教法的文化之策""语文课堂的文化之道""语文素养的文化之光"。虽难免只是管窥之见，但更大的希冀是能够由此抛砖引玉，引发大家对语文教育文化观的思考和讨论。

第一章　语文教育的文化之本

第一节　语文教育的母语特性

语文教育的生命在于它通体有着文化血脉的维系。正是语文与文化的关系密切，常使人们把二者混为一谈。在民间，将能识字断文的人称为"有文化""文化人"。笔者曾在中国人民解放军某部任过"文化教员"，记得当时文化教员的主要工作就是"扫除文盲"或帮助战士"学语文"，也统称为"学文化"。部队里有"政治课""军事课""文化课"，其中文化课其实就是语文课。这样的习惯认识，自有它存在的道理。尽管文化的内涵极其丰富，不仅仅是语文，但语文确实是文化的载体。语文承载着文化，文化自然就像血脉一样，维系着语文的生命存在。而语文的通体文化血脉的特点又在于它的母语特性。

所谓母语，当指"一个人从小从父母或周围环境中自然学到的以交际为目的的语言"（参见顾明远主编《教育大辞典》，上海教育出版社，1997年，269页）。所以母语也称"本族语"或"第一语言"。

正因为母语是本族语，人类的每个生命在他呱呱坠地之后就生活在母语的怀抱之中，母亲絮絮叨叨的亲子呓语，节奏动听的摇篮曲……幼小生命就开始了母语的熏染，显然这与是不是识字无关。张中行先生曾以两个凤姐为例，说明作文应当言为心声。一个凤姐是《红楼梦》中的王熙凤，她几乎是文盲，竟能给大观园里才华横溢的众姐妹"即景联句"起头，道出了"一夜北风紧"的首句。这个开头不仅相当大气，而且作为联句之首，思路开阔，余韵深长，似乎是很见语文功底的。另一位是著名评剧演员新凤霞，她以记录口语的写作方法，竟写了多种回忆录。对她来说，会写的字实在太少，很多字都是以同音别字代替的，或干脆画圈留白，全靠她丈夫吴祖光先生一一订正。为此，叶圣陶曾填《菩萨蛮》一词相赞："家常言语真心意，读来深印心儿里。本色见才华，我钦新凤霞。"两位凤姐都近乎文盲、半文盲，为什么也有如此的语文能耐？原因很清楚，虽然她们识字不多，但其母语水平相当不错。其实，在民间近乎文盲的人群里，我们并不鲜见能说会道、思维清晰、长于交际，而被称为"草木才子"的人物。于此足见母语是语文教育最本质也最重要的特性。

母语性不仅跟语文的语用性、工具性密切相关，还更多地体现在它对家国情怀的维系，对人格德行的培育，对文化血脉的承传和为生命立言之根本。这也就是母语作为人类生命的第一语言，与学习其他第二语言的重要差异之处：学习第二语言，我们只要学习这类语言的规则和运用就行了。可母语却不一样，远远不只是学习语言规则和能说会写，它还有其他很重要的东西，要而论之，似有以下几个方面。

1. 母语哺育的家国情怀

联合国教科文组织早在 1961 年就对母语提出一种比较确定的解释："母语是指一个人自幼习得的语言，通常是其思维与交流的自然工具。"这一解释，概括了母语的基本特点。它不仅强调了母语的功用，是内部语言运用（思维活动过程）与外部语言运用（在输入与输出中完成接受与表达）的最常见工具，而且更凸显了它的来源是自幼在生活中习得的。这种习得过程几近神秘。正如鲁迅先生认为的："孩子们常常给我好教训，其一是学话。他们学话的时候，没有教师，没有语法教科书，没有字典，只是不断地听取、记住、分析、比较，终于懂得每个词的意义，到得两三岁，普通的简单的话就大概能够懂，而且能够说了，也不大有错误。"这说明婴儿学说话（也就是开始学母语），是从自然状态的家庭生活开始的，其内在机理，正如鲁迅所认为的："小孩子往往喜欢听人谈天，更喜欢陪客，那大目的，固然在于一同吃点心，但也为了爱热闹，尤其是在研究别人的言语，看有什么对于自己有关系——能懂，该问，或可取的。"一句话，正是在家庭的日常生活中，开始了母语学习的漫长过程。一个个小家是婴幼儿得以生存、成长的极其可贵的生活空间，而千千万万个"家"又都密切地组合成并且连接着一个"国"。于是，"家"是"小家"，"国"就是"大家"，"国家"这个我们最熟悉不过的词，其实就体现着"家国情怀"这种十分可贵的精神境界，而深深地沉潜在我们的母语习得之中。在中国的传统文化里，家国情怀是最基本的精神修养。《孟子·离娄上》中"天下之本在国，国之本在家，家之本在身"，说明了每一个生命（"身"）与"家"的关系，"家"与"国"的关系，都具有属于"本"的特性。而《大学》中"欲治其国者，先齐其家，欲齐其家者，先修其身"，更揭示了三者（国、家与人）的内在密切因果联系。综上所述，"家国情怀"应当是婴幼儿在母语习得中就开始的重要收获，从而成为母语最重要也最鲜明的个性特征。

2. 母语熏陶的人格养成

"人格"是什么？不仅是指人的性格、气质、能力等特征的总和；也泛指个人的道德品质。这是词典的规范解释。母语所具有的人格养成的品行是不难理解的。因为"立人以立言"是"人本论"的要义之一。真正能够"立言"的人，是必须具有高尚人格的"君子"。《周易·系辞上》说得好："言行，君子之枢机，枢机之发，荣辱之主也。"而君子总是"安其身而后动，易其心而后语"（《周易·系辞下》）。在我们的生活中

"言为心声"是人人皆知的常识，由此，荀子就认为"赠人以言，重于金石珠玉；观人以言，美于黼黻文章；听人以言，乐于钟鼓琴瑟"(《荀子·非相》)。于此足见，"言"(母语)与人格养成的关系是十分密切的，这也是对母语本体的价值认知。"言为心声"的本意就在于言语正是人之所以为人的本质和特性。

王充是我国东汉时代伟大的唯物主义思想家，会稽上虞(今浙江绍兴市上虞区)人。也许是因为与笔者同乡的缘故，说到母语的人格养成，不由得又想起了他。他在六岁就读书识字，八岁进本乡私塾。因学习成绩很好，他二十岁时被保送去洛阳太学学习，跟随著名儒学大师、历史学家班彪。为了弄懂老师讲的道理，他总是把引证到的材料都找来读过，无一遗漏。太学的藏书读完了，他就常到洛阳街头的书铺里，找书站读。晚年从京师回到上虞，一面开馆讲学，把自己所学无私地传授给年轻一代；一面以朴素的唯物主义为武器，批判当时流行的迷信思想，写出了《论衡》这部包括八十五篇、多达二十万字的巨著。王充之所以能成为闪耀着古代唯物主义光辉的思想家，无疑得益于自小在母语熏陶下养成的坚忍不拔、追求真理的人格品质。由此可见，在母语价值取向下的立言，正是"人之为人"的本性、特性之所在，"人之为人"的自证和确证。因此，这也正是母语对于人格养成所体现的强大力量所在。

3. 母语内蕴的文化血脉

语文是文化的载体。如果说，文化是人类创造的所有精神财富和物质财富的总和，那么这些精神财富和物质财富都是离不开语文的记载和传递的。正是从这样的视角看问题，我们才感受到在母语中潺潺流淌着的民族文化的血脉。这里不仅有汗牛充栋的中华文化史的经典，如"四书五经"，还有"学派名流"(如司马光、王充、刘勰、朱熹、王阳明、章学诚等)、"诗文圣手"(如陶渊明、李白、杜甫、白居易、苏东坡、范仲淹、欧阳修、吴承恩、袁宏道等)。不要说汉赋、唐诗、宋词、元曲、清联，是中华文化史上的五座高峰，即使是民间的那些俗语、谚语、成语、歇后语，乃至曲艺、相声、民间传说、神话故事……又何尝不是民族的文化瑰宝。有这样一个小故事：一位在日本生活多年的中国人，有一次到一个面馆吃面，旁边坐了一位吃面老人，也许是眼神不太好了，老人把牙签瓶误以为是胡椒面瓶，一着急，把一瓶牙签全倒进了碗里。所有的牙签一下子铺在面汤上，可以想象当时的情景有多尴尬。但是让这位同一桌吃面的中国人吃惊的是，居然听到了日本老人嘟囔了四个字——"草船借箭"。这不禁使人大为感慨，中国文化的力量真的太伟大了。笔者觉得这番感慨不仅有当时的场景——面汤上漂着许多牙签，与"草船借箭"时箭散落于江面颇为相似；更有日本老人对中国文化的熟稔，竟能在尴尬的瞬间，拿中国的三国故事自我解嘲。当然还有那位旅居日本的中国人对民族文化的自豪，竟能为这样一件小事而感动，写成了一篇颇有深意的文章发于报端。显然，中华母语的文化血脉，不仅会永远流淌在华夏大地，而且也会流淌在异国他乡，放射出国际文化交流的耀眼光辉。

4. 母语独具的教学秘籍

一种母语有一种母语的民族性与地域性，在漫长的历史传承中自然也就形成了只适合这种母语的教学秘妙。汉母语教学数千年的历史传承，确实有着属于自己的独特的教学方式，若以一言蔽之，似乎一个"读"字是可以涵盖的。

汉母语的教与学，是以"读"为核心的，"读、思、悟、写"四位一体。对此，朱熹说得好："凡读书……需要读得字字响亮，不可误一字，不可少一字，不可多一字，不可倒一字，不可牵强暗记，只是要多诵遍数，自然上口，久远不忘。古人云：'读书百遍，其义自见。'谓读得熟，则不待解说，自晓其义也。"（宋·朱熹《训学斋规》）这种读书情态，在宋代陆游的《读书》一诗中也可见得："放翁白首归剡曲，寂寞衡门书满屋。藜羹麦饭冷不尝，要足平生五车读。校雠心苦谨涂乙，吟讽声悲杂歌哭。三苍奇字已杀青，九译旁行方著录。有时达旦不灭灯，急雪打窗闻簌簌。倘年七十尚一纪，坠典断编真可续。客来不怕笑书痴，终胜牙签新未触。"

虽然我国有文字记载的汉母语教育历史悠久，但语文单独设科却是1903年以后的事，迄今只是百余年。在过去几千年漫长的岁月里，母语教学总是和经学、哲学、史学、文学不分，这就造成了古代母语教学传统经验并不独立存在，而是散落于论教说学、讲经辩道乃至诗词歌赋、散骈文章之中的特殊情况，恰如无数星斗散落于苍穹。

首先，当然是落在中国古代教育家的著述之中。虽然这些论述不会专指语文教学，但是母语读写为所有教学的基础和载体，自然处于绕不开的核心话题。如我们从孔子、孟子、荀子、颜子推、董仲舒、韩愈、朱熹、王阳明等先贤大家的经典之作中都不难发现许多关于语文教育的真知灼见，其在今天依然有着振聋发聩的强大作用。孔子在《论语》中的主张是"读"要与"思"相结合，提出"学而不思则罔，思而不学则殆"；又主张"读"必须与"习"（包括写）相结合，必须与"行"相结合，提出"学而时习之"和身体力行的原则。孟子主张学习贵在主动自得，提出如"君子引而不发，跃如也"（《孟子·尽心上》）、"君子深造之以道，欲其自得之也"（《孟子·离娄下》）的观点……不仅如此，我国母语的教学秘密也大量出现在蒙学教材和教法的研究著述中，同时在古代不少的诗词作品和诗话体小说中也常有关于母语教学的真知灼见。

记得早在1995年3月，赵朴初、冰心、夏衍、启功、叶至善、陈荒煤、吴冷西、张志公、曹禺等9位德高望重的全国政协常委，在全国政协会上提出了"016"号提案，指出"我国文化之悠久及其在世界文化教育史上罕有其匹的连续性，形成了一条从未枯竭、从未中断的长河，但时至今日，这条长河却在某些方面面临中断的危险。如果不及时采取措施，任文化遗产在下一代消失，我们将成为历史的罪人"。这是根据当时的实际情况提出的。可喜的是今天中华民族的优秀传统文化正在得以弘扬，母语的诸多教学秘妙也正在新时期得到传承发扬。

第二节　语文教学的文化内涵

近来，"得语文者得天下"几成流行语，原因当与这些年的中高考有关。语文作为基础学科的地位，在中高考中日益强化，语文测试的难度自然也逐渐提升。作为语文测试，是不可能不从语言往文学、文化、艺术、历史等更广阔的空间拓展的，以更有效地考查学生集言语能力、文学修养、思维方式、品格价值于一体的综合能力。所以"得语文者得天下"，正是道出了语文本有的丰富文化内涵，是向语文学科本质的回归。

"文化"是一个十分复杂的概念，有几十种定义。当然，这些定义无非是在认知角度和表达方式上略有差异，更多的共识还是指文化是人类在社会历史过程中创造的物质财富与精神财富的总和，狭义的是指社会意识形态以及与之相适应的制度、机构等。由此看来文化是一个有机系统，物质文化和精神文化是统一的整体，精神文化衍生的基础还是物质文化的发展。正因为这样，在世界各地域，物质文化和精神文化的发展会有差别，这就使文化具有了民族性，每个民族的文化都有其特定的内涵。

无论是物质文化还是精神文化，若要沿递、拓展和交流，都必须突破时间和空间的阻隔和制约，这就得仰赖于语文。于是，语文成了文化的载体，语文教学的文化内涵也就因此而宏富。其实，"得语文者得天下"的背后是语文教学有着十分丰富的文化内涵。

有人常以"语言文字""语言文学""语言文化"来表述语文课程内容的宽阔，而且以为小学阶段应以"语言文字"教学为主，中学阶段

"语言文学"就显得十分重要了，大学阶段应当研究的是"语言文化"。当然，这有一定道理，但未免比较呆板、僵化，如若在教学中就此画地为牢，那就十分可悲。难道"语言文字"中就没有"语言文化"，就没有"语言文学"？所以，我们不仅要关注三者之间的区别，更要认识到三者之间的系统联系。

其实，语文的文化内涵又何止"语言文字""语言文学""语言文化"，笔者以为还应该有"语言文辞""语言文章""语言文本""语言文史""语言文明"等。于此也不妨略陈拙见，以有助于对语文文化内涵的讨论。

1. 语言文字

语言文字每个国家都有，但绝大多数国家用的是拼音文字，这就大异于中国的方块字，集音码、形码、义码于一身，既具象形的形象思维功能，又有字理结构的逻辑思维功能。汉字的如诗如画、如影如幻，及它的象形之美、结构之美、意蕴之美和音韵之美，可以说是独步全球、举世无双。《义务教育语文课程标准（2011年版）》针对当下"提笔忘字""胡乱写字"的严重问题，特别强调了汉字的识写教学，明确指出要"培育热爱祖国语言文字的情感"，"认识3500个左右常用汉字，能正确工整地书写汉字，并有一定的速度"。在"教学建议"部分又特别强调"识字、写字是阅读和写作的基础"。有人说，文字是一种历史、一种创造、一种文化，也是一种生命记忆。文字作为一个民族的标徽，刻录的是一个民族的生活史、文化史、精神史和心灵史。此话不假，尤其是作为基础教育之基础的小学语文教学，对此必须有深刻的认识。

2. 语言文辞

一般指文章的用字、用语等，有些也指文章音节的组合成为意义单位的词，并连词成句，连句成辞，可表达完整的意思，则成文辞。这是词典上常见的对文辞的解释。《史记·孔子世家》中的"约其文辞而指博"中的"文辞"是这个意思；庾信《上益州上柱国赵王》"风流盛儒雅，泉涌富文词"中的"文词"，也是这个意思。笔者所指的"文辞"则更侧重于词语。在语文世界里，文字是基础，词语就是由文字组成的一个"大家族"。这里除语法系统的名词、代词、动词、形容词等，还有修辞方面的用词，如比喻词等。词应当是语言里最小的、可以自由运用的单位。除词之外，还有短语，这是一个更为庞大的群体：俗语、谚语、歇后语、成语、熟语……所有这些蔚为大观，无疑是语言文化中不容小觑的一族。

3. 语言文章

《史记·儒林立传序》中有"文章尔雅，训辞深厚"之说，这里的"文章"所指就是能独立成篇、组织精到的文字。这与《现代汉语词典（第 7 版）》中对"文章"的定义"篇幅不很长的单篇作品"是同样的意思。语文教材中的一篇篇课文，也就是一篇篇文章。1950 年编写的初中语文课本"编辑大意"中有这样一段说明："说出来是语言，写出来是文章，文章依据语言，'语'和'文'是分不开的。"但是这只能说明文章来自语言，尚未能说清楚"语言"和"文章"的区别：语言的呈现多是口语，一般会比较粗糙、随意；而文章是指精心组织过的书面语言，经过作者的深思熟虑之后，方才下笔成文，无论叙事还是说理，自然会比口语精湛许多。

4. 语言文本

《现代汉语词典（第 7 版）》把"文本"解释成为"文件的某种本子（多就文字、措辞而言），也指某种文件"。笔者在这里单独予以强调，是因为文本在语文教学中，也指教材或课本、课文。从"教"或"学"的层面来说，文本（课文）的解读是至关重要的。关于作品的"文本理论"应当说是古已有之的，但真正的发展与成熟当在 20 世纪 20 年代前后。这一理论强调的文本是独立的客体，无论是一篇小说，还是一首儿歌，一样是不论大小长短的独立审美对象，是一种有生命的美学形态。它的意义，当有文本自身的规定，并且独立呈现出来。它不仅与读者的理解无关，甚至也与作者的意图无关。一部小说《红楼梦》，它的蕴意和审美价值，当然大大超越了原作者的写作意图；而不同读者心中的"红楼梦"自然也各不相同。这种文本的独立性，使它具有了超越时代的独立意义，既不再受制于作者的权威，更不受扰于不同读者理解层面的主观性与随意性。这就使文本具有独立的、专门研究的价值。显然，以文本为中心的这种读解理论与语文教学有着十分重要的关系。

5. 语言文学

文学作为社会的意识形态之一，古今中外都曾把一切用文字书写的书籍文献统称为文学。这自然与语文几近一体了。随着人类认知能力的不断精细和深入，现在，我们则专称用语言塑造形象，以反映社会生活，表达作者思想感情的艺术为"文学"，又称"语言艺术"。文学通过作者的想象活动，把经过选择的生活经验，体现在一定的语言结构之中，以表达人对自己的生存方式的某种发现和体验，因此它是一种艺术创造。文学的形象不具有造型艺术的直观性，而必须借助语言唤起人们的想象才能被欣赏。这种特点，赋予了文学反映生活的极大自由和表现上的巨大可能性，可以达到其他艺术所难及的思想深度与广度。由此可知，文学与语文之间有着十分密切的联系。一册语文教材所选的课文，大部分就是文学作品。为此，在中国的语文教育发展历史上，就有过文学与汉语各独立设科的时期。这是我国现代语文教育史上的一次具有开创性的改革。1951年3月，教育部召开的第一次全国中等教育会议，首先提出了语言文学分科的设想，1953年12月，中央语文教学问题委员会向党中央递呈了《关于改进中小学语文教学的报告》，在获得批准后，1955年教育部陆续制定和发行了《初级中学文学教学大纲（草案）》和《高级中学文学教学大纲（草案）》，相继编写出版了《初级中学汉语课本》和《初级中学文学课本》

《高级中学文学课本》，并编有教学参考书。就这样，汉语、文学分科教学从 1955 年秋季开始试行，1956 年秋季全面实施，到 1958 年停止，前后不到三年时间。这种半途夭折，既有政治形势变化的原因，也有教材自身的缺陷。但不管怎么说，这场改革还是很有意义的。

6. 语言文史

人类生命所受到的教育，最早应该是关于语文的教育，这是因为所有幼小的生命来到这个世上就生活在母语的怀抱之中，应当就是在那个时候，便开始接受语文教育。

就我国语文教育而言，即使以文字的产生开始算起，也称得上是源远流长了。这是因为汉字是世界上历史最悠久的文字之一。当然，对于汉字何时产生，现在还各有说法，但如果从甲骨文算起，到现在也有三千多年。在这漫长的岁月里，语文教育是不断向前发展的。无论是在传说中五帝时代就出现的名叫"成均"的大学，还是虞夏时代开始出现的"庠"和"序"这类的学校；无论是西周的"国学"和"乡学"，还是唐宋以后的官学和私学。它们的名称可以各不相同，所学内容也不尽一致，但重视语言文字的传习，都会是一项首要任务。虽然"语文"这一科目的命名，在我国出现较晚，但语文教育一直存在却是不争的事实。三千多年的传习和发展，其形成的历史足迹，无疑是蔚为壮观的。它不仅是我国语文教育发展的源流，更是形成语言文化的重要基础和过程，我们又怎能等闲视之。

7. 语言文化

关于语言文化，其实笔者在前面已说了很多，但在这里还不能不再做强调。我国是很早就有着文化自觉的国度。因为汉语早期大多使用单音词，组成"文化"的单音词"文"与"化"这两个字，就比"文化"更早地出现在古籍之中。"文"是象形字，与"纹"相通，意思是各色交错的纹理。在《说文解字》中是这样解释的："文，错画也，象交文。"人们对"文"的关注最早是从自然界的痕迹、纹理开始的，表示的是"天文"，诸如鸟兽足迹、木石纹理、云彩变幻等。其后，又转向了对"人文"的关注。这在《易经》中也有颇为细致的表述："刚柔交错，天文也；文明以止，人文也；观乎天文以察时变，观乎人文以化成天下。"以后，"文"的引申义又指"文字"及相关的象征符号。之后又从文字引申为文化典籍、礼乐制度、人文修养等。"化"本义为改易、生成和造化。"可以赞天地之化育"（《礼记·中庸》）中的"化"即造化的意思，就是指事物形态和性质的改变。由此可见，对"文化"一词，今天我们常用"以文化人"来做通俗的解说，还是很有道理的。

8.语言文明

"文明"一词，当指人类在社会历史发展过程中所创造的物质和精神财富的总和，是对社会发展到较高阶段和所具有的较高文化素养的指称。显然，这一切又与人类社会语言文化的发展是分不开的，而文化与教育又具有天然的血肉联系。语文教育尤其是文化的客观存在，自然就有了独特的文化意蕴。语文是文化的载体，教育则是文化得以存在的一种表现形式，赖以发展的一个必然过程。这两者的合力，正是造就人类文明的不竭源泉和强大力量。在讨论语文学科的丰富文化内涵时，是无法不言及语言文明的。

"时间过去，文字留下"，也就是"历史过去，语文留下"。统编小学语文教材一年级上册的第一课，已不是"开学了"，而是"天地人"。《三字经》里有"三才者，天地人"之说，出自《易·说卦》："立天之道曰阴与阳，立地之道曰柔与刚，立人之道曰仁与义，兼三才而两之。"意思是说整个世界就是由天、地、人构成的。可见，这看似简简单单三个字的改变，凸显的正是中华优秀传统文化的大视野，展现的正是对语文课程文化内涵认知的高境界。

第三节　语文教学传统经验的文化审视

回顾始于世纪之交的我国第八次基础教育课程改革，确实是一次全面的整体性改革。当时《全日制义务教育语文课程标准（实验稿）》（以下简称《语文课程标准》）的制定和实施，无疑会较多地面对 21 世纪信息化、全球化、个性化时代的挑战，做出积极的应答。这也确实给语文教学改革带来了许多新的理念和对策，如：尊重学习主体的特点和发展需求；确立以人为本的三维目标；积极提倡自主、合作、探究的学习方法；构建平等对话的课堂运作机制；关注学生的个性化阅读和独特体验；重视课程资源的开发和知识的综合运用；等等。这不仅有效地提高了语文教育的全面质量，而且从根本上强化了语文课程的时代建设，确实是功不可没。但是，任何一项改革都不会一帆风顺，都有待于在实践探索中更趋完善。当我们在看到课程标准给语文课堂改革带来的许多新景观的同时，也会发现绝非个别的一些不良现象，特别是"泛语文"甚至是"去语文""非语文"的倾向，更是不容忽视。这些问题归结到一个根本点，就是对我国语文教学传统经验的承传关注不够。如此认为的归因有四点：

——信息不够对称。课程标准的制定无疑会反思原来《语文教学大纲》中许多的"不合事宜"，会更多地考虑到如何应对新世纪的全球化挑战，会参考一些外国母语教学乃至课程标准制定的成功经验，也会有选择地吸纳西方的"后现代课程论""建构主义""接受美学""多元智力理论"等现代思想。所有这些当然是必要的，可以体现多元文化的优势。但从教师队伍的构成现状看，青年教师正在成为主体。他们有限的工作经历，对于纵向的民族的语文教学发展历史和传统经验，往往知之不多；

而对当代的、横向的新理念、新信息，则比较容易产生兴趣，接受较快。这两者信息的不对称，容易导致对汉语文化固有的本色本真的淡出。这本来被人们视为不会丢失的东西，现在恰恰被失落了。

——本体遭遇遮蔽。中国语文教学的本体是汉语文，若从甲骨文的出现算起有三千多年的悠久历史，若从孔子开讲《诗》《书》《礼》《易》《春秋》算起，也有两千五百年的传统了。汉语是以汉字为基础的，汉字是世界上最古老的文字，在其他几种表意文字先后消亡之后，唯独汉字不仅一直在中国历史上扮演重要角色，而且曾先后传入朝鲜、日本、越南等一些国家，被借去记录他们民族的语言。如今，汉语又是国际通用语言之一。不同于多数国家所采用的拼音文字，汉字是一种表意文字，强调的是"意合性"，显示出一种以形示意的文化形态。每一个汉字兼具"三码"（形码、音码和义码）和"复脑"（既可形象思维又需抽象思维）的特点，独立性很强，犹如活跃的氧分子，在滚动碰撞中可以自由地组词成语、连句成篇。以此构成的汉语，也重在意合，其意蕴要从上下文中体味，重在整体感知。这种特点在一定程度上，不仅决定着汉语的教学方法和学习规律，也深层次地反映出中华文化特征和东方思维方式。语言学家王森然先生在 20 世纪 20 年代末曾说过："其他各种的教材教法，内容工具，似乎还有可借鉴于他国先例的地方，特有国文，非由我们自己来探索不可。"（参见《中学作文教学概要》）这是很有见地的。虽说汉字、汉语在漫长的历史中也有了一些变革发展，但它的文化血脉没有变，总体没有变，学习汉字、汉语的基本规律当然也不会变。借鉴西方母语教学中的一些思想虽属必要，但必须充分考虑是否适合汉字、汉语的自身特点和教学规律，不可遮蔽了汉字、汉语本体。应当说，还是中国人最懂得如何教学中国语文，因此也应当特别重视中国语文教学的传统经验，那毕竟是经历了漫长的历史考验被证明是切实可行的珍贵认识。

——批判淡化继承。应当看到，由于中国古代的语文教学不是单独设科的，而是与哲学、理学、经学、史学等融合在一起的，语文教学偏重于读经传道，其内容充斥了儒家教义和封建礼数；又因为历来的言、文不相统一等原因，中国古代语文教学的许多方面常被视作落后而招致批判。在民族虚无主义者的眼里，更因近代的西学东渐和慑于西方科技文明的心态，视传统语文教学为封建糟粕，"汉字落后论"的呼声甚高，以致不少人曾有将汉字拉丁化的改革设想。在这样的批判浪潮的冲击下，必然也会祸及对语文教学历史经验的公正评价，视此为冬烘先生的陈词烂调，完全不科学。尽管这样的批判大潮已成为过去，"汉字落后论"也正在被时代的现实证明为谬误。历史的进程已经表明了汉字是最具生命力、最优美、最智慧的文字，它完备的系统性、鲜明的示差性和高适用性，即使在计算机输入上也比拼音文字更见优越。然而，曾经泼向汉字、汉语的脏水，还一时难以在人们的头脑里洗刷干净。这在一定程度上也影响着我们对中国语文教学传统经验的珍视和承传。

——浮华排挤扎实。改革开放为东西方多元文化的交流和碰撞创造了十分有利的条件，在语文课程深化改革的今天，我们借鉴国外的一些当代学说和先进理念，引入西方国家母语教学的某些经验，这不仅可行而且十分必要。然而当这些"舶来品"一齐涌来时，我们需要时间将它与中国国情相融合，与汉语文教学的特点和规律相适应，有一个民族化的消化吸纳过程。如果只是一窝蜂地"拿来"，或者半懂不懂地照搬，就难免会被人们看作是一种"时尚"而风行一时。被追慕"浮华"的情绪所捆绑，也会使我们排斥曾经被证明是行之有效，并且足以朴实地反映出语文学科本色本真的那些传统的教学行为，甚至视这些本来是应该承传的宝贵经验为"老土""不合事宜"而自觉或不自觉地予以抛弃。这也许正是当今人们特别呼唤"本色语文"的归来，希望语文课堂重视扎扎实实地"学语文"的原因所在。

新的课程改革虽然是面对 21 世纪全球化挑战所做出的战略回应，其重大意义远远超越了课程教材的范畴，但绝不是推倒重来，而是我国2500多年语文教育历史发展过程中崛起的一个时代高度。今天的语文教学改革无论有了多少现代化的发展，都无法抛开传统而另辟一个全新的文化生存空间。因为传统是无法割断的奔腾汹涌的历史长河，今天的"现代"就是昨天的"传统"；而今日的"传统"，正是昨日的"现代"。传统是一代代人创造的积累，现代人实际上活在古人的历史文化之中，所有的发展创新都离不开吸纳前人的成果。当然，接受传统也不是搞历史倒退，试图在已经消逝的时空里去建设现代的语文课程文化。其实在"承传"的语义中就应当包含了在"承前"中"启后"，在"继往"中"开来"。《义务教育语文课程标准（2011年版）》的"前言"部分，开宗明义地指出：九年义务教育语文课程的改革，应注意"总结我国语文教育的成败得失"，"遵循语文教育的规律"；在"课程的基本理念"部分也强调"语文课程还应考虑汉语言文字的特点对识字、写字、阅读、写作、口语交际和学生思维发展的影响"。显然，这些阐述，都指明了继承中国语文教学传统经验对于深入开展语文课程改革的重要意义。但是，在实践中我们还是感到对汉语文传统教学经验继承发展之不足。为此巢宗祺教授（教育部语文课程标准制定小组组长）在2001年11月14日接受《语文学习》编辑部的采访时就已经表示："《标准》（《语文课程标准》）在实施上怎样更有可操作性，还有待通过实验加以改进。因为现在有许多目标是带有前瞻性的，以前没有。处理前瞻性和继承性的关系有待探索。"

国学大师南怀瑾先生接受访谈时说道：现在一般的人们，"太过年青现代化了，根本不知道过去传统的教育方法，是有多么的轻松愉快，让儿童们在歌唱舞蹈的气氛中，达到文化教育的水平。古人说'弦歌颂德不绝'，就是这种境界"。古人把"最难记的'算术''天文''地理''物理'等学识，都编成'歌诀'来唱，声声朗诵。那便是最高明的方法……"著名语文教育专家李伯棠先生在其所著的《小学语文教材简史》（山东教育出版社，1985 年）中也曾一针见血地指出："我们进行语文教学，教学生识字、读书、作文，必须掌握两条原则：一是要符合本国语言文字的特点，二是要符合学生学习本国语言文字的规律。……我们的前人，在长期的语文教学实践中，在这两方面，已经摸索出一些门径，积累了不少经验。这是我们语文教学中的一份宝贵遗产，必须有分析、有批判地加以继承。"那么，在实施《义务教育语文课程标准（2011 年版）》的语境中，体现对汉语文教学文化传统经验的承传，我们应当注意哪些问题呢？

1. "识字为先"与汉字文化意识的强化

汉语以汉字为基础，所以在汉语文的学习中识字具有特别重要的意义。明代的《教学良规》中就明白指出"教小儿须先令其认识所读之书之字"；清代王筠在《教童子法》中更强调"蒙养之时，识字为先，不必遽读书"。所以在我国语文教学的历史上不仅有以"三百千"为代表的集中识字教材，而且有极为丰富的识字教学经验，可供借鉴。由于小学是基础的基础，识字量的达标，识字工具的掌握，识字方法的熟练运用，能用硬笔和毛笔书写汉字并体会到汉字的优美，以及识字、写字良好习惯的养成，基本上都必须在小学阶段完成。2000 年 1 月 20 日教育部基础教育司在《关于当前九年义务教育语文教学改革的指导意见》中就强调指出："应充分考虑汉字的特点，以提高识字教学效率。同时，让学生在识字过程中初步领悟汉字的文化内涵。"然而教学现状不容乐观。识字教学未能真正体现如《义务教育语文课程标准（2011 年版）》所倡导的是小学语文"一至二年级的教学重点"，对传统的识字教学经验又缺少了解。在三至六年级的语文教学中对识字教学更为忽视，一次性出现一黑板（或屏幕）的生字，一读了之的现象屡见不鲜。其实，汉字在中国是非常伟大的创造。汉字的方块形和表意性，不是它的落后，而正是它最为宝贵的长处。可别小看了构成汉字的那些笔画线条，在其变幻无穷的组合中，凝聚的却是中华民族的审美情趣和中华儿女的生命意识。这正如余秋雨所言："东方式的线条是精神的轨迹，生命的经纬，情感的线索，在创作过程中又是主体力量，盈缩收纵的网络。"另一方面，就信息的存量来讲，点不如线，线不如面，是几何学的常识。汉字的两维平面方块，比线形文字的信息储存功能自然会大许多。这正如一位日本学者所讲，一个汉字便是一个电子集成块。汉字融"三码"（形、音、义）于一体，兼有"双脑"（图像化的形象思维与意合性的抽象思维）开发的功能，堪称一种大智慧文字。现在，有人认为小学语文教学的现代效益，应当是提前读写，发展思维。这当然有一定道理，但不能因此就排斥了识字教学的独立价值。这正如语文学家宋永培先生所讲，汉字这个书面符号，它的灵魂是义，是作为系统而存在与活动的义，所包含的是中华民族精神及其反映出来的文化观念。现在，人们有意无意地把汉字的定义仅仅限制在脱离了文化内涵的一串声音或符号的范围，这是受苏化、西化影响的结果。他们的文字是直接写音的，只注重读音自然无可厚非，但以此来对待汉字的教学就近乎荒唐。20世纪50年代，印度总理尼赫鲁曾对他女儿说："世界上有一个伟大的国家，她的每一个字，都是一首优美的诗，一幅美丽的画，你要好好学习。我讲的这个国家就是中国。"可是在我们的识字教学中，却远远没有达到把每一个字看成是一首诗、一幅画来教学，甚至或多或少把识字只看成是为了"扫除阅读障碍"的一个教学环节，为进入阅读和写作搬掉"绊脚石"，忽视了汉字文化的丰富内涵和宏大价值。正因为小学的识字教学没有充分到位，发生在大中学生中的写不好字、不能正确用字等未能过好文字关的严重现象也就不可避免。在信息时代，这不仅关系到语文教学的质量，也影响到一个人的整体文化素养。

2. "文以载道"与"文道结合"理念的深化

我国古代的语文教学并不单独设科，而是与经、史、哲等结合在一起的，换一个角度看，语文教学更深地体现了以"求善"为目标的儒家"伦理型文化"的本质特征。从孔子到唐代的韩愈、柳宗元，宋明理学家和清代桐城学派，关于"文以载道"的论述很多。尽管古代的"道"所指乃儒宗教义、封建礼数，并不如现代那样泛指思想内容，但文与道必须相结合的观点，或者直截了当地说就是语言形式与人文内涵必须相结合的观点，仍然可以一脉相承。如唐代的柳冕在《答荆南裴尚书论文书》中就说："夫君子之儒，必有其道；有其道必有其文。道不及文则德胜，文不及道则气衰。"言说者从强调文道必须兼备的角度，提出了文道统一之重要。宋朝的周敦颐，直接指明了"文以载道"的关系："文所以载道也。轮辕饰而人弗庸，徒饰也。况虚车乎？文辞，艺也；道德，实也。笃其实而艺者书之；美则爱，爱则传焉。"（《通书·文辞》）宋朝的朱熹对文与道关系的比喻更为明彻、直白，他认为"道者文之根本，文者道之枝叶。惟其根本乎道，所以发之于文皆道也。三代圣贤文章，皆从此心写出，文便是道"（《朱子语类辑略》）。综观我国从先秦到唐宋古文运动前这一历史时期的语文教学，可以被称为"诗教课程"。这是以孔孟儒学为育人目标，并以《诗》的审美趣味，提升学习者的品德情操和言语行为过程，以培养"厚德载物""文质彬彬"的君子为目的的语文教学活动。从唐宋古文运动以后的一千多年，语文教学则以"文教课程"为主流。它是以唐宋儒学的育人标准为要求，以唐宋古文的审美情趣提升学习者的品德情操和言语行为为过程，以培养具有忧患意识、旷达个性的文化人为目的的语文教学活动。（参见靳健《我国古代语文课程的性质、特征及其教育功能》，《教育研究》2006年第二期）无论是"诗教课程"还是"文教课程"，我们不难发现其同质的精神，即都把学诗或习文与治道教化紧密结合在一起。于此可见"文以载道"的功能所体现的文道结合的特征，正是我国语文教学传统经验的一个重要内容，《义务教育语文课程标准（2011年版）》所强调"工具性与人文性的统一，是语文课程的基本特点"，正是继承中的发展。然而，从 20 世纪 50 年代的文道之争，到 60 年代始语文教学思想性和工具性的反复辩论，到 80 年代的对应该重"情节分析"还是应该重"语文训练"的反思，直到 20、21 世纪之交新课程标准提出的工具性与人文性相结合的课程基本特点认定，可谓硝烟不断，其共同点便是反对语文形式与蕴含的思想内容相割裂。进入新课程改革，我们在欢呼"人文性"在语文教学中复归的同时，又开始有了以"人文"代"语文"之虑。所有这些，都会使我们深感"文道结合"的语文教学传统理念，确有仍须发扬光大之必要。

3. "诵读为本"与重在积累策略的优化

以诵读为本是我国语文教学宝贵的传统经验之一，这是由汉语的特点决定的。汉语不是单音节语言，但构成汉语的汉字是单音节文字，读起来朗朗上口，极富声韵之美。因为汉字的单音节特点，非常容易构成整齐的词语和短句，而且在合辙押韵上，要比多音节的西洋语文容易得多。西方的印欧语系，采用拼音文字，其内在的法则是表于形态的，如语言的格、调、性均标以明显的形式特征，可见于视觉。而汉语重意会，无形态标识，语法规则也十分灵活，极具悟性特点，全靠在具体语境中的意会，这就要依靠反复诵读去体悟，读得多了自然能够领略那些不合常规的表达。"好不高兴"不是"不高兴"；"高兴死了"与"死"无关，其实是很高兴。其他如"省略""隐喻""双关""反语""象征"，等等，又使它足以携带许多的言外之意……总之，汉语所具有的音韵之美、形式之美、意蕴之美都决定了诵读在语文教学中的特殊地位。《荀子》中的"诵数以贯之，思索以通之"，点出了熟读精思对于学习汉语的重要；苏东坡送安惇诗云"故书不厌百回读，熟读深思子自知"，这不仅是指默读，更多的是指出声的诵读，而且在"读"前还要加一"熟"字，更要求反复地读，达到自然成诵的地步。朱熹还提出这种"读"的严格规范："凡读书……须要读得字字响亮，不可误一字，不可少一字，不可多一字，不可倒一字，不可牵强暗记，只是要多诵遍数，自然上口，久远不忘。"(《训学斋规》)学习汉语文之所以特别强调读，把读视为既是目的又是手段，关键还在于形成语感，"先须熟读，使其言皆若出于吾之口。继以精思，使其意皆若出于吾之心，然后可以有得尔"（朱熹《读书之要》）。所以，"读"占鳌头，实在是汉语文学习的不二法门。对此，《义务教育语文课程标准（2011年版）》也十分强调"各个学校的阅读教学都要重视朗读和默读"。然而，值得反思的是近代语文教学受苏联阅读教学法和西方阅读教学经验的影响，盛行起重分析、重讲问之风，似乎很难逆转。即使是对现代汉语表达的课文，也是热衷于讲析到底，占用了学生本来可以自主诵读的时间。诵读是一种理解，更是一种积累。《义务教育语文课程标准（2011年版）》十分重视语文学习的积累问题，有十处提到了"积累"一词，有积累词汇的，积累成语和格言、警句的，积累精彩句段的，还有积累习作素材的，积累生活的。所有这些积累都与诵读课文有着密切的关系。可是，现在连学生能"读通课文"这一阅读教学的"底线"都不再受人关注，或上课伊始，就进入逐段讲问；或干脆把读通课文挤到无法控制的所谓的"预习"中去。一方面课堂上很少看到教师有读通课文的训练，对读通课文的检查和对读不通课文处的细心指导；另一方面不少教师又觉得第一课时无事可做，习惯把一篇完整的课文割裂开来讲析，先忙不迭地把一、二段讲掉再说。然而学生连课文还不能读通，又如何谈得上理解、感悟，更谈不上形成语感。学生多读、少读、错读、倒读即使只是一个字，也是从口中流出了一个文理不通的病句，也许就埋下了"读懂课文"中的一处陷阱。所以"以读为本"绝不是一种可供选择的教法，实在是对汉语特点和学习规律是否认同的根本问题。

　　4."提倡涵泳"与注目阅读感悟的内化

　　学习汉语文的另一条重要的传统经验是"涵泳"，这是采用拼音文字国家的母语教学中所没有的。"涵"在《辞海》中的解释是"沉浸"；"泳"，自然就是"游于水中"。合起来的意思大概就是学习汉语文就要沉浸在作品的语言之中去细细品味，反复体悟。这是因为汉语是由方块汉字组合的。汉字有很强的独立性，每一个字不仅声美以感耳，形美以感目，意美以感人，而且其含义具有很大的意合性，特别在滚动组合成语言时又十分灵活。这正如王力先生所认为的"西洋语言是法治的，中国语言是人治的"。所谓"法治"，讲究的是客观的规律和逻辑；所谓"人治"，讲究的便是主观的直觉和意会。这种主观直觉意会，又总是在涵泳中产生。"涵泳"一词，早在左思的《吴都赋》中就已有"涵泳乎其中"的应用，宋代大教育家朱熹更是十分提倡。他说："学者读书，须要敛身正坐，缓视微吟，虚心涵泳，切己省察。"（《朱子语类》）把"涵泳"作为语文教学的一种重要方法提出。他在批评读书"贪多务广"时又指出："终日勤劳，不得休息，而意绪匆匆，常若有所奔走追逐，而无从容涵泳之乐……"（《朱子语类》）宋人陆象山有诗云："读书切戒在慌忙，涵泳功夫兴味长；未晓不妨权放过，切身须要急思量。"（陆九渊《语录》）清人曾国藩在给儿子的家书中更是把这一传统教学经验解释得十分透彻："涵泳者如春雨之润花，如清渠之溉稻……泳者，如鱼之游泳，如人之濯足……善读书者，须视书如水，而视此心如稻、如鱼、如濯足，庶可得之于意之表。"（《谕纪泽》）这番话以生动的比喻强调学习语文必须全身心地沉浸在课文的语言环境中去口诵心惟，方能知其意、得其趣、悟其神。《义务教育语文课程标准（2011 年版）》中强调："阅读是学生的个性化行为，不应以教师的分析来代替学生的阅读实践。应让学生在主动积极的思维和情感活动中，加深理解和体验，有所感悟和思考，受到情感熏陶，获得思想启迪，享受审美乐趣。"这与传统的涵泳体悟之法自有一脉相承之处。遗憾的是，在当下语文课堂上，讲风依然太盛，过多的讲析和并不精当的拓展，所带来的新的"人文灌输"，占据了学生对课文典范语言的自主涵泳和个性体悟的时间。其实，人文就在语文之中，主要靠"涵泳"得之，而不是在语文之外。当然，对于涵泳与体悟，也有持不同观点者认为，忽视了"分析"这个中介，所得印象不免有些模糊。但是就汉语文特点而言，重意会与直觉感悟，既可避免人为分割的认识局限，又可凸显以语感培养作为提升整体语文素养基础的意识。而且今天提倡重涵泳感受并不反对必要的分析引领。清朝的陆世仪说得颇有见地："悟处皆出于思，不思无由得悟；思处皆缘于学，不学则无可思。"（《思辨录辑要》）应当说，提倡学生的自主涵泳并获得体悟，是完全符合汉语文教学的本质特征和学习规律的。

5."重视习练"与坚持"多读多写"的融化

在《语文课程标准》中只一处提到"训练"，似乎是有意地规避了训练，这使不少人在思想上淡化了对语文教学中习练重要意义的认识。我们可以暂先不谈回避使用"训练"一词是否必要，就《语文课程标准》而言，"没有强调'训练'二字，但实际上包含了训练的内容。之所以如此，是希望将'探究'和'训练'放在恰当的位置"（巢宗祺2001年11月接受《语文学习》编辑部访谈录）。

重视习练是中国语文教学的传统经验之一。清代的颜元说得好，"讲之功有限，习之功无已"，教学要"垂意于'习'之一字，使为学为教，用力于讲读者一二，加工于习行者八九，则生民幸甚，吾道幸甚！"（《习斋四存编·总论诸儒讲学》）从《论语》中的"学而时习之"，到朱熹的"读书百遍，其义自见"；从堪称古谚的"熟读唐诗三百首，不会作诗也会吟"，到杜甫的"读书破万卷，下笔如有神"，都传递着"多读多写"这一重在习练的朴实的语文传统教学经验。孤立地看"多读多写"似乎已不合"追求效率"的时代精神，其实却非常符合中国语文的学习规律，即不强调从学习语法修辞等这些相关语言规律的知识入手，而从多接触直接的言语作品去熏陶感悟，多在生活实践中应用。尤其是中小学的语文教学，更不是要教孩子关于语言的知识，让他们去谈论和研究语言，而是要帮助他们形成实际运用语言的能力。能力不可能只从听讲中获得，必须通过亲历的习练和实践。所以，《义务教育语文课程标准（2011年版）》就特别强调"语文是实践性很强的课程，应着重培养学生的语文实践能力，而培养这种能力的重要途径也应是语文实践"。毛泽东曾说过："语言这东西，不是随便可以学好的，非下苦功不可。"同样说明了多读多写的重要性。教学实践表明：培养学生的语文能力，全面提高语文素养，也只有在多读多写的语文实践中方能实现，舍此别无他途。

历史已翻开了新的一页。21世纪的社会进步和科技昌明已今非昔比。同样，中国语文教学改革也历经阵阵疾风骤雨而不断向前，课程标准的创生正是在民族与世界、传统与现代的交汇中写出的新的篇章。在诸多的变化和发展中，我们应当清楚地认识语文教学的"根"没有变，汉字与汉语的个性特征和历经历史考验而沉淀下来的基本学习规律没有过时，传统的语文教学经验仍然有它的顽强的生命力，应当在新的时代里有批判地继承，在珍惜中发展。我们对此应有足够的认识。

第四节　语文教材的文化血脉：弘扬中国精神，呼唤中国功夫

2001年，继《语文课程标准》问世之后，新的"义务教育课程标准实验教科书"初审通过，并在全国发行。岁月如流，到2016年已历经15个春秋。在这段不短的年头里，中国小学语文的课程改革，在不断总结经验，锐意提升品质的过程中，有了长足的发展。在对"实验教科书"精心修订的基础上，终于迎来了由教育部审定的义务教育语文教科书（统编教材），并于2016年新学年开始试点使用，至2018年秋季全国

统一使用。这无疑是小学语文课程改革进程中的一个重要节点，也是语文教学走向以提升核心素养为靶向的重大行动。它引发不只是师生还有全社会的关注是理所当然的事。

时代在发展，改革在推进，事关"建国君民，教学为先"（《礼记·学记》）的教材，自然应当不断修订，走在时代前列。教材变了，我们不能依着习惯思路，只考虑去适应它，执行它；更重要的还在于要先去理解它，研究它，包括提出不同见解。只有这样，才称得上是真正地适应新教材，并实施好新教材。

虽然新教材最早发行使用的只是第一册，但"从一滴水可以见太阳"，从对这一册的探究，大体可以了解这一套新教材的改革指向和修改要旨，并从中感知全国语文教学改革的态势和脉搏。所以，"一册"连接着的是"一套"，而"一套"又连接着语文教学改革的"一体"。这就更加凸显了对一年级新教材读解、研究、实施探索的重大战略价值。

新教材"新"在哪里？这是人们普遍关心的问题。对此，我们可以多元地进行归纳和探究。依笔者的浅见，就其最突出的方面看，似乎可以归结为一句话："弘扬中国精神，呼唤中国功夫。"这也正是统编小学语文教材的文化血脉。

中国的语文教学需要中国精神、中国特色和中国功夫！虽然这不是现在才提出的，但统编教材更彰显了这个基本点，强化了这个基本点。在《义务教育语文课程标准（2011 年版）》的"课程基本理念"中曾明确指出语文课程"要继承和发扬中华优秀传统和革命传统，体现社会主义核心价值体系的引领作用，突出中国特色社会主义共同理想，弘扬以爱国主义为核心的民族精神和以改革创新为核心的时代精神……"这绝不是"老生常谈"，而正是汉语文教学必须弘扬的中国精神。从课程社会学的角度看，教科书应是根据"课程目标"编撰而成的一种系列文本，它不可以由编辑随心所欲，而必须遵循《义务教育语文课程标准（2011 年版)》所规定的要求，去选择那些适合的文本，并提出相应的学习指导意见。所以，教科书无疑应是国家主流价值观的载体，要履行好意识形态的守护职责。统编教材，在弘扬传统文化、抒发家国情怀这方面确实有更为鲜明的体现。

语文教材的中国精神是要通过"学习和运用中国的语言文字"来落实的，这就得用"中国功夫"来解决。汉语的基础是汉字，汉字的"块形"是集形、音、义"三码"和极具形象思维的"象形"与抽象思维的"字理结构"的"复脑"于一体的"信息集成块"，大异于极大多数国家所采用的，只能表音的"线形"文字。汉字五千年的发展史，得以在漫长的岁月里历代沿递，自有它深谙民族文化、民族精神与汉字汉语原生规律而积累的成功经验。只要我们今天仍在使用汉语，这些传统经验就是生生不息、不可丢弃的"中国功夫"。无论今天的语文教学有了多少现代化的发展，我们都无法抛弃传统，而去另辟一个全新的文化生存空间。当然，这种学语习文的"中国功夫"的承传，也不是完全地恢复传统，试图在失去的时空中建设现代的语文课程文化。应当看到当下矛盾的主要方面，在于语文教学中对"中国功夫"的忽视。这不仅是因为世界的全球化、信息的网络化和科技的超现代之必然趋势，更在于语文教师队伍的结构改变。今天，年轻教师已然成为教师队伍主体，一方面这固然为推进教育的深度改革增添了强大的活力；另一方面也因为年轻教师工作经历和知识结构的局限，难免会对纵向的汉语文教学发展历史和传统经验知之不多，对当代横向的新理念、新信息，则接受较快，也更有兴趣。这两者的信息不对称，就很容易忽略对汉语文教学传统精华的承传，客观上形成对"中国功夫"的疏失。由此对照统编教材的变化，我们不难发现对汉语文教学传统经验的重认和承传。于是，站在时代的前沿，进一步弘扬"中国精神"，呼唤"中国功夫"，形成了统编教材更具有的"中国特色"。具体分析，笔者觉得似有以下五个主要方面。

1. 识字为先：先学"天地人"，再学"aoe"

汉语文教学的最大中国特色之一，是要以识字为基础。正如清代的王筠在《教童子法》中所言："蒙养之时，识字为先，不必遽读书。"但是，新中国成立以来，我们一直都是先教拼音，这让刚上学的儿童为枯燥的"aoe"大伤锐气。新教材一反常规，适度地皈依"识字为先"的语文教学传统，把拼音教学置于第二步，这无异是对汉语文教学"中国功夫"具有时代特征的承传和发扬。正因为汉语以汉字为基础，识字教学不仅仅是为了"扫除阅读障碍"，它有着自身增长见识、激发兴趣、开启心智的功能，所以先安排一个简单有趣的识字单元，会远比先学抽象的拼音更有助于引导儿童情趣盎然地开启语文学习之旅。这样的安排，显然是有选择地承传了汉语文教学"识字为先""识字为重点"的传统经验。新教材的第一单元共识字40个，其中独体字共33个，占了80%。独体字不仅笔画简单，而且结构单纯，对新上学的孩子来说好认易学。另一方面，这些独体字都是可以衍生出许多合体字的主要部件，构字能力强，先识先写对扩大识字、写字量具有重要价值。有人以为中国语文能不能学好，关键取决于能不能过好文字关，这是很有道理的。这是学习汉语与其他外语的根本区别所在，无疑是学好中国语文的最基本的"中国功夫"之一。从"识字"到正确、美观地"书写"，从"认得"到能准确灵动地"用得"，可以说是贯穿了每个人学习语文的全过程。现在我们觉得有些成年人没学好语文，若去细细分析，还不是因为在识字、用字上的根基不扎实，没有过好文字关。这就难怪著名特级教师韩军会说："语文课之独立价值是文字。语文课首要上成文字课。语文老师首要是文字师。若关注精神，也须由文字引发，由文字贯穿，终落脚于文字，即'着意于精神，着力于文字'。"（《韩军与新语文教育》，北京师范大学出版社，2006年）确实，新教材一反新中国成立以来相沿60余年先学拼音之惯例，适度地回归于"识字为先"的中国传统经验，是一个具有重大意义的变革，是对学习"中国语文"的"中国功夫"之重认和发扬。

2. 倡导读书：修炼语文整体素养之道

教中国语文的"中国功夫"，历来强调的是让学生反复诵读，以求自得，而不以教师的分析讲解、传授语文知识为主。所谓"读书百遍，其义自见"，即便是在颇需讲解的"文言时代"尚且如此，更别说是现代的白话文了。

语文教学以学生的自主、自由诵读为体，着眼的是读书可以综合受益。这不仅是因为多读可以发展思维、开阔视野、培育语感、提升精神，还因为读书可以巩固识字、丰富词汇、有益积累、感悟技法。读书是每个生命成长发展的必然需要。所谓"胸藏文墨虚若谷，腹有诗书气自华"就是此理。

特别强调诵读，是学习汉语文的内在规律，是不折不扣的"中国功夫"。汉语是以汉字为载体的，每一个汉字都有极丰富的意蕴，而汉字的字数众多，而且每个字的确切意义，要由上下文的语境来确定。这与仅靠三十几个字母拼合表音的文字是不可同日而语的。所以，学习书面汉语，需要的是字字入目，声声入心。这就离不开各人都得按自己的诵读速度去逐步体味，乃至读出自己的领悟和意趣。这也就是汉语文教学有异于西方母语教学，须特别强调"诵读为体"的缘由所在。统编教材在注重学生的自主诵读方面是一大特色。如"入学教育""我是小学生"就先读"上学歌"；"识字"第一、二课"天地人""金木水火土"，都编成了儿歌化的课文；在"口耳目"一课中又编入了民族古谚："站如松，坐如钟。行如风，卧如弓。"其他如"对韵歌""语文园地一"中"识字加油站"的一首关于雪花的诗谜、"日积月累"中的古诗《咏鹅》等都是极富童趣的诵读好材料。在"汉语拼音"部分，编入了10首儿歌、儿童诗。可见，无论是入学教育还是先识字、后拼音，诵读成了"见缝插针"贯穿始终的一条红线。特别值得关注的是在"语文园地"中，新教材增加了"快乐读书吧"与"和大人一起读"两个专栏，更把儿童阅读从课内到课外，从校园到家庭，做了整体性的联动，让诵读真正成为儿童生活中不可缺失的快乐。

琅琅书声，朗朗乾坤。孩子学语文，就应从放声诵读入手，培养读书兴趣。统编教材的特点之一是要"有意解决不读书、少读书问题。现在语文教学的问题是读书太少，很多学生只读教材和教辅，很少读课外书，语文素养无从谈起。针对这一状况，新教材抓住读书兴趣这个'牛鼻子'"（参见义务教育语文统编教材编写组：《整体渗透，将核心价值观化为语文的血肉》，《人民教育》2017年第18期）。若以讲练语文知识为主，能提高听说读写的能力吗？不仅不能，而且事倍功半，徒费精力。因为所谓的被"风干"了的语文基础知识，只有在实践运用的语言环境中，才能充分显示其作用，发挥其功能。

3. 减轻负担：为了提升核心素养

应试教育体制，以知识为中心是必然的追求。为了在考试的得分上比高下，加重学生的课业负担也就成了必然的结果。而当下我们需要的教育是"人"的发展成长，可以概括为是"学生中心，价值观导向"的教育，也就是重在发展学生核心素养的教育，即能够适应学生的终身发展和社会发展的必备品格和关键能力，可以综合表现为社会责任、国家认同、国际理解、人文底蕴、科学精神、审美情趣、身心健康、学会学习、实践创新等九大方面。为此，那种以分数竞争为手段，以知识传授为中心，以加重课业负担为代价的状态必须改变，实现大学科意识下在跨学科课程中进行跨学科的自主学习。新教材在减轻学生课业负担方面有明显体现，如一年级上册的识字从400个减到300个。这也是教育部自2011年始每次修订"课程标准"的基本趋向。如以小学一、二年级为例，旧"大纲"需累计认识常用汉字1900个，会写1000个，而《义务教育语文课程标准（2011 年版）》只要求认识常用汉字 1600 个，会写 800 个左右。如此减轻负担，不仅不是降低质量，而恰恰是为了提高质量，让孩子可以腾出精力学得更愉快、更主动、更全面，更可以在统整跨学科的学习中去开阔视野，实现超越。如统编教材一年级上册"识字"的第 5 课就安排了"对韵歌"，这便是承传汉语文传统，大胆实现超越之举。对韵，在中国古代语文教学中叫"属对"，是在识字教学进入初级读写训练时的一种重要教学方法。而且有了许多关于指导属对的书，流行较广泛的如《声律启蒙》《笠翁对韵》等，多达几十种，可见对"属对"的重视。虽然当时"属对"有为写骈文和近体诗作训练的目的，但其实更重要的是隐含着汉语文教学某种内在的规律，即可以帮助学生了解汉字的"虚实死活"，词义的同反对应，感受韵律的阴阳上去，有助于"习字演文"的推进。所以，"属对"不仅可以帮助学生积累词汇，感受语法，而且隐含着十分重要的语法、修辞和逻辑思维训练。更不容忽视的一点是，这种重要训练有着近乎文字游戏的形态，充满了智力角逐的快乐。"属对"的智慧，实际可以体现出一个人语文素养的外溢效应。统编教材那么早就安排"属对"，瞄准的正是语文的核心素养。

4. 皈依生活：重在行为层面上的实践体验

生活是生命成长发展的活动轨迹。人类的所有活动，包括教学活动，都无法脱离生活。让小学语文教材更好地皈依儿童现实的生活场景，也就成了统编教材的另一个重大特点。如统编教材的始业教育"我上学了"，只选了三句话：第一句"我是中国人"，这是"归属认同"。画面上国旗、天安门、56 个民族的儿童、蓝天白云、绿树红花，充满了自豪。第二句"我是小学生"，是"角色认同"。一曲"上学歌"，是童年的快乐和与社会责任的联系。第三句"我爱学语文"，是"情感认同"，一个"爱"字显示出浓浓的母语情怀。这样的始业教育，其深邃、丰盈的意蕴，却是以十分生活化的情境来充分表现的。

教学要回归生活，语文教学尤其如此。因为语文本来就是生活中的思考、表达和交流。学习语文从来不是从系统知识入手，而是从生活运用入手的。对此，鲁迅先生说得好，"孩子们常常给我好教训，其一是学话。他们学话的时候，没有教师，没有语法教科书，没有字典，只是不断地听取，记住，分析，比较，终于懂得每个词的意义，到得两三岁，普通的简单的话就大概能够懂，而且能够说了，也不大有错误"（《人生识字胡涂始》）。学口头语言是在如此"生活之中"，在口头语言基础上学书面语文基本上也应在如此"生活之中"，只是把"说"改成"读写"罢了。所以，语文教学之道应当十分重视学习在生活行为层面上的实践体验。

统编教材密切联系儿童生活实际这一重要特色，更集中地表现在每单元的"语文园地"之中。所谓"园地"，其引申所指就是儿童可以自主行动的一块快乐地盘，从而能够使他们在实践活动中获得丰富的语文学习体验。"园地"中的"识字加油站""字词句运用""日积月累""用拼音"等，都是让学生自己做的。新增加的"书写提示""和大人一起读"，则是对学生自主学习的必要指导。所以，"语文园地"不是主要用来"教"，而是关注让儿童在生活中自己学习、运用。统编教材还把"口语交际"和"快乐读书吧"单列出来，更有着让儿童的语文学习全方位地融入生活中去的引领作用，以确保学习者能在学习的实践活动中去获得丰富的自我体验。

5. 激发内需：重视学生的自主好学

在"以学为本"的教育理念指引下，我们必然会体会到，其实所有的"教会"，都得倚重于学生自己"学会"。如果没有学生"学"的内因驱动，所有的"教"只不过是一个"外因"条件。正是从这样的视角看教学，最好的"教法"便是"学法"，最优的"教程"便是"学程"，最佳的"教材"就应该是"学材"。由此不难推断，教学的成败关键在于能否激发学生的"内需",促进他们的"内生",从而达到"内化"的境地。所以,成功的教学活动,关键还在于学习者的行动实践,以达到学生的成长发展。荀子在《儒教》中认为:"不闻不若闻之,闻之不若见之,见之不若知之,知之不若行之。学至于行之而止矣。"这里由"闻"到"见"、由"见"到"知"、由"知"到"行"的过程,也就是学习者由"内需"驱动而达到"内化"的全过程。

由是观之,注重学生的"内需"和"内化"是统编教材的又一个特色。正如义务教育语文统编教材总主编温儒敏教授所认为:新教材体现了灵活的单元"双线"结构体例,一条线是按照"内容主题"组织单元,但又不像以前教材那样予以明确的单元主题命名;另一条线是将"语文素养"的各种"基本因素"分成若干个"点",由浅入深,由易及难,分布在各单元课文导引或习题设计之中。那么,什么是"语文素养"的各种基本"因素"?温教授举其要端如"基础知识""基本能力""学习策略""学习习惯"等,强调的正是学生在自主学习中去获得学习策略,养成学习习惯,从而去习得基础知识和基本能力。试举统编教材中的一例,如一年级上册"语文园地三"中的《小鸟念书》,这是一则情趣盎然的"微童话":老师教大家读书,老师念一句,我们跟着念一句。这时窗外的风也在教小鸟念书,可窗外的风念着"淅淅沙沙",小鸟却念成了"叽叽喳喳"。于是我们都为小鸟的念错而笑了。这是讲故事吗?当然是的,可却隐含着如何"念书"的学习方法引导。就是要把课文的字句看仔细,把老师的领读听清楚,把自己的跟读读准确。又如一年级上册"识字"中的《日月明》,课文中举例的"日月明,田力男。小大尖,小土尘。二人从,三人众。双木林,三木森……"都不只是对"合体字"的举例,而是强调了这种"合体"是有字理的。于是课后的习题中就配上了"你能猜出下面这些字的意思吗?""泪"(氵和目)、"休"(亻和木)、"歪"(不和正)。这样的训练便重在让学生去自学自悟合体字"会意"的结构规律。

小学语文教育改革面向未来的重要视点，是必须顺应社会发展趋势对人才观、教育观和语文教学质量观的需求，以提升学习者的核心素养为基本靶向。但正如陈先云同志所认为："既然是核心素养就不能面面俱到，不分轻重。语文教学的核心素养，也是如此，要重在培养学生的语言理解能力、语文运用能力、思维能力和初步审美能力。"这是很有道理的。新教材正是在以提升学生语文核心素养为目标的前提下，凸显了两方面的保护：一是保护好中国语文的"中国精神"和"中国功夫"之优良传统；二是保护好儿童的天性，即那种好问、好玩、好奇心等先天的"学习者"的生命潜能。

第五节　统编教材古诗文选篇的儿童情怀

实现社会主义文化强国，离不开文化价值观所形成的文明内聚力。而中国古诗文的精华篇章，无疑是这方面的重要载体。体现了国家意志的统编语文教材，之所以大幅度地提高了古诗文的选篇数量，确实也是为了实现社会主义文化强国的重要举措之一。从小学统编教材看，入选的古诗文多达126篇，其中古诗词113篇，小古文（含语录）13篇。这样的载量是新中国成立以来出版的各种小学语文教材所没有的。如何教学好这部分课文，要研究的问题当然很多，但宏观地认识与把握这些篇章入选有何特点，应当更具根本性意义。

古诗文因语言（文言）和形式（文言文体）大有异于现代文，会给小学生的学习带来一定的困难。因此课本入选的古诗文从总体上看特具儿童情怀是一个重要特点。在教学中，我们就一定要充分发挥其童情童趣，让小学生在感受到亲和力的同时产生对古诗文的亲近感。对如何发挥教材的这种潜在优势，我们是不可掉以轻心的。

当然，说起儿童情怀，可能会使人觉得在中国漫长的封建农耕社会里，儿童是遭到极度轻视的。他们的生存状态受到严重压抑，还谈得上会有多少情怀吗？这有一定道理，但并不全面。应当说，即使在中国古代，我们的先贤也不缺少真知灼见。如两千多年前的老子就曾说过，成熟的有智慧的圣人之精神状态与儿童是一致的，在达到人生的智慧和真趣的极致时，便是"复归于婴孩"。明代的李贽也认为："夫童心者，真心也。""纯假纯真，最初一念之本心也。若失却童心，便失却真心，失却真心，便失却真人。人而非真，全不复有初矣！"（《焚书》卷三《杂述》）于此，我们也就不难理解在中国古诗文的浩瀚海洋里，又怎么可能会没有充满儿童情怀的优秀篇章呢！

入选小学统编教材的古诗文中，特别重视儿童观的呈现，应当认为是鲜明的编写思想的映照。我们要学好用好这套教材，也就应当特别重视对学习者群体的心理关照，突出这些古诗文中的儿童意向，让小学生更喜欢古诗文。那么，统编教材中的儿童情怀，表现在哪些方面，又是怎样体现的，就值得我们好好研读，并渗透到教学中去。

1. 爱玩的儿童意趣

儿童是天性爱玩的，游戏是儿童的天使。儿童的爱玩不同于成人的游手好闲。这是因为从根本上说，儿童是通过"玩"来认识环境，学会交际的。对于孩子来说，"玩"就是学习。也许我们正是从孩子身上，也给"玩"赋予了很多的新意，如："古玩"的"玩"是一种观赏；"玩家"指的是对某些活动特别精通的人；"玩味"的"玩"则是细细体味其中的意味，那就是一种品赏，还带着深度的思考。正因为这样，现在我们把某种学得轻松、快乐，也称其为"玩"，如"玩作文""玩英语"等。所以，"爱玩"应当不是孩子的缺点，而是一种为成长所必需的优势。如选入五年级下册杨万里的《稚子弄冰》："稚子金盆脱晓冰，彩丝穿取当银钲。敲成玉磬穿林响，忽作玻璃碎地声。"写的就是儿童在严冬的家常游戏，也是很具创意的一种音乐尝试。把冬天结在面盆里的冰倒出来，穿上绳子，当成一种打击乐器，像钟像磬一样来敲着玩。这也许只有孩子才想得出来。这虽然是游戏，但儿童那种专注的创造精神，却着实令人佩服。二年级下册中高鼎的《村居》："草长莺飞二月天，拂堤杨柳醉春烟。儿童散学归来早，忙趁东风放纸鸢。"这里写的正是儿童最喜欢的户外游戏之一：放风筝。历经了一个严冬的蜗居，终于草长莺飞，春天来了。放风筝为什么能让孩子喜欢？当然到春天的郊外去可以跑呀跳呀是一方面；放风筝还是一个群体活动，一般总是会结伴而玩，是另一方面；再就是放风筝多半会伴随着制作风筝的过程，能看到自己的作品终于飞上了天，自然更会别有一番欣喜。"儿童散学归来早"一句，道出了上学读书虽然是儿童重要的事，但不是唯一的，他们在课余还会享有充分的游戏时间，去尽情地玩耍。这当然是他们喜欢的生活，也是他们成长的必需。这一点从诗里我们会有深切的感受。一年级下册中白居易的《池上》："小娃撑小艇，偷采白莲回。不解藏踪迹，浮萍一道开。"这更写出了儿童爱玩却又幼稚天真的一面。白居易的诗语言平易通俗，被人称道为"老妪能解"，所以流传甚广。这首小诗明白如话，却把一个贪玩调皮且天真可爱的小娃娃写活了。他偷偷地撑着小船去采白莲花玩，可是不懂得遮掩自己的行为，对浮萍已被小船荡开而留下的分明痕迹全然不顾。这正说明了孩子爱玩，虽然有时也会有不当的行为，但一样表现了他们的天真朴实、调皮可爱。"萧萧梧叶送寒声，江上秋风动客情。知有儿童挑促织，夜深篱落一灯明。"这是宋代诗人叶绍翁的《夜书所见》（三年级上册）。全诗用对比的手法，前两句分明抒发的是诗人郁闷孤独之情，但忽然看到远处篱笆下的灯火，料想是小孩在逗蟋蟀，却是一片欢乐的生活场景。孩子沉浸在玩乐的生活之中与诗人客居他乡又时至深秋的凄清之情，在这里形成了鲜明的对照，这自然更勾起了诗人对家乡、对玩乐童年的更多依恋之情。

应当说，入选课本的不少诗文都体现出这种爱玩的儿童意趣，这是我们在指导孩子诵读时不应该忽略的。因为正是这种意趣，会深深打动小学生的心。

2. 率真的儿童天性

所谓"天性"，所指便是人的先天本性。最早出现"天性"这个词据说是在《荀子·儒效》中："是非天性也，积靡使然也。"这就说明天性留存在儿童身上应该是最多的，之后的许多积习，就可能淡化了天性。对此，法国的卢梭在《爱弥儿》中说得好："出自造物主之手的东西，都是好的，而一到了人的手里，就会变坏了。"正因为天性在儿童身上保留最多，所以童心就像水晶一样澄澈透明，不会有矫揉造作和虚伪掩饰。这种对生命的真切感悟，往往使孩子们表现出内心的真实。宋代的著名词作家辛弃疾的《清平乐·村居》，入选统编教材四年级下册："茅檐低小，溪上青青草。醉里吴音相媚好，白发谁家翁媪？大儿锄豆溪东，中儿正织鸡笼。最喜小儿亡赖，溪头卧剥莲蓬。"全词写的是一户农家的悠闲生活，而最后着意刻画的便是那个"小儿"，你看地点是在"溪头"，那当然是最幽静、最让人舒适的去处；再看姿态，是卧着剥吃莲蓬，一会儿仰卧，一会儿侧卧，一会儿俯卧，多么自由自在、顽皮天真；吃的又是就近采下的十分新鲜的莲子……就这样的一幅场景，却是词作家觉得是"最喜"的画面。

尽管孩子们的天性中有顽皮淘气的一面，会表现出浓浓的"孩子气"，但天性中更多的是纯真，乐于帮助大人。这不，在入选课本的古诗文中，有不少行人向孩子问路的情景，这可能不会是巧合。如统编教材一年级下册的唐代贾岛《寻隐者不遇》："松下问童子，言师采药去。只在此山中，云深不知处。"如果说这里的"问童子"，原因是要找他的师父，那么唐代杜牧写的《清明》（统编教材三年级下册）中"借问酒家何处有，牧童遥指杏花村"的那个牧童，就完全是个陌生的路人了。更特别的是在《回乡偶书》（统编教材六年级上册）中，"乡音未改鬓毛衰"的贺知章，儿童竟反问这位"陌生人"："笑问客从何处来。"本来一个路人与童子有何相干，但也许是出于好奇，也许是大人常常批评孩子"爱管闲事"，儿童反而问这位路人了。当然，孩子们想的也许是可以帮助他带带路、找找人。这应该正是那种纯真的天性使然。

3. 勤劳的儿童做派

从根本上说，劳动是人生的第一需要，生活的第一要义便是"自己动手"。正因为这样，孩子是天生喜欢动手的，总会主动去尝试大人们所从事的各种劳作，而且能意趣盎然地将其当作"游戏"来做。这应当也是儿童的天性使然。在入选的许多古诗文中，我们都不难体会到孩子对劳动的喜爱。如入选统编教材五年级下册的《四时田园杂兴（其三十一）》（宋·范成大）："昼出耘田夜绩麻，村庄儿女各当家。童孙未解供耕织，也傍桑阴学种瓜。"在这个农家夏忙时的劳动场面里，孩子们不会耕地，不会织布，但也不想闲着，便学着大人的样子，在茂盛的桑树下种起瓜来了。显然，在这里种瓜是不会有收成的，但孩子们不管，似乎是不问收获，只问耕耘。其实儿童感兴趣的只是能像大人一样劳动，一样会干农活而已。牧牛是旧时孩子们常常会从事的劳动。入选教材的就有两处。一处是清代袁枚的《所见》（统编教材三年级上册）："牧童骑黄牛，歌声振林樾。意欲捕鸣蝉，忽然闭口立。"在封建社会，孩子迫于生活艰难，自小没有读书上学的机会，就得去参加劳动。但他们在劳动中也一样会寻找生活的快乐。在这首小诗中就有四种这样的意境：第一句写牧童骑着黄牛，自在而闲适；第二句写牧童还大声唱着歌；第三句写牧童忽然听到了树上的鸣蝉；第四句写牧童忽然不再出声，他想抓只知了玩。另一首诗是宋代雷震的《村晚》："草满池塘水满陂，山衔落日浸寒漪。牧童归去横牛背，短笛无腔信口吹。"（统编教材五年级下册）全诗展示的是一幅富有生活情趣的"牧童弄笛晚归图"。四周有长满了青草的池塘，青翠的远山正衔着一轮落日，这就构成了一幅有着碧山、青草、落日和秀水的美丽田园画面。于是画面中的主人公出现了，这是一个牧童，他骑牛是横坐在牛背上的，他吹笛是信口吹着的，这就凸显了牧童的悠闲自在而又不失调皮天真的样子。还有入选统编教材二年级上册的唐代胡令能的《小儿垂钓》："蓬头稚子学垂纶，侧坐莓苔草映身。路人借问遥招手，怕得鱼惊不应人。"你看，分明正是一位"蓬头"的"稚子"，可俨然像一个钓鱼高手了。所选的位置是有草能隐着身子的，而身姿又是"侧坐"的，这显然都是为了不惊动鱼儿。当路人远远过来时，就招手示意，也许是鱼儿正在咬钩了，请不要惊动鱼儿……这当然也是写孩子的一种劳动生活的。

我国古诗文中儿童的勤劳做派，不仅体现了儿童具有天生的好动手、爱劳作的特点，这足以引发今天小学生的诵读意趣，也为新时代如何弘扬劳动精神、加强劳动教育以很好的启示。

4. 聪颖的儿童智慧

童心是纯真朴实的，但并不缺失智慧。在我国历史上一直有着不少所谓神童的纪实或故事流传，这些所谓的神童，其实就是儿童智慧的一种表现。入选统编教材的古诗文中，这应该是又一方面的特色。

如第一篇选学的小古文《司马光》（统编教材三年级上册），这破缸救人的故事，几乎所有三年级的小朋友都已经读过（课外书）或听说过（故事）。现在，学史籍中的原文（课文选自《宋史·司马光传》），就得让学生思辨一下了：司马光的"智慧"表现在哪里？答案应该是要救落水儿童，只有两种方法：一种是让人脱离水，但当时因为都是孩子，既没有这种能力，又没有这样的工具；另一种方法是让水脱离人，司马光"持石击瓮"是力所能及的，水缸破了，"水迸"，也就是水脱离了人，自然便"儿得活"了。于此足见司马光的镇静应对、相机设法的智慧所在。

入选统编教材四年级上册的《王戎不取道旁李》，也是一篇小古文，选自《世说新语》。才7岁的王戎，竟然能在"诸儿竞走取之"的当时，"唯戎不动"，这是什么原因？王戎认为"树在道边而多子，此必苦李"，确实不错，如果这是甜李，主人为何不采摘了去卖；过往行人为什么不摘了吃；而家畜鸟兽又为什么不争着吞食……如此的推理思辨，竟出自一个7岁的孩子，这完全说明了我们并不缺少智慧的孩子。《杨氏之子》也选自《世说新语》，是入选统编教材五年级下册的一篇小古文，这位杨氏之子才9岁，也是十分聪慧，一方面表现在"父不在"时接待来客，进退有序有礼，显得热情周到；另一方面更表现在他的言谈之中，有原则，又不失体统。当客人看到招待他的是杨梅时，便开了一个虽无恶意但有失礼数的玩笑，说"此是君家果"。可杨氏之子不慌不忙、不卑不亢地做出了机智应对："未闻孔雀是夫子家禽。"虽然是反唇相讥，但也不失礼数。至于选编入统编教材六年级下册的《两小儿辩日》更是体现了儿童（两小儿）一个关于太阳离人远近的思辨过程：既有"辩点"，也有"辩法"，更显"辩力"。如此生动的辩论过程，甚至连作为智慧圣人的孔子恐怕也"不能决"了。

5. 生活的儿童姿态

儿童是热爱生活的，因为儿童最单纯，也最贴近生活，最能快乐地感受到生活给予的一切。儿童的快乐是他们的生活给予的，所以儿童也特别喜爱生活中的一切。"鹅，鹅，鹅，曲项向天歌。白毛浮绿水，红掌拨清波"（统编教材一年级上册）是唐代诗人骆宾王7岁时的作品。据说就是在日常生活中，一天应客人的要求，从当时生活中的实景即兴写成的，自然充满了一个孩子眼里白鹅的天然意趣。生活中常见的月亮，在孩子眼里也不一样："小时不识月，呼作白玉盘。又疑瑶台镜，飞在青云端。"（李白《古朗月行》）月亮是什么？为什么会有月亮？小孩子不知道，只以为那是天上的一个"白玉盘"，也可能是瑶台神仙用的一面镜子吧！这确实是孩子独特的生活体验。宋代杨万里的《宿新市徐公店》："篱落疏疏一径深，树头新绿未成阴。儿童急走追黄蝶，飞入菜花无处寻。"这是儿童嬉戏生活中的一个生动画面：春天来了，树头有了新绿，菜花一片金黄……就在这样的场景里，一个孩子追逐着一只黄色的蝴蝶，可惜蝴蝶一下子飞入了那片黄色的菜花之中而再也找不到了。

不只是在大自然的环境里有着儿童的许多情趣，即使在社会生活里，儿童也一样有着自己的生活。如选入统编教材六年级上册的《书戴嵩画牛》："蜀中有杜处士，好书画……一日曝书画，有一牧童见之，拊掌大笑，曰：'此画斗牛也。牛斗，力在角，尾搐入两股间。今乃掉尾而斗，谬矣。'处士笑而然之。古语云：'耕当问奴，织当问婢。'不可改也。"当然，牛斗到底是搐尾还是掉尾，答案会是比较复杂的，但这里的牧童形象却十分可爱。他的生活经验是最知道牛的脾性的，所以就敢"拊掌大笑"，而且说出了可笑的理由来。特别是这一理由竟得到了该画题跋者苏轼的首肯，并认为自应"耕当问奴，织当问婢"。

"儿童至上"，听起来似乎有点夸张，但这却是1990年9月在联合国总部举行的"世界儿童问题首脑会议"提出的口号。当时参加会议的有159个国家的代表，其中有71位国家元首或政府首脑。"儿童至上"，放在教育视野里，就是要让儿童站在课堂的正中央。由此反观体现在小学统编语文教材古诗文教学中的儿童情怀，我们又怎么能不将其作为重点之一来探究，并在教学过程中很好地身体力行呢。

第六节　改课：一个不断生长的文化概念

中国语文教育一直是以阅读教学为本位的。一本语文教科书基本上就是一册阅读课本，识字、口语交际、习作等都只是穿插其中。这不是没有一点道理。首先，因为阅读是作为一种特殊的交际方式而存在的社会现象，具有行为的社会性。人们学习各种知识，无论是数学、科学或是医学等，都得以阅读这个社会交际中介为基础。其次，阅读作为一种人的主体活动，也是人的社会实践行为，其机制是人脑这一高级形态存在的特殊运动，不仅能把密码式的符号系统（文字、标点）变为一种充满意义的作品，而且同时又改造了阅读者本身，成为促其精神成长不能缺失的必要条件。因此，语文的改课，我们首先关注的是阅读课堂的改革。

正因为阅读离不开一定的时空和文化背景，就决定了它的本质之一便是通过个人的阅读行为体现着文化影响和精神成长。如果我们只是在单一的"读者—读物"的狭隘平面范围内去机械地探索二者单向的互动关系，而不关注主客观因素的多样性，在阅读过程中各方面的参与和影响，割断了认知对象的整体性联系，就很难认清阅读教学客观存在的多元推动力，也很难进入一种全方位的阅读生命状态。这也许正是传统阅读教学历史局限的一面。当下的阅读教学就不只是学生与课文之间固化解读的单一联系，教师的组织与引领，家长的关注与参与，课文与相关读物的链接和碰撞，学生与读物之间的个性解读与批判，课堂阅读与家长、社会的互动、互促……都是当下阅读课改的应有之义。阅读不只是一种语文课程内容，同时又是一种生命成长的过程。从课堂阅读到课外阅读，从读一篇课文到群文阅读，从读一篇到读一本书，从校园阅读到家庭的亲子共读，从家庭阅读到家校共读……一句话，阅读正在从课堂走向社会，推动着中国新时代"书香社会"的营造。因而阅读课改也正在成为一个不断生长的文化概念。这是我国阅读教学改革发展的逻辑走向，也是真正提升阅读教学的根本价值所在。

1. 从以"讲"为主的接受式阅读到以"读"为主的自主式阅读

我国传统的阅读教材是以儒家经典为主的"四书五经"，其艰深的哲理性让入学的儿童难以自主读解，再加上文言的阻隔，由教师讲便成了阅读教学的基本套路。于是，阅读教学的主要模式，便是通过教师的讲解让学生接受读物内容。随着时代的进步和传统语文教学从形式到内容的变革（如文言演化为白话），这种以教师讲说为主的教学方式遭到了否定和批判，在教师帮助下让学生自主阅读之风日渐兴起。这无疑是正确的，因为阅读从本质上说应该是阅读者（学生）的个体行为，是学生的个性化心智活动过程，而这种活动的内在机能主要是读者的思考。所以，真正有效的阅读，必须依靠学生的全部心智活动和情感意志活动才能实现，别人（包括教师）是无法替代的。但是理性的认同往往会比行为的变革更容易些，时至今日，学生的自主阅读并未完全实现，教师对课文内容讲说太多，仍然是一种普遍现象。课堂教学的时间是个常数，教师占用多了，让学生自主读读、议议、练练的时间就少了。显然不能让学生充分地去阅读课文，发现和思考阅读中的问题，光听老师讲课文内容分析是无济于事的。当然更不必说教师信口开河式的解说了。听一位老师介绍他的讲课经验，说是在教学《草船借箭》一文时，把诸葛亮的指挥曾巧妙地归结为"说了三句话，下了四道令"，是"说三道四"云云。"说三道四"是个成语，其意义是固定的，指的是乱发议论。唐代宋若昭《女论语·学礼》中的"莫学他人，不知朝暮，走遍乡村，说三道四"，所指也正是"乱发议论"的意思。诸葛亮的神机妙算连周瑜也心悦诚服，虽然很嫉妒，但不得不承认"我不如他"，又怎么可以将其归结为"说三道四"呢？再说诸葛亮在组织草船借箭的过程中，也不只是"说了三句话，下了四道令"那么简单呀！这种解说既不恰当又不准确，不仅无益反而有害，也许只是为了哗众取宠，而导致弄巧成拙，占用了宝贵的课堂教学时间，没有让学生自己去读读、议议这个生动的故事，讨论一下他们想讨论的问题。吕叔湘先生曾经说过，"10 年的时间（指当时小学中学各 5 年），2700 多课时（当时 10 年制语文总课时为 2749 节），用来学本国语文，却是大多数不过关，岂非咄咄怪事"。这一问题现在看来还没有彻底解决，所以今天我们尚需在阅读课改中继续推进学生的自主阅读而再接再厉。

2. 从读"一篇"到读"群文"，读"一本书"

阅读的总体质量是要有相当的阅读数量做保证的，所以学生阅读量太小一直是个问题，试想一学期才学了那么二三十篇课文，到小学毕业才读了三百来篇短文，这又如何能为构建书香人生奠基？所以阅读教学质量的关键不仅在于让学生自主阅读，还应当有较大的阅读量。回顾新中国成立以来颁布的多个"语文教学大纲"，都会提到开展课外阅读的问题，这当然是必需的，但课内的阅读量也应当有所扩大，于是"群文阅读"也就应运而生。

阅读是一种吸收和转换语言信息，并使之同自己已有的知识建立联系并获得新发现的过程。这个过程就不能只是简单地往自己大脑里输入信息，更重要的是要对信息进行筛选、加工，与已存信息发生质的联系，并在重新组合中有新的发现。"群文阅读"以课文为基础，组织相似或相异的若干个小文本，让学生做比较阅读，这就可能促进读者的阅读思维活动呈现出一种立体状态。教育家加里宁就十分推崇这样的立体阅读，认为读书不可只了解一面，"即令了解了三面，还是没有了解到第四面。终于把四面都了解了，才知这东西不是一个'平方体'，而是一个'立方体'，总共有六面"（参见《阅读辞典》，李德成主编，四川辞书出版社，

1988 年）。所以在阅读课堂上开展"群文阅读"，阅读的增量是明显的，但这还只是它的"形"，而在"群文"的比较阅读中，思维因碰撞而激活才是它的"神"。

有课内的"群文阅读"就会理所当然地联系到在课外读一本书。其实早在 20 世纪 40 年代，叶圣陶先生就提出了"读整本书"的观点，发展到在《义务教育语文课程标准（2011 年版）》中，就更为明确地要求："培养学生广泛的阅读兴趣，扩大阅读面，增加阅读量，提倡少做题多读书，好读书，读好书，读整本的书。"

王荣生教授曾经提出课文是"引子"的观点，这也就是说阅读课文是学生喜欢课外阅读，喜欢读整本书的"引子"。确实，有的课文是长篇的节选，由此可以启发学生读长篇；有的课文是一部书的节选，由此可以引导学生读读这本书；有的课文是由原著改写的，就不妨让学生去读读原著；有的课文是某作家的作品，当然也可以由此去读读他的其他作品；有的好书和某篇课文有相同的时代背景、主题、地域特色等，也不妨沿波讨源，把好书推荐给孩子……总之，当代的阅读课堂理应成为读一本书、读许多好书的始发地。

显然，从传统的读课文拓展到读全文，读课外书，读整本书，正是阅读教学从"应试"走向构筑精神世界的一条星光大道。

3. 从校园的课内外阅读到"亲子阅读""家庭阅读"

阅读的主体是人，阅读的客体不只是书本，还有环境。阅读环境应是泛指影响读者阅读的所有外界力量的总和，它由整个周围事物构成，是一个立体的、多层级的子系统。对于学生来说，课内外的校园，固然是十分重要的阅读环境，但家庭又何尝不是同样重要的阅读环境呢？这就不难理解，阅读课改的指向不仅有校园阅读，也应当还有同样重要的家庭阅读。

儿童的成长处在父母与子女间以血缘、情感和经济等因素为纽带形成的关系之中。这通常叫"亲子关系"。它是与夫妻关系相并列的最基本、最重要的家庭关系。显然，校园的课内外阅读是必须与家庭的亲子阅读相连接、相沟通的。这就不难理解在统编语文教材一年级上下册的"语文园地"里，就有"和大人一起读"这样的栏目，在两册中一共安排了16篇读物。"大人"在这里主要是家长，要求家长能主动积极地参与家庭的亲子共读，营造家庭的阅读条件，以亲子共读的某种仪式感（如规定时间、营造空间、规避杂事、快乐共读等），把读书习惯从学校课堂推广到家庭阅读，培养读书人口。这样的亲子阅读，不光是共读，更应包括读后交流，以及家校在儿童读书兴趣、方法、习惯培养上的沟通，全方位促进孩子的健康成长。显然，"和大人一起读"不仅仅指一年级教材中的规定，而应由此进入将"亲子共读"长期化、正常化、优质化，为促进"书香家庭"的构建，推动全社会阅读创造重要条件。

课堂阅读、校园阅读与亲子阅读、家庭阅读的紧密联系，是当下阅读课改的重大进步和关键策略。它不仅关系到能否真正培养学生多读书、爱读书、会读书、读好书的问题，而且能够体现教育对社会进步、文化发展的神圣担当。从书香校园的营造到书香家庭乃至书香社会的构建，无疑是新时代最重要的精神建设目标之一。因为一个"阅读社会"，是一种巨大的精神生产力。对教育事业的发展来说，它是比物力、财力更为重要的智力投资；对科学技术的开发来说，它又是取之不尽、用之不竭的动力源泉；而全社会成员阅读能力的大幅度提高，又意味着民族文化素质的增强，是实现民族复兴"中国梦"的根本保证。

4. 从学校的阅读教学与家庭的亲子阅读到"家校共读"

阅读课改的目标，既根植于现行的语文教材和课堂阅读教学，又拓展并融合群文阅读、课外阅读、读一本书、家庭亲子阅读等，要把这些不同的阅读生活连接起来，统整为有机的阅读生活，一个重要的中介便是学校和学生家庭、教师和家长的有效互动。在信息时代，这种互动形式是十分多样的，家庭访问、短信联系、家长群、短视频……但一种更全面更有效的互动，应该是"家校共读"课的开发。这一课堂样态就是每次把部分家长代表请到班里来，与学生、教师共上一堂某一本书的阅读交流课，以实现共同阅读、共同体验、共同分享、共同成长。在这样的课堂上有着众多的"共同效应"：同伴共读、师生共读、亲子共读、家校共读，享受真正有意义的在阅读大环境里全方位沟通的阅读生活。如绍兴市柯桥区漓渚镇中心小学开展的"农村小学'家校共读'"的尝试实践研究所展示的家校共读课，就充分显示了这样的共读效应。他们大多选择有关教育主题的书，如《我是独特的，我就是我》《窗边的小豆豆》等，这些书所反映的当然都是学生、家长、教师共同关心的话题，他们站在各自不同的角色地位，都有很多意见可以交流，甚至有疑问希望求解，所以课堂交流也更加热烈。特别是家长代表们，他们来自农村不同生产和工作岗位，而且都有高中以上的文化水平，现在重新拿起了书本，不只是在家里和孩子一起读，还可以到课堂和孩子、教师、家长们一起讨论所遇到的一些教育问题，显得特别激动。看来读书活动社会大环境的优化，不仅为构建书香社会开出了一条新路，也极大地提升了阅读课改的深度和质感。一个理想的阅读大环境的营造，才是学校语文阅读课程改革的理想境界。

阅读是人能动地认识客观世界的精神活动，但从另一角度看，阅读又是人能动地改造世界的一种物质活动。其中，人的大脑把读物的密码式的符号系统，转变为充满意义的收获，实践人的生命主体与社会客体的现实统一，深度推动着社会的进步。学校的阅读课改，从课文的讲读到自主阅读，从单篇阅读到群文阅读、一本书阅读，从校园阅读到家庭的亲子阅读，一直到打破家校隔阂的家校共读，从书香校园的构建到书香家庭、书香社会的联动……实践足以证明，阅读课堂正在从应试的狭窄空间，走向广阔的社会生活。阅读课改正在成为一个不断生长的文化概念，提升着全社会读书人口的整体素养。无疑，这也正是阅读课改的宏大目标和时代走向。

第七节　小学语文课改的文化路径

以"阅读教学"为基础，我们讨论了"改课"这个不断生长的文化概念，就比较容易感受改革开放四十多年来小学语文教学改革的文化路径了。

我国教育改革开放四十多年，经历了一个天翻地覆的过程。这并不奇怪，因为四十多年的发展，我们从低收入国家行列，进入中高收入国家行列。经济是基础，生产发展了，社会进步了，人民的生活水平提高了，中国特色社会主义制度不断变革创新成功了，自然会在教育事业的发展进程中书写下浓墨重彩的华章。小学语文教学的改革前行，只不过是其中的成功一页。然而中国特色社会主义建设新时代的步伐是不断向前的，小学语文教学的改革也正在进入深化和攻坚的新阶段。站在新的历史起点上，我们需要在回望中做系统的总结和梳理，以获得更多的启示，去解决新时代发展中的新矛盾和新问题，实现党的十九大和全国教育大会提出的教育改革和发展的新目标。

从1978年到2020年，确实是中国小学语文教学由拨乱反正到健康发展的时期。语文教育理念得到了激浊扬清，语文教师在思想解放之后轻装上阵，教学改革实验得到广泛开展，教学现代化的步履正在飞速向前。小学语文教材的变革，统编教材的问世，将继承传统的成功经验和借鉴国外的科学研究成果，共融于改革开放的时代进步之中，走出了一条发展的新路。在这里，我们不妨在党和国家颁发的关键性文件指导下，以小学语文教学进行的改革步履为主线，做一梳理。虽属个人拙见，不一定全面，但也不失为引玉之砖。

1. 拨乱反正后第一个小学语文教学大纲对阅读教学的推动

在史无前例的"文化大革命"中，整个中国蒙受空前浩劫，教育界更是这场浩劫的重灾区，被错误地认定，文化教育领域是"资产阶级专了无产阶级的政，都是黑线统治"。全国的停课闹革命使学校教学陷入极度的紊乱状态，全面否定了中华人民共和国成立 17 年来的小学语文教学。

1978 年 1 月，教育部颁布全日制十年制中小学教学计划试行草案；2 月，又颁布了全日制十年制学校小学语文教学大纲试行草案。秋季，全国通用教材《全日制十年制学校小学课本语文（试用）》开始发行。由此，小学语文教学改革的热潮开始兴起。阅读教学的任务在"大纲"中明确指出，是培养学生看书报的能力和认真阅读的习惯。小学阶段，对培养阅读能力的具体要求是："掌握学过的常用词汇，能正确流利、有感情地朗读课文，比较熟练地默读课文，能背诵或复述指定的课文。能给课文划分段落，概括中心思想，能读懂适合少年儿童阅读的书报，理解主要内容，有初步的分析能力"。同时提出教材的编排原则是："要有利于完成小学语文教学的目的要求，正确反映思想政治教育和语文知识教学的辩证关系"；"要符合小学语文学习的规律，注意听说读写之间的内在联系和字词句篇之间的内在联系"；"入选课文的语言要合乎规范，体裁力求多样"；"要根据儿童的年龄特征和接受能力做到由易到难，由浅入深，由具体到抽象，循序渐进逐步提高"。对阅读课文的编排方法，分"讲读课文""阅读课文""独立阅读课文"。"在两三课课文之后，安排进行读写综合练习的'基础训练'"。与"文化大革命"时期"教学大纲"被批判、被推倒，以成人的政治读物做阅读教材的那种紊乱状态相比，本大纲的试行，确实起到了拨乱反正的重要作用，而且在教学思想和教学方法上都有明显的提升。特别值得一提的是在本大纲的第七部分，"大力改进小学语文教学"中，开始强调"教改的问题主要是教员问题"；在教学方法上，"要废止注入式，采用启发式"；"教师要善于调动学生学习的积极性和自觉性，启发学生开动脑筋分析问题，解决问题"；"要重视培养学生的自学能力"。与此同时，在小学阅读教学改革的实践层面，也有不少成果涌现出来。江苏南通著名特级教师李吉林创立的情境教学法在阅读课堂上的率先应用，享誉全国。情，是情感效应，境，是外部世界，情与境的相融无疑是阅读教学心理品质的和谐发展。著名特级教师霍懋征一学期教95篇课文的大胆尝试，创生了扩大阅读量的可能性和应然性。上海著名特级教师袁瑢创立的先集中识字，后在阅读中分散巩固"随课文识字"的新形式，获得好评。全国劳动模范丁有宽老师的"读写结合"，不仅发扬了"读写结合"的传统宝贵经验，而且归纳出了"记叙文读写的规律性知识50法"，使读写结合具有可操作性，得到了小语界的普遍拥戴……所有这些都足以说明在改革开放的起步阶段，小学语文阅读教学已有了不少新的目标和要求、不少成功的尝试和实践，这无疑是十分可喜的现象。1979年国家首批特级教师更是发挥了十分关键的引领作用。小学阅读教学，正是在他们的带动下，迈出了改革发展的步伐。

2. 20世纪80年代小语教改发展中的阅读教学

20世纪80年代在改革开放大潮的推动下，教育战线也是人心向上，群情振奋。语文教育界的有识之士，痛感语文教学效率之低下，十分关注并大声疾呼必须改革语文教育。吕叔湘率先在《人民日报》上发文《当前语文教育中两个迫切问题》，尖锐地指出："中小学语文教学效果很差……十年的时间，2700多课时，用来学本国语文，却是大多数不过关，岂非咄咄怪事！"（当时公布的教学计划，10年上课总时数是9160课时，语文是2749课时）这篇切中时弊的文章，当时被语文教育界誉为"一声春雷"，引起了强烈反响。因此，在1986年颁布的《全日制小学语文教学大纲》中，明确提出"小学语文教学的目的，是培养学生的识字、听话、说话、阅读、作文的能力和良好的学习习惯，并在语言文字训练的过程中进行思想品德教育"。在表述"小学语文教学总的要求"时，把"语言文字训练方面"列为第一。这一改革主张，对当时在"左"的思潮影响下的教学弊端，无疑是一场极大的冲击。"加强语言文字训练"，成为 20 世纪 80 年代执行《全日制小学语文教学大纲》，改革语文教学的基本方向和重要内容。

在这一时段里，全国小学语文教学研究会成立（1980 年 7 月 22 日至 28 日，在辽宁大连）及开展的活动，以及各省、市小学语文教学研究会相继成立，迅速壮大了小学语文教学研究者的队伍，有力地推动了语文教学的改革发展。特别是一批大学教授、专家、学者参与了小学语文教学的改革研究，如袁微子、朱作仁、田本娜、戴宝云、蒋仲仁、张志公等都有专题研究小学语文教学的专著问世，更加促进了阅读教学的改革发展。这时，人们已意识到小学生阅读总量不足对学习语文的严重影响。如大纲中"阅读教学"部分专门以一段一百多字的文字，提出"要加强课外阅读指导"的问题。识字教学在推行集中识字的同时，也关注到阅读教学在巩固识字方面的重要作用。因此，以斯霞老师为代表的"随课文识字"也得到了关注。作为"分散识字"的这种形式，当始于清末废科举、兴学堂之后，小学国语教学就开始了以白话语文为基础的革新，学生一入学就开始读课文，在阅读中进行识字教学。"随课文识字"强调字不离词，词不离句，句不离篇，使字词句段篇紧密联系，实现学生语文学习的全方位推进，自然识字质量就比较高。这种识字教学方法也大力推进了阅读教学的改革。同时，"注音识字、提前读写"实验也在 20 世纪 80 年代初期兴起，受到国家教委的重视，并于 1992 年 3 月召开专题推广会议。借助注音来识字，就为提前读写创造了条件，这对阅读教学的深度改革起了重要的推动作用。1986 年，目标教学创始人美国的布卢姆来华讲学，因此，浙江、上海、北京、江苏、山东等地开始依据教育目标分类学，进行了目标教学实验。就一个课时的模式讲就有四步：达成目标检测入手（相当于复习提问），围绕目标讲学（相当于讲授新课），实现目标习作（相当于当堂练习），重点目标强化（相当于总结巩固）。显然，这对阅读课堂教学的改革有促进作用。在这个时段，同时还开展了由中央教科所专家张田若指导的"集中识字、大量阅读、分步习作"的教学实验，率先提出"大量阅读"，对巩固识字、引导作文乃至促进学生的精神建设具有全方位的重要意义。由此进入了小学语文教学改革的新阶段。

3. 20世纪90年代小学语文教学改革呈现了新姿态

20世纪90年代，站在20世纪末的历史高地，回望中国改革开放从胜利走向胜利的进程，前瞻新世纪的大好风光，小学阅读教学改革更是方兴未艾。

1985年5月《中共中央关于教育体制改革的决定》的公布，1986年4月《中华人民共和国义务教育法（草案）》的颁行，标志着中国教育事业的发展又进入了一个新的时期。它对于进入20世纪90年代的国家九年义务教育课程改革和小学语文教学改革，无疑是方向性、根本性的指引。国家教委于1986年拟订《义务教育全日制小学、初级中学教学计划（试行草案）》，而后，又制定并初审通过了学科教学大纲。同时，还规定了义务教育教材的建设工作，组织编写了多套语文教材。此时，小学语文学科在进行义务教育课程计划、教学大纲和教材建设的同时，逐步由升学教育向素质教育转轨，小学语文教学的改革也因此有了很大的推进。2000年，国家颁布了《九年义务教育全日制小学语文教学大纲》的试用修订版。其基本特点是明确提出素质教育的思想，强调了教学要面向全体学生；同时对各年级的教学要求规定得比较具体，特别是大纲"继承了小学语文教学中行之有效的传统经验，注意吸收近年来教学改革的优秀成果，这对小学语文教学改革具有指导意义"（参见杨再隋：《切实打好基础，全面提高素质》）。大纲中针对阅读教学提出的"对阅读有浓厚兴趣""注意积累语言材料""背诵优秀诗文不少于150篇（含课文）""学习浏览，能根据需要收集有关材料"等，都是吸收了这些年来阅读教学改革的优秀成果的体现。同时强调"学生是语文学习的主人，要加强学生自主的语文实践活动"，"要充分利用现实生活中的语文教育资源，优化语文学习环境，努力构建课内外联系、校内外沟通、学科间融合的语文教育体系"等，也都反映出小学语文教学改革在实践中的显著进步和提升。

与此同时，经国家教委批准（1988年），上海市、浙江省根据本地区经济文化发展实际，进行了义务教育课程改革试验，制定了各自的教学计划、课程标准，自编了相应的语文教材并试行。如此多纲多本的试验，也体现了义务教育课程改革充分注意了区域差异，力求有更好的区域适应性。

语文教学改革更多地关注了课堂教学的优质化，是不可忽略的另一方面的提升。与此同时，各地开展的优质课评选活动、"教坛新秀"的课堂教学考评展示等，都把课堂教学的优化作为阅读教学改革研究的重点之一。一些优课研究的论著，如戚建庄等主编的《优质课教学》（华夏出版社，1991年）、钱威的《语文教学优化论》（陕西人民教育出版社，1993年）、周一贯的《语文教学优课论》《阅读课堂教学设计论》（宁波出版社，1998年）等著述相继问世，更加丰富了对优课创作的理据研究和实践总结。另一方面，对课堂板书的专项研究也是另一个热点。以王松泉教授领衔的板书学研究组织相继成立。教师以"板书图示导读"，成为课堂教学改革所普遍认可的一大特点。与此同时，来自国外的"纲要信号图示法"（苏联教育家沙塔洛夫创立于20世纪60年代）也受到国内语文教学界的重视和借鉴。

4."语文课程标准"为语文教学带来根本性变革

1999 年 6 月,《中共中央、国务院关于深化教育改革全面推进素质教育的决定》提出,要"调整和改革课程体系、结构、内容,建立新的基础教育课程体系";2001 年 6 月,《国务院关于基础教育改革与发展的决定》进一步明确了这方面的任务。于是,我国新一轮基础教育课程改革在世纪之交启动。新课程于 2001 年 9 月在全国 38 个国家级实验区进行实验,之后,逐渐推开,不断深化,充分显示出其强大的生命力。《义务教育语文课程标准》经实验稿试行后,定稿颁发的 2011 年版正式实行。该课程标准明确指出"课程基本理念"是"全面提高学生的语文素养","正确把握语文教育的特点","积极倡导自主、合作、探究的学习方式"和"努力建设开放而有活力的语文课程",确定了语文教学的改革方向。遵循知识与能力、过程与方法、情感态度与价值观的相互渗透、融为一体的课程目标,提出了一、二、三学段相应的阅读教学和具体目标、内容。与此同步,义务教育课程标准实验语文教科书也开始全面使用。课程标准特别在"实施建议"部分,明确提出了"阅读是运用语言文字获取信息、认识世界、发展思维、获得审美体验的重要途径",是"学生、教师、教科书编者、文本之间对话的过程",特别强调了"阅读是学生的个性化行为","教师应加强对学生阅读的指导、引领和点拨,但不应以教师的分析来代替学生阅读实践","在理解课文的基础上,提倡多角度、有创意的阅读",要"重视培养学生广泛的阅读兴趣,扩大阅读面,增加阅读量,提高阅读品位",等等。这些都体现了小学语文教学改革的正确方向,其改革的指向和力度,是空前的。正是在课程标准的引领下,小学语文课堂从理念、内容、形式和方法上有了极大的发展。如在对中华民族优秀传统文化的继承方面,开始迈出更大的步子:教师开始注意克服以讲问为主的课堂模式,力图从"课文内容分析式"的误区里走出来,尝试结合课文拓展一些相关的易懂古诗文进入课堂,或选一些现代文片段作为拓展阅读的群读文本，或结合依据地域资源开发的校本教材进行教学。与此同时，有的还选用一些古代蒙学课本《三字经》《弟子规》等作补充选学教材。另外，一些学校开始做从读一篇课文到读一本书的引导，把阅读教学与打造"书香校园""书香童年"结合起来，在扩大阅读量上下功夫……所有这些，都给课程标准指导下的语文教学，增添了耀眼的时代特色。语文教学内容的革新也推进了语文教学方式的相应改革。以教师讲问为主的"一言堂"传授方式，随着应试教育的日趋淡化，也发生了一些变化，开始有了以学生质疑为主、课堂讨论为主、自主探究为主和小组讨论合作学习等多种有利于学生自主阅读的实验和探索。应当说，在中国小学语文教学发展史上，这一时期的改革是根本性的、大跨度的。虽然与课程标准的要求还有一定距离，但就我国语文教学本身而言，确实是一场具有历史标志的变革，或者我们也可以称之为"后阅读时代"的到来。

5. "三科统编教材"施行下语文教学的大变革

2016年，中共中央办公厅、国务院办公厅联合印发了《关于加强和改进新形势下大中小学教材建设的意见》，从制度层面明确了教材建设是国家事权。2017年7月4日，国家教材委员会正式成立。根据党中央做出的重大决策部署，教育部在2012年启动了统一编写义务教育道德与法治、语文、历史（简称"三科"）教材，历时5年，至2017年全部完成。在三科教材编写过程中，专家工作委员会先后集中召开24次审查会商会议，共计900多人次参加了审查工作，最后报国家教材委员会审查通过。同时决定从2017年秋季学期开始，全国所有地区小学一年级和初中一年级使用统编教材，2018年覆盖小学初中一、二年级，2019年所有年级全部使用统编教材。

随着新教材的投入使用，小学阅读教学如何理解并把握统编教材的编写理念、价值导向及特色，成为一线教师关注的重点。此外，统编语文教材的结构体系，编排设计思路，有哪些新的改革、新的要求，也成了小学语文教师关注的焦点。随着统编教材的逐步推行，对小学语文教师来说，无疑是一次大学习、大讨论、大实验的过程，是一次师资素质的大培训、大提高，也是小学语文教学一场更为深刻的改革。

统编语文教材以立德树人为宗旨，利用语文学科善于熏陶、感染的特点，将社会主义核心价值观化为语文的"血肉"。这种整体渗透，首先体现在三"加强"：一是加强中华优秀传统文化的内容。统编语文教材的古诗文比例有了大幅度增加，不仅一年级就有古诗，而且小学6个年级的古诗多达126篇。另外反映传统文化的课文也有不小的增加。二是加强了革命传统教育的内容。三是加强国家主权意识教育的内容。在对课文的选择上更是下了很大功夫，兼顾了经典性和可读性，也考虑到文体的多样性、典范性，以及在难易度上的适合性，以激发学生自主阅读的兴趣，同时也留给教师发挥的空间。

从语文教学改革的视角看，统编教材更是牢牢地抓住培养学生阅读兴趣这个语文"牛鼻子"。统编教材并非对原有教材的颠覆，而是尽量吸收各个版本教材的优势，又能对语文教学中普遍存在的弊端起纠偏作用。总体来说，至少在六个方面有明显的革新和改进：一是采取"语文素养"和"人文精神"双线组元的方式编排；二是适当降低了汉语拼音教学的难度，改进识字写字教学方式；三是有意解决不读书、少读书的问题；四是注意拓展阅读面；五是方便一线教师把握教学基本要求；六是重视了语文知识的积累和读写能力的培养。

在统编教材的推动下，小学阅读教学的改革有了显著的成绩。首先是阅读量的扩大，由课文阅读拓展到整本书阅读蔚然成风；由校内阅读扩展到家庭的"亲子阅读"，家长也参与了读整本书的阅读活动；由阅读活动扩展到学校文化，诸如"书香校园""走读会稽山""阅读好声音""小朗读者"播音台等，把阅读活动与"语文综合实践""校本课程""学校教育文化"等密切结合起来。同时，还表现在阅读面的开放，绘本阅读、小古文阅读、蒙书阅读、古诗词阅读、群文阅读等被引入阅读课教学。由于丰富了阅读的内容，也就从根本上冲击了以教师讲解为中心的阅读课堂旧模式，解放了教师的思想，学生自主阅读的氛围得到了极大的强化。

6. 深度学习：展望小学语文教学在"统整"中的跨越

"教"的过程和"学"的失位，一直是语文教学的积弊，而很难有根本性的改变。展望世界教育改革的前景，"未来的教育必须把教育的对象变成自己教育自己的主体"（联合国教科文组织《学会生存》）。要让学生能够"自己教育自己"，这样的教育必然要由一种"深度学习"来实现。如果说教育的目的是"育人"，那么，"育人"的原点在"育心"，而"育心"的关键是"育脑"。所以，"深度学习"应当是指向开发人的大脑这片蓝海的学习，也就是指向思维发展的学习。对照布卢姆认知目标分类学的要求，有记忆、理解、分析、综合、应用和评价等。在这些不同的目标中，机械记忆、简单提取信息、依样复制、表层孤立理解，当属浅度学习的范畴；而分析、综合、重构、应用、评价、问题解决等才是高认知水平的深度学习。这也正是在课程标准引领下，以统编教材的新理念为指导的当下小学语文教学的新发展目标。这是因为分析、综合、重构、应用、评价和问题解决都需要人的"统整"能力，而正是这种"统整"，才能实现思辨的跨越，获得创新的成果。

"统整"就是"深度学习"自然而必需的过程和结果。"统整"的产生条件和唯一诱因，不会衍生在传统的"接受式阅读"之中，它只能出现在挑战思维的"比较式阅读""质疑式阅读""探究式阅读""批判式阅读"之中。由此我们就不难发现语文教学一线课堂形形色色的"群文阅读""主题阅读""学习任务群阅读"（即以"项目化学习"为载体的阅读）正在应运而生，大有方兴未艾之势。同时还有运用现代教育信息技术的

"白板演示""微课程""短视频"的辅助和穿插。这些语文教学新模式，虽然程度与方式各有不同，但有一个共同的特点是都要在一个主体文本的导引下，开展多文本阅读中的比较、碰撞、统整和重构，以期解决问题、获得新知。这种"统整"中的跨越是由任务驱动的，是一种产生问题意识和以解决问题为旨归的深度阅读。这正体现了统编语文教材"有意解决不读书、少读书的问题""注重拓展阅读面""读些'闲书'，读些'深'一点的书，可以'似懂非懂地读'，'连滚带爬地读'""书读多了，语文素养才能真正提升上去""也可以说，统编语文教材是'专治'不读书少读书的"（义务教育语文统编教材编写组：《整体渗透，将核心价值观化为语文的血肉》，《人民教育》2017 年第 18 期）。这无疑是对小学语文教学改革阔步走向新时代的引领。我们当为此砥砺前行、高歌猛进。

第二章　语文教材的文化之源

第一节　小学语文统编教材中的"五行文化"

统编小学语文教材以立德树人为宗旨，在"三个加强"中，第一是加强中华优秀传统文化的内容，其中的民俗文化无疑是一个重要方面。

所谓民俗文化，是指民间的风俗习惯等文化现象。在社会科学领域里就有"民俗学"的学科。最早提出民俗学这个名称并倡议研究这门学问的是英国稽古学者汤姆斯，他主张以"民俗"来代替一向使用的"民间的古老风习"。"五四"新文化运动前后，民俗学传入中国。其时北京大学文科的教授们建立歌谣征集处，还在《北京大学日刊》上不断登载一些民间歌谣。这应该是我国研究民俗学的最早开端。1927年末，民俗学研究中心从北京大学迁移到广州中山大学，并于1928年初成立民俗学会，民俗文化才开始被人们关注。

民俗文化的重要性在于这是一种世世代代植根于民间大众的文化，具有最浓的乡土气。每一个生命在其呱呱坠地之后，就生存在民俗文化的包围之中，并且深受这种文化的熏陶：时令节气的感同身受，民间节日的喜庆热闹，起名定号的祖宗规矩，生肖属相的生命密码，五行排算的有趣法则……几乎都成了童年的难忘记忆。而一个人的童年又往往会影响人的一生，成为一辈子的生命烙印。民俗文化世代相传，它所具有的顽强生命力，决定了它不可能轻易消亡。如中国的春节，历时数千年，时至今日，为庆春节而返家团圆的人还是与年俱增，已成为全球最大规模的一次人口集中流动。

虽然民俗文化无处不在，深入地默默地渗透在今天人们的生活之中，但我们一直没有给予足够的重视和研究，如在传统的语文教材中基本不见其端倪。即使有编入的，也大多以文学作品的形式，如民谣、民间故事、民间传说等出现，教师只当作文学作品来教。在这样的大气候下，语文教师对民俗文化的系统认识就难免有所欠缺。现在，在统编的小学语文教材中，民俗文化已被视为中华优秀传统文化的一个重要方面，这里不仅有关于二十四节气的不少内容，还有对民间传统节日的关注；不仅有"姓氏歌"、为身边有特点的人起个号这样独特的姓氏文化，还有"金、木、水、火、土"的"五行"文化，鼠、牛、虎、兔的生肖文化……教师关注这些丰富多彩的民俗文化，不仅关乎提高自身的文化素养，同时对于向学生传递民族优秀传统文化，导学好统编语文教材中那些显性的、隐性的民俗文化内涵，都具有重要意义。

"五行文化"称得上是中国最古老的民俗文化之一。但它在近代语文教材中几乎没有出现过，可现在就出现在统编小学语文教材中。如一年级上册的"识字2"是一篇很有意思的儿童歌谣，叫《金木水火土》，全文20字："一二三四五，金木水火土，天地分上下，日月照今古。"这里的"金木水火土"不单单是可作偏旁的五个独体字，因其在汉字中有很强的组字能力，所以在识字教学中拥有独特的价值；不可忽视的另一方面是，"金木水火土"又是中华优秀传统文化中的民俗五行文化。

"五行"指的就是"金木水火土"这五种物质。我国古代思想家试图用这五种物质来说明世界万物的起源。《春秋繁露·五行相生》中指出："天地之气，合而为一，分为阴阳，判为四时，列为五行。"这就把天与地、阴与阳，一年四季和五行物质统一起来认知。在《春秋左传》中也有记载："先诸大夫子产曰：'夫礼，天之经也，地之义也，民之行也。''天地之经，而民实则之。则天之明，因地之性，生其六气，用其五行。'"在《尚书·洪范》中更有具体解释："五行，一曰水，二曰火，三曰木，四曰金，五曰土。""水曰润下，火曰炎上，木曰曲直，金曰从革，土爰稼穑。润下作咸，炎上作苦，曲直作酸，从革作辛，稼穑作甘。"意思是这五种物质，水是向下润湿流动的，火是向上燃烧的，木可以弯曲或绷直，金可以变成各种各样的形状，土可以种植庄稼。这五种物质味性各有不同，水的味性是咸的，火的味性是苦的，木的味性是酸的，金的味性是辛的，土的味性是甘的。这实际上就是认为世界基本上是由这五种物质构成的。古典的哲学思想多从古典的宗教逐渐衍生而成。如看到人有男女之别，鸟有雌雄之分，自然界又有日月昼夜之异，而慢慢形成了阴阳的概念。"五行"之说也是如此。古代人们常看到的原始物质大体可以分为水、火、木、金、土五类，于是日常的生活认知，逐渐被用来解释世界，遂有"五行"之说。

现在统编教材把抽象神秘的五行之说，编成了一首儿歌童谣，朗朗上口的五句话，又像是一首通俗的"五绝"古诗，刚上学的孩子不仅能在教师的指导下读懂，而且十分乐意像念"顺口溜"一样去读。这里的第一句"一二三四五"，早就在日常生活中为儿童熟知，但又是最基础而且必要的识字对象。在全首歌谣中，还是一个饶有儿童口味的"兴起"。第二句"金木水火土"，不仅与首句很押韵，而且又都是汉字中独体的基本字，又因其全是偏旁，在识字中无疑处在十分重要而又十分常见的地位。这五种物质为儿童所常见，除"金"要略作点拨外，其余都能让学生在字面上就直接理解。第三句和第四句意义相连。因为五行（五种基本物质）之外，最重要的就是天地日月了。天在上，覆盖万物；地在下，衍生万物。《三字经》中有一句话，"三才者，天地人"，出自《周易·说卦》："立天之道曰阴与阳，立地之道曰柔与刚，立人之道曰仁与义，兼三才而两之。"这里的"才"就是"材"，是材料、材质的意思。这也就是说整个世界由天、地和人构成，天由阴与阳构成，地由柔和刚构成，而人这一万物之灵，又缺失不了仁和义。若我们能再做细细体会，就会发现这"三才"又有着相同的结构："阴"对"柔"和"仁"，都属于阴柔的一面；而"阳"对"刚"和"义"，又都属阳刚之气。课文中只说"天""地"，而没有说"人"，一来因为"天地人"已在"识字"第一课出现过，二来能够昭示"天地分上下""日月照古今"的正是"人"。有了"人"站在中间，天地才有了上下的方位区别；也因为有了人，才知道了"古"与"今"，也才明白"日月照古今"的道理。所谓"天"者，古人有云："彼上而玄者，世谓之天。"玄，就是青色，所以天又被称为"苍天""青天"。而古人认为地是黄色的，也就是土地的颜色，所以被称为"下而黄者，世谓之地"。在统编教材五年级上册第12课梁启超的《少年中国说》中就有"天戴其苍，地履其黄"一句，这里的"苍"指的是天的颜色，"黄"指的是地的颜色。从甲骨文中看"天"的造字，就像是一个人顶着一个方形的脑袋，意思就是"天"在人的脑袋之上。而"地"是土字旁，不仅指大地是由泥土构成的，也说明了中国人对大地和泥土有着十分深厚的感情。在关于女娲氏的创世神话中，人就是由女娲氏用黄泥捏成的。"日"和"月"在甲骨文中都是象形的，日出日落就是一天过去了，而月从圆到缺又常在三十天左右的周期，因此便有了"日"与"月"的概念。而日月相随，生生不息，自然也就会永远地照耀着从古到今的岁月。

金木水火土的"五行"之理又通"五方"之说，即东南西北中五方天帝。古人认为上天主管人间事务，春夏秋冬分别是四方神。春之神居住东方，天帝是太昊（伏羲），天神是句芒；夏之神居住在南方，天帝是炎帝，天神是祝融；秋之神居住在西方，天帝是少昊，天神是蓐收；冬之神居住在北方，天帝是颛顼，天神是玄冥；中央神位居中央，天帝是皇帝，天神是后土。"五方"中蕴藏着"五行"，春天属木，夏天属火，中央属土，秋天属金，冬天属水。木生火，火生土，土生金，金生水，水生木，这就成了五行的基础顺序。请别认为这是具有宗教色彩的迷信。作为民族传统文化的一部分，它就牢牢地扎根在我们的生命中、我们的语文之中。语文教师应当有所了解，虽然并不一定教给学生。否则，你就不能真正读懂许多的神话故事，也难以理解"皇天后土"等这些词语的蕴意。

"五行文化"还与中国的"生肖文化"有着密切的联系。所谓"生肖"也就是十二属相。在《周书·宇文护传》中就有这样的记载："生汝兄弟，大者属鼠，次者属兔，汝身属蛇。"赵翼在《陔馀丛考》中则认为十二属相之说起于东汉，汉以前未有言之者。

在我国还有起名与生肖相关的传统。如属牛的孩子，往往儿时起名就叫阿牛、大牛、小牛、牛仔、牛牛，属龙的便会起名阿龙、小龙、玉龙、云龙等。笔者认识的一位同志，名叫马若寅，我们就明白他属虎（寅）。当然，这名与姓相连就更有意义，那是如虎一般神威的马，这就："非常马"了，如此起名自然寄托了长辈深深的期盼与祝福。

每个人到了自己属相的那一年，就称本命年。在本命年，人们往往会特别看重这一年的际遇与发展，郑重地庆贺自己的生日……于此可见，生肖文化已全方位地深入每个人的生命体验和生活践行之中。

在统编语文教材二年级下册"语文园地三"的"日积月累"中也编入了十二属相："子鼠、丑牛、寅虎、卯兔、辰龙、巳蛇、午马、未羊、申猴、酉鸡、戌狗、亥猪。"这里的前一字是"地支"，后一字谓"属相"，系十二种动物，人生在某年就肖某物。这便是为每一个中国人所熟知的"生肖"。"生肖文化"也是中国民俗文化中的一个重要内容。但也有一些国家对中国的生肖习俗情有独钟。在秘鲁人看来，中国用十二种动物来代表不同性格特征，特别是每种动物还分为金木水火土五种不同属性，简直太有意思了。2019年是中国生肖猪年，秘鲁的几大报纸都刊出了有关中国的生肖的文章，表达了人们对猪年中自己的工作、爱情和健康的运程的期待。

除"地支"之外，还有"天干"。旧时中国就是用"天干""地支"相配的方式来纪年的。"天干"，也叫"十干"，即甲、乙、丙、丁、戊、己、庚、辛、壬、癸。它与"地支"（也称属相十二支）相配合，就叫"六甲"。

"六甲"是用天干、地支推算年、月、日、时的方法。我们现在用公元数字纪年，从1912年开始，仅一百多年时间。在这之前，一直使用干、支纪年。十天干对应十二地支，以天干为阳，地支为阴，以树干（"干"）和树枝（"支"）寓意天地的融通汇和，万物的生存有序。干支纪年分为六个组合，每组十个，就这样六十年一个轮回。"六甲"不仅纪年，还可以依此推算月、日、时辰。

确实，中国十二生肖非常有意思的地方在于人与自然的关系是平等的，人是动物世界的一员，而非凌驾于动物之上。所以，十二生肖在抽象的精神世界里还是很接地气的。

外国也有生肖。据说越南的十二生肖，还与中国的生肖基本相同，只是中国有"兔"无"猫"，而越南有"猫"无"兔"。埃及人也有十二生肖，但内容与中国的大不相同，其分别是牡牛、山羊、猴子、驴、蟹、蛇、犬、猫、鳄、红鹤、狮子、鹰。希腊的十二生肖又有不同，与埃及的相比有"鼠"无"猫"，埃及则有"猫"无"鼠"。（参见《益寿文摘》2012.4.23，摘自《中华传奇》）

"五行"在民俗文化中得到广泛应用：一方面，它是道教教义的重要内容；另一方面，中医还用"五行"来说明生理病理上的种种现象。更有迷信者竟用五行的相生相克之说来推算人的命运。旧时叫作算"八字"，即用天干和地支相配，来记一个人出生的年、月、日、时，各得两字，合为"八字"；又认为它们在五行中各有所属，若缺了什么，就得在名字中补上，或从五行中作偏旁的字取名。在小学语文教材中有节选自鲁迅先生短篇小说《故乡》中的《少年闰土》一课，闰土的名字就如文中所说："……而且知道他和我仿佛年纪，闰月生的，五行缺土，所以他的父亲叫他闰土。"

第二节　小学语文统编教材中的"节气文化"

中共中央办公厅、国务院办公厅印发的《关于实施中华优秀传统文化传承发展工程的意见》，既阐明了中华优秀传统文化的意义，同时也对其传承发展做了具体部署，这无疑为推动我国传统文化当代发展指明了方向，赋予了动力，明确了路径，发挥了十分重要的积极作用。

确实，这是一项十分伟大又十分重要的工程。这是因为中华优秀传统文化是中华民族的灵魂所系，是中华民族历史得以形成、延续，并且开启未来的根基所在。

传统文化是在民族历史发展的进程中形成的，有着一个民族所特有的生产实践和生活实践的深深印记，是独具民族特色的文化。中华民族的传统文化，可谓博大精深，就民俗方面看，除"五行文化"外，还有着独具一格的"节气文化"。

"节气"的"节"其本义是指植物茎上生叶与分枝的部分，也就是一个重要的"点"。"气"所指自然是气候。所以"节气"就是关乎气候变化的那个"点"，它与人的生命成长和农耕生产安排具有密切的关系。这是我国古代人民根据太阳在一年中对地球产生的影响概括总结出来的一套气象历法。全年共二十四个节气：立春、雨水、惊蛰、春分、清明、谷雨、立夏、小满、芒种、夏至、小暑、大暑、立秋、处暑、白露、秋分、寒露、霜降、立冬、小雪、大雪、冬至、小寒、大寒。其根据是从"小寒"起，太阳黄经每增加30°，就进入另一个节气。二十四节气是中国人民历经长期观察和探究自然界千变万化的现象，高度结合中国独特的气候环境与自然地理条件，在总结顺应自然规律之后逐步形成的。它蕴含着鲜明的中华民族传统习俗和深厚的文化积淀，成为中国人民赖以生存发展的精神命脉。这无疑是统编教材十分重视节气文化教育的根本原因。在统编教材二年级下册"语文园地七"的"日积月累"中就直接编入了民间的《二十四节气歌》，将二十四节气的名称，各取一字，巧妙地合成文意大致可通的一首七字四句诗："春雨惊春清谷天，夏满芒夏暑相连。秋处露秋寒霜降，冬雪雪冬小大寒。"每句有几个节气，如首句为"春雨惊春清谷天"，意思就是"（立）春雨（水）惊（蛰）春（分）清（明）谷（雨）天"。之所以说它"文意大致可通"，意思是虽然每句都是从一个个节气中各取一字，但比较巧妙的是，这一个个孤立的字，却也可以大致表示相连的句。如"春雨惊春清谷天"，大致的意思可以理解为春雨滋润万物，人们惊喜地发现，春天已悄然到来，那应当就是该清理谷种的时候了。第二句"夏满芒夏暑相连"，也可以理解为夏天的麦子长起了芒刺，可以收割了，小的暑天、大的暑天连接着来到人间。第三句"秋处露秋寒霜降"，大意可这样理解：秋天逐渐地进入了寒秋，寒冷的浓霜也降临大地。最后一句"冬雪雪冬小大寒"，我们也不妨解读为：冬天下雪，雪降严冬，小寒的天气、大寒的天气便相继来临。当然，这样理解只能说大致可通，牵强处在所难免。但有益的方面是有利于儿童的记忆，只要有了任何可以说得通的意思相联，就都是难能可贵的记忆抓手。而能记住这二十四节气歌，不仅是关乎传承节气文化之必要，也是了解气候变化、明白生产季节、指导健康生活之必需。

统编语文教材的特点之一便是增加了中华优秀传统文化的内容，重视节气文化的教学正是其中的一个表现。而这种节气文化教学又与统编教材加强中华优秀传统文化古诗文教学相融合。6 个年级的古诗文课文多达 126 篇，其中不少的古诗文就是在特定节气里的写景抒情。如写春天的就有二年级下册第 1 课清代高鼎的《村居》："草长莺飞二月天，拂堤杨柳醉春烟。儿童散学归来早，忙趁东风放纸鸢。"这正是"春分"前后的节气，东风送暖，草长莺飞，杨柳笼烟，桃花待放。虽然诗写的是儿童放鸢的游戏活动，但着墨更多的还是它的节气环境和早春风光。三年级下册第 1 课《古诗三首》中的宋代苏轼的《惠崇春江晚景》："竹外桃花三两枝，春江水暖鸭先知。蒌蒿满地芦芽短，正是河豚欲上时。"这虽然是苏轼为北宋名僧惠崇所作《春江晚景》的题画诗，但同时也凸显了春日节气。诗人紧紧抓住画题（"春江晚景"）画意，仅仅精选了桃花绽放、江暖鸭嬉、芦芽短嫩的寥寥数笔，勾勒出早春来临的优美江景。特别是"春江水暖鸭先知"一句，更成了脍炙人口的千古名句，在写早春之景时又阐发了哲理。诗中写春日的节气之景，主要是明写，但也有暗写。如"正是河豚欲上时"就不可能会出现在画面上，但也不妨以画中并未出现的景物，来概括地点明这一时节，既渲染了初春的气息，又深化了画中的意境，并且丰富了对节气感受的内涵。四年级下册的第 1 课《古诗词三首》中杨万里的《宿新市徐公店》："篱落疏疏一径深，树头新绿未成阴。儿童急走追黄蝶，飞入菜花无处寻。"这首很有儿童情趣的诗，为多种版本的小学语文教材所青睐，绝非偶然。它所描绘的那幅生机勃勃而又明丽光彩的春色画卷，不只是体现了诗人闲适愉悦的心境，儿童追黄蝶、黄蝶飞入菜花（也是黄色的）而不见踪影的特写镜头，更是充满了田园生活的意趣和一派生机盎然的春色。读者不难从诗人清新明快的笔调中，先见其远景；"一径深"的"深"字写出了田间小路伸向远方，不仅拉长了读者的视线，而且激起了读者对田园美色的无限遐想。接着再写近景，枝头还只是稀疏的新绿，初春的树木虽未成荫，却让人因春日节气终于来临而产生了愉悦欣喜的心情。这自然只是诗人所见的静态之景。后两句，笔锋一转，景物由静而动，出现了一个追黄蝶的儿童。如此一远一近、一静一动，把初春的节气景色描绘得意趣盎然。六年级上册第17课《古诗三首》中的《江南春》(唐代杜牧所作)："千里莺啼绿映红，水村山郭酒旗风。南朝四百八十寺，多少楼台烟雨中。"这首诗描绘了春天节气的江南风光，以宏阔视野的扫描，集中了江南春色的多种典型景点。诗人先从绿树红花、到处莺啼落墨，接着便展开描写目不暇接的景物：似乎处处有山村，有山郭，有酒楼，都在春风的吹拂之中。还有数不清的寺庙，众多的亭台楼阁，也都掩藏在迷蒙的如烟春雨里。在短短的28个字的诗里，诗人竟把千里的江南春色，描绘得如此淋漓尽致。这里有晴有雨，有绿有红，有声有色，有山有水，有寺有庙，有亭有楼……在春日节气里的江南竟是如此多彩多姿。这样的表达效果，有近有远，有见有思，有动有静，有实有虚……虚实相生、远近相容的手法，方能有如此脍炙人口的效果。

节气揭示的是四季气候变化的基本时序规律，人生活在大自然的环境之中，当然与四季变化关系十分密切，所以在古诗词中因节气而生情思、而悟人生自然就理所当然。也正因为这样，在教材中涉及的与节气相关的内容除古诗外还有许多。如一年级上册第一篇课文就是《秋天》，第4课是《四季》，在"语文园地四"中的"字词句运用"也是关乎四季的。一年级下册"识字1"又是"春夏秋冬"。编入二年级上册的"识字4"是《田家四季歌》，点出了四季与农事生产的紧密关系；"语文园地二"的《十二月花名歌》、"语文园地七"的《数九歌》等，也都是与节气相关的大自然的变化。二年级下册"语文园地七"，更是直接把《二十四节气歌》完整地编入其内。正因为节气与人类的生存有着密切的关系，所以每个节气都蕴含着人们深厚的文化情愫。如清明，那是"万物生长此时，皆清洁而明净"，生机勃发，正是播种繁衍的时令；而"气清景明，万物皆显"之时，自然会缅怀我们的先人，惜乎已经离去，于是祭扫先人长眠之地，无疑是重要的议事日程。春暖花开，万物欣欣向荣之时，人们又怎能不去郊外踏青，不辜负这大好春色。连孔门先师也主张"暮春者，春服既成，冠者五六人，童子六七人，浴乎沂，风乎舞雩，咏而归"。"立冬"在农耕文化的社会生活里，则又是另一番意趣。从表象上看，似乎天地间以无情无义和不可思议的方式结束了一切。可这正是大自然的"休养生息"，以便积蓄力量迎接又一个生命力更旺盛的来年。风雪紧，天地静，贵以思，人心正。作为万物之灵的人类，自然也需要有这样的生存节律。……应当说，这就是节气的生命价值和生活美学。

第三节　小学语文统编教材中的"节日文化"

节日一指纪念日，如五一国际劳动节等；一指传统的庆祝或祭祀的日子，如清明节、中秋节等。（参见《现代汉语词典》第 6 版）我们这里说"节日文化"中的"节日"主要指民族文化传统中的那些节日。

在中华优秀的民族传统文化中，节日文化是一个不容忽视的话题，因为它有着隔不断的历史记忆和乡俗民情，由于世代相沿成习而成为家国情怀中的一个重要内容。它以某些独特的仪式感，或是祭祀亲属前辈（如清明节），或是怀念某一伟人（如端午节纪念屈原），或是欢庆一年丰收（如春节），或是参与某种娱乐（如重阳节登高）……而所有这些活动，或者是表达情思，或者是祭祀缅怀，或者是美食评赏，或者是亲人聚会，或者是相伴出游，使人们有了休闲放松的间歇，也增加了接触交流的机缘，使人产生不同的心理体验和审美感受，从而加深了浓浓的家国情怀。

节日文化还与节气文化有着内在的联系，这是因为节气与中华民族的生存、生产、生活、生态有着密切的联系，也就衍生出了相应的具有民族特色的传统节日。如：春天的清明节，正好郊外踏青；夏日的端午节，适合龙舟竞渡；秋季的重阳节，自然宜于爬山登高；严冬的春节需要休养生息，准备迎来开春的新一年生计。这里蕴含着极其丰富的社会学、历史学、生态学和心理学的意义，让我们对生命、对历史有更多的自信和反思。正如德国"家庭系统排列"创始人伯特·海灵格所认为："我们每个人从父母和先辈那里继承的不仅仅是血肉之躯的基因，同时也在承传家族中的心理动力。"但是在中华民族蒙受西方殖民主义宰割，积贫积弱的百年历史中，崇洋媚外之风盛行，文化自信之志受损，甚至将民族传统节日也视为封建落后的遗存物而加以轻视或抛弃，还把一些节日打入了迷信之列。为了追寻时尚而大兴洋节，民族传统节日却失去了光泽。这种轻视、摒弃民族文化的心态，自然与积贫积弱的旧时代相关联。不要说传统节日了，即使对传承几千年的汉字，也有了要用拼音文字替代的动议。甚至把旧中国的贫穷落后也归因于汉字的难读、难认、难记、难写，而恰恰忽视了汉字在本质上所蕴含的中国人的思维方式和智慧结晶。"月亮也是外国的圆"正是那种缺失了对祖国文化自信的心态写照。

其实，中华民族传统节日，有着自身内在的丰富文化内涵，即使如不太知名的上巳节，也有着不一般的意义。这一天原为农历三月上旬的第一个巳日，故叫上巳，直到魏晋时期，才固定于三月初三为上巳节。最初的上巳节是个祓禊日，即祓除不祥的日子。这一天，大家会十分开心地一伙一伙去河边溪畔，用清澈透凉的水流，冲洗身上的污浊，以表示迎新的佳意。一些文人雅士则会成群地去溪流边，坐着饮酒。有些还做"曲水流觞"的游戏，就是在酒杯里斟了酒，让酒杯在溪水中顺流而下，随着溪水的曲折，酒杯在哪儿停下了，就让坐在哪儿的人吟诗一首，吟不成的就得罚酒。著名大书法家王羲之的兰亭修禊，就是上巳节的一场活动，也有曲水流觞的雅举。据说在唐代，上巳节就有了宫廷曲江池宴之举，唐代历代皇帝在曲江池畔大宴群臣，君臣同乐，盛况空前。另外，上巳节也是郊外游春的大好时光。人们穿戴一新，情绪欢乐地成群去郊外踏青。宋人周必大曾写一诗，其中有"上巳清明共一时"，说明了上巳节与清明节日期相近。也许是上巳的祓禊与清明的踏青扫墓有相似之处，上巳节才逐渐淡化，为清明节所取代。

由此可见，民族传统的节日文化有着强大的教育含义。这就不难理解统编教材中对此的重视。在二年级下册的"识字2"的《传统节日》中，还系统地以儿歌形式编入了春节、元宵、清明、端午、乞巧、中秋、重阳等一年中的主要传统节日。二年级上册的第17课《难忘的泼水节》更是有代表性地编入了我国少数民族的一个传统节日。傣族人通常称新年为泼水节，含有辞旧迎新的意思。中国傣族节在每年清明后十日左右举行，这一节日原是婆罗门教的一种宗教仪式，傣语称"桑勘比迈"。为期三至四天，第一天叫"腕多桑刊"，意为除夕。最末一天叫"腕叭腕玛"，意为"日子之王"到来之日，即新年元旦。中间的一天或两天，叫"腕脑"，意为"空日"。这几天都是泼水的时节，按照传统的做法，清晨采摘野花树枝献佛，中午担清水浴佛。佛事礼毕，再行泼水和游行。"泼水"可不是闹着玩，恶作剧，而是吉庆的表示，意为"水花放，傣家狂"。在这个节日里，青年男女盛装相约，街头寨尾追逐泼水。你泼我，我泼你，每个人的头上、脸上、身上都闪耀着水花。水象征着尊敬、爱戴，谁被泼水最多，谁就是最幸运的人。据说泼水还有"文泼"和"武泼"之分。对长者，对尊敬的人，拉开对方衣领，口里念诵祝词，将一瓢水倒下去，叫"文泼"。"武泼"就是青年男女间的追逐猛泼，当然这一盆水里自然也会混合着情与爱。伴随着泼水活动，还有划龙舟、跳象脚鼓舞和孔雀舞等活动，呈现出一派狂欢的节日景象。

统编小学语文教材三年级下册的第三单元更是把"深厚的传统文

化，中国人的根"作为单元的人文教育目标。这个单元的第9课《古诗三首》：《元日》（宋·王安石）、《清明》（唐·杜牧）、《九月九日忆山东兄弟》（唐·王维）全是关于民族传统节日的古诗，同时还安排了调查了解我国重要传统节日以及节日习俗的学习实践活动。五年级上册的第9、10课《牛郎织女》是民间故事，但与七夕节有关。六年级下册的第1课《北京的春节》写的是中华传统节日中最重要的节日；第2课《腊八粥》与腊八节有关；第3课《古诗三首》编入的是三个节日，《寒食》的寒食节、《迢迢牵牛星》的七夕节和《十五夜望月》的中秋节。所有这些，我们都不难感受到编者对弘扬中华传统节日文化的拳拳之心，充满了对民族文化的自信。

对照教材，这里有必要把某些民族传统节日再作些细说。

第一是春节。农历的正月初一称春节，又名过大年（年节），即旧历新年。这可是中国各民族最悠久最隆重的传统佳节。

古时的正月初一称为元旦。辛亥革命推翻清朝后始有"春节"之称。1949年9月27日中国人民政治协商会议第一次全体会议正式决定，以公历一月一日为元旦，农历的正月初一就称为"春节"了。春节是农历的一岁之首，家家户户起早就要燃放烟花爆竹，门上贴春联，房内挂新画，人们穿戴一新互相祝贺，有的还要燃点香烛，拜天地、祭祖宗。但是为了安全，谨防火烛，现在许多城市都对燃放烟花爆竹进行严加管制。

走亲访友、拜年道贺是春节的重要活动。这当然也是互相沟通信息、交流思想、联络感情、享受亲情友情的大好机会。

春节前一天称除夕。除夕晚上家家自备最丰盛的菜肴，老少同堂吃年夜饭，看春晚，自然是其乐融融。

欢度春节时，各地还有如舞狮、耍龙灯、演杂技、走高跷等丰富多彩的娱乐活动。现在更有出门进行长途和短途旅游的，无不都在享受太平盛世的快乐。统编小学语文教材三年级下册第9课《古诗三首》中的

《元日》（宋·王安石）："爆竹声中一岁除，春风送暖入屠苏。千门万户曈曈日，总把新桃换旧符。"正是对春节习俗的极好写照。

第二是元宵节。"正月十五闹元宵"是我国古来的传统习俗之一。"一年明月打头圆"，意思就是元宵节是大地回春之后的第一个月圆之夜，故称元宵节。这一天家人欢聚一堂吃汤圆（也叫元宵）、庆团圆，也因为过了元宵节，春节就结束了。古时的元宵节更为隆重，要张灯结彩，扎牌楼，悬灯谜。唐代诗人苏味道的"火树银花合，星桥铁锁开。暗尘随马去，明月逐人来……"写的就是元宵夜景之盛。当时的元宵节又称灯节，或上元灯火，迎灯和观灯是重要内容。如唐玄宗时期，"置百枝灯树，高八十尺，竖之高山，上元夜点之，百里皆见"，"作灯轮高二十丈，衣以锦绮，饰以金银，燃五万盏灯，簇之如花树"，其繁华盛况，可谓蔚为大观。

第三是乞巧节。统编小学语文教材五年级上册第三单元"语文园地"中有唐代林杰的《乞巧节》一诗："七夕今宵看碧霄，牵牛织女渡河桥。家家乞巧望秋月，穿尽红丝几万条。"而同一册的《牛郎织女》和六年级下册《古诗三首》中的《迢迢牵牛星》都与传统的乞巧节有关。七巧节又称七夕节、少女节、情人节，时间指的就是农历七月初七的晚上。这个节日源于《牛郎织女》（统编教材五年级上册第9课、第10课）。这一古代神话，相传天上心灵手巧的仙人织女与凡间淳朴敦厚的牛郎相爱，却因严厉无情的天规天条的限制而不得不分离，只有在这一天晚上才可在天河的两岸相望。这时有许多喜鹊为其情动，在天河上集聚成桥，使牛郎织女得以一年一度地相会。于是，人间为了庆贺他们的相聚，在庭院里搭起彩楼，摆香案，设瓜果。姑娘、媳妇还在月光下穿针引线进行赛巧，以快者为得巧。赛巧之外还有卜巧，就是将一种名为"喜蛛"的红色小蜘蛛，置于瓜上或密闭于盒中，能够结网的便是得巧；或是将针、松针、纤草浮于碗中水面上，视水底倒影是否纤巧美观为是否得巧。男孩子卜巧，则于初一清晨在小瓦盂中放细沙种麦子，日灌清水，夜受雨露，待到初七晚上，将麦芽取出，视麦芽根须形状定一生巧拙。

第四是登高节。统编小学语文教材三年级下册第9课《古诗三首》中唐代王维的《九月九日忆山东兄弟》，其中农历九月初九就是重阳节。这一天人们纷纷佩茱萸，饮菊花酒，相约出游登高。这一节日源于一个传说：相传东汉年间，汝河里住着一个瘟魔，常常出来危害地方。汝南人桓景决心为民除害，跟随仙人费长房游学。一天，费长房对他说："今年九月九，汝南大劫临头，汝河瘟魔出来作祟，我给你茱萸叶一包，菊花酒一瓶，赶快回家率人登高，这样才能免除灾祸。"桓景回到家乡，将仙人的话向大伙说了。九月初九这一天，大伙便登上了附近的一座山，桓景把茱萸叶分给每人一片，让每人呷一口菊花酒。这时，汝河瘟魔来到山下，只觉酒气扑鼻，茱萸的异香刺心，便不敢登山。桓景便手持降妖青龙剑，奋不顾身地把瘟魔杀了。从此汝河两岸百姓不再受瘟魔祸害。于是，九九登高、插茱萸叶、喝菊花酒的习俗也就一直流传下来了。诗中的"遍插茱萸""登高"正是这种节日风俗的写照。

第五是寒食节。唐代诗人韩翃的七言绝句《寒食》，入选于小学语文统编教材六年级下册第3课《古诗三首》的第一首。寒食节，也叫"禁烟节""冷节"。意思是这一天要"禁火"，那就意味着不能做饭，只能吃冷食、干粮了，故称"寒食"。为什么要"禁火"，传说的原因很多，其中有一观点认为这一习俗源于要"改火"，也就是每年都应当熄灭旧火，重取新火。这样就可以避免陈疾，获得新的生命力。据认为，唐代时常于清明时节取榆柳之火，皇帝也会将新取得的火种赐给权贵大臣，以示皇恩浩荡。所以在唐诗中有多首写寒食的。如韩偓的《寒食夜》："恻恻轻寒翦翦风，小梅飘雪杏花红。夜深斜搭秋千索，楼阁朦胧烟雨中。"这首诗描写的是寒食节之夜春色浓艳而又凄美的庭院景色，情意温馨含蓄，让人回味无穷。而教材中入选的韩翃的那一首，也是七言绝句，且写寒食节的活动与氛围，以五侯家的热闹反衬贫寒之家的孤苦和寥落文人的落寞。据说唐德宗十分赏识这首诗，御赐作者一个不错的职位，但当时的江淮刺史也叫韩翃，内臣不明白，询问是哪一个韩翃，德宗当即亲书此诗，批示"与此韩翃"，遂成千古佳话。由此可见这首诗在当时是极受推崇的。

第四节　小学语文统编教材中的"姓氏文化"

中国的姓氏文化源远流长。所谓"姓氏"，"姓"是标志家族系统的称号，为人们所共识，但"氏"就比较复杂。它既是古代贵族标志宗族系统的称号，为"姓"的支系，用以区别子孙之所由出生。但古时也指已婚妇女的称谓，如"陈门黄氏"，即"陈黄氏"，"陈"是夫姓，"黄"是父姓。但一般总是把"姓"与"氏"合称为"姓氏"。

早在西汉晚期到东汉时期，我国平民对获得姓氏比较随意。虽然在世界范围内我国有最早获得姓氏的平民群体，但对此并不十分慎重。如有自己随意起的，也有以自己的任职为姓，如"孝文时，吏居官者或长子孙，以官为氏，仓氏、库氏，则仓库吏之后也"（《汉书·王嘉传》）。从仪征胥浦101号西汉墓出土的竹简《先令券书》上有这样的记载："公文年十五，去家自出为姓，遂居外。"意思是年十五的公文，离家后就自己确定了一个姓，从此就定居在外面了。这说明当时是可以自己造姓的，就叫"自为姓"。还有一种叫"吹律定姓"的，就是通过吹奏音乐，定一个音来对应姓氏（《白虎通·姓名》）。如汉朝著名的易学家京房，本来姓李，后来因为搞"吹律定姓"，就改姓了"京"。这对现代中国人来说，简直有些不可思议。但这与日本明治维新以后平民给自己的新造姓氏相比，就不奇怪了。他们住在井边的就叫"井上"，养狗的可以叫"犬养"，田边有水池的叫"池田"，住在松下的就叫"松下"……（参见李竟恒《中国平民刚获得姓氏时有点"任性"》，《南方周末》2020.10.15）。

但总体来说，姓氏是血缘关系的标志，是表示家族系统的称号，是一个家族或部分有血缘关系的公用姓。问题在于人类的进化发展史相当复杂，这姓氏也就不简单了。汉代的许慎在《说文解字》中对"姓"做了很好的诠释："姓，人所生也""从女，从生"。意思是"姓"这个字是由"女"和"生"两部分构成的。这里的"女"就是"母"，"人"为"女"所生，即"生母"，才构成了"姓"。"姓"字的创造，反映了母系氏族社会的历史特点。那时，同一个老祖母与几代子孙生活在一起，这种由血缘关系组织在一起的就是"氏族"。这里的"氏"即姓，"族"即家族。那时，一代一代的后辈只知道母亲是谁，而不知道父亲是谁。"母亲"是最神圣的，生命是母亲带来的，"姓"自然只能与母亲联系在一起。

据统计，我国见之于文献的姓氏多达 5660 个，其中单姓 3484 个，复姓 2030 个，还有三字姓 146 个。当然这不可能就是完全的统计。但如此众多的姓氏，已可见中国姓氏文化的复杂。

姓氏文化在中国民俗文化中的重要地位，多少与旧时的启蒙读本《百家姓》相关。"三、百、千"（《三字经》《百家姓》《千字文》）是世界上流传最早、使用最长的启蒙课本。《百家姓》旧题系宋初钱塘老儒所作，有 472 个姓，四言押韵。仅以姓氏堆砌成句，略无文理，仅供儿童识字之用。据宋人王明清《玉照新志》考证：其首云"赵钱孙李"，"赵"是本朝国姓（皇上之姓），钱氏奉正朔，所以次之；孙乃忠懿之正妃，又其次；后则江南李氏。次句谓"周武郑王"，皆武肃而下后妃。这样的以王朝序次排位，自然谈不上有内涵的意义，能基本押韵已是十分不易了。

《百家姓》是宋初的人编的，这应该没有什么问题。因为在南宋陆游的《秋日郊居》诗三首中就有"儿童冬学闹比邻，据案愚儒却自珍。授罢村书闭门睡，终年不著面看人"。在这首诗的下面，作者有这样的自注："农家十月，乃遣子入学，谓之冬学。所读《杂字》《百家姓》之类，谓之村书。"(《剑南诗钞》)从这里可见，在南宋《百家姓》已经是广泛采用的启蒙识字课本了。

《百家姓》是全然没有意义的姓氏集聚，通行本有472个姓，为什么能这样长时间广泛流传？这首先是因为在当时的同类蒙书中它是最通俗浅易的，加上《百家姓》字数不多，虽然无意义可解，但因押韵而读来朗朗上口，像念儿歌一样，自然容易引起孩子的兴趣。排在前面的都是常见的姓，没有一个像"阙""郏"之类的难字。也许正因为它不过是姓，不必去懂它的意思，儿童读来反而觉得轻松。

之后，《百家姓》也出现了一些改编本，如明代的吴沉、刘仲质编的《皇明千家姓》。全书收单姓1768个，复姓200个，共1968个姓，2168字。虽仍旧用四言韵语，但因收的字多了，也不全是姓，大部分能够成句，并且能够按照意思内容归类。如开头几句是：朱逢天运，富有万方，圣神文武，道合陶唐，学弘周孔，统绍禹汤。荡平胡狄，混一封疆……这里都成了有意义的句式，但编入了诸如文、武、陶、唐、周等姓氏。还有一种《御制百家姓》，号称是清朝皇帝康熙编的，其改用"孔"字打头，继以"孟"字，然后是孔门弟子之姓："孔师阙党，孟席齐梁，高山瞻仰，邹鲁荣昌，冉季宗政，游夏文章，盖郏颜闵，芟却苏张……"此外还有一些《百家姓》的改编本，不再一一细述，但总体来讲，在中国历史上姓氏文化是占有重要地位的。这正如明人吕坤所认为："初入社学，八岁以上者，先读《三字经》，以习见闻；读《百家姓》，以便日用；《千字文》，亦有义理。"识姓氏可方便日用，而纳入了启蒙之始的必读教材"三、百、千"(《三字经》《百家姓》《千字文》)，也从一个方面体现了姓氏文化的重要地位。

正因为姓氏文化在中华民族传统文化中有着重要地位，所以，在统编小学语文教材一年级下册"识字"就编入了童趣盎然的《姓氏歌》。前半首以对话的口吻写成："你姓什么？/ 我姓李。/ 什么李？/ 木子李。/ 他姓什么？/ 他姓张。/ 什么张？/ 弓长张。/ 古月胡，/ 口天吴，/ 双人徐，/ 言午许。"一问一答，尽显生活中的交际状态，并从中巧妙渗透了姓氏中同音不同形的问题，用拆解法，或上下拆解（口天吴），或左右拆解（古月胡、言午许），或偏旁拆解（双人徐），不仅十分生活化，而且也暗喻了字形分拆识字法的灵活运用。后半首，用生活场景而转入理性概括，讲述"中国姓氏有很多"，"赵、钱、孙、李、周、吴、郑、王"，套用的是《百家姓》这一著名蒙学课本的头两句，而"诸葛、东方、上官、欧阳"又列举了四种复姓，一个省略号，表示还有许多，说明了姓氏的文化领域是十分广阔丰盈的。文后的导学，进一步点出了课文的特点是"问答游戏"，引导学生可以根据班上同学的姓，到课后去玩玩。

在广义的姓氏文化中，还包含了起名，所以，"姓名"总是紧密地联系在一起，成为一个人的代码。我们决不能认为，既然姓名无非是一个人的符号，就似乎不太重要了，这显然不对。因为一个人的姓名将陪伴他走完人生之路，有一个好名字自然就会终身受益。因为他可以从名字中激励自己不忘初心，终身立志，去实现自身价值。正因为这样，在我国的民俗文化中为新生儿起名是一件大事。一般除由父母起名外，还有的请特别有文化的先生起名，或请祖辈的大人起名，以示尊敬。

为什么中国人为孩子起名如此看重，这应当与汉字和母语有关。因为每一个汉字都有它的字义，完全不同于大多国家的拼音文字，所以起名用字总得根据各自不同的理想、愿望、追求、性格、爱好和审美观念，加上名字是个人一辈子使用的代码，自然就得选一个文字意义很好的叫得响的名字了。有的名字是跟姓紧密联系起来的一个词语，如马千里、马识途、盛夏、郑重、花迎春等；也有拆姓为名的，如著名作家老舍先生，姓舒名舍予，"舍予"正是"舒"姓这个字的分拆；更多的名是独立成词，与姓没有联系。还有的名中要补上五行所缺，如"闰土"是因为缺土，"关水"是因为缺水。有的则与生肖相关，由牛若寅可知此人肖虎，由张大龙就可知此人可能肖龙。有些人起名喜欢找冷僻字，以为这会给人一种有学问的好印象，其实不然。名字是人际交往的符号，如果别人不认识，就会使交往变得很不方便，令别人产生不愉快的感觉，这当然不是好事。有位心理学专家曾做过统计，用比较冷僻的字起名的人，其社交能力一般都会受到影响，且80%的人性情孤僻。看来这不是无稽之谈，从学理上分析，还是有一定联系的。

在民俗文化中的名，有大名、小名、别名、贱名等的区别：

"大名"也叫"书名"，是正式的名，小时上学读书就要用"大名"，所以也叫"书名"，这是正式的名，称呼时当有敬意。"大名"也是起名时最看重、最费心的。

"小名"也叫乳名，是小孩出生后到长大成人之前，家人和友人对其的爱称。但对长辈和友人来说，这些爱称还会使用在其成人之后。

"贱名"在民间，尤其在农村很常见。常用猪、狗、猴，甚至屎、尿、粪一类字起名，为什么要用又俗又丑的字起名，是怕孩子养不大，如果取个贱名就可以养大了。当然，这里也有迷信思想作祟。

不只是姓和名，字与号在统编教材中也有所涉及。如三年级下册第六单元的"习作"是"身边那些有特点的人"。课本中所列举的如"小书虫""故事大王""昆虫迷""小问号"等说到底也就是表示人物特点的"号"。中国人不仅有"名"，还同时会有"字""号"。如宋代的大诗人陆游就是姓陆名游，字务观，号放翁。所谓"字"即指旧时人于本名外，取与名之含义相关的字以表德行、特性。如笔者姓周名一贯，字"道原"。字"道原"与名"一贯"均取意于《论语》"吾道一以贯之"。用"一以贯之"为名，使用"吾道"之"道"为字，取乃"道"之"原"为表证作"字"。

所谓"号"，其本义就是一种名称，在姓氏文化中是指"名"和"字"以外起的别号，如宋代大文学家苏轼，字子瞻，号东坡。据说是他流放之地属于一山之东坡，他开垦种地，自得其乐，因地起号，自称东坡。别人则称他为东坡居士。

"号"也有各种区别。如：

"自号"，即自己起的号。这在古代中多见。一般与"名"与"字"一起，常在"号"中寄托自己的志趣与喜好。如唐朝著名诗人贺知章，字季真，自号四明狂客。清末著名学者李慈铭，字式侯，号莼客。

"别号"即指自己起的号，又指号外还有号，或别人起的号。有的别号还不止一个，而有多个并用。如元朝著名诗人、画家王冕，字元章，号老村，别号煮石山农、食中翁、会稽外史、梅花屋主等。

"外号"，是人的本名以外，别人根据他的某一特征，给他另起的名字，大都含有亲昵、开玩笑的意味，也有只在背地称呼的。教材中所指身边那些有特点的人，也就是把特点归结为实质上的另一种外号。也有历史上的某些人，因真实名号已无从查考，但别人给起的外号，却一直被人记着。如明代绍兴地区的民间抗倭英雄姚长子，长子就不是他的名，而是故人因他长得高大，而叫他姚长子。

"绰号"是别人给起的号，因为是随意而为，所以寄意也特别"阔绰"，可以从各方面着眼。起绰号有点不尊重对方，多有拿别人的某些缺陷讽刺、挖苦的，是一种很不礼貌的行为。

在以文言表述的一些古籍里，我们常会发现在写到尊长名字的地方，往往不直呼其名，而改写为"某"或者写成"讳"字。这就是封建社会里流行数千年的所谓"避讳"。避讳原为后世子孙对先辈的尊敬，不能直呼其名，后来发展为为维护帝王将相的权威。有名而不能叫其名，在人际交流中这确实很为难，因而也往往会闹出笑话。据说，五代有个宰相叫冯道，有一次他要一位门客给他讲讲老子的《道德经》。这可为难了门客，因为《道德经》第一句就是："道可道，非常道。"门客面对这三个"道"字，不知怎么避讳才好，便急中生智，想以"不敢说"来代替。于是讲出来的这句话就成了："不敢说，可不敢说，非常不敢说。"这让宰相听得一头雾水：老子到底想说什么？

这当然只是一个笑话，但旧时代的这种虚伪的礼数，不但本来作称呼的名字，不能起称呼的作用，且连《道德经》这样的经典也无法讲通了。

我们重视中华优秀传统文化中的姓氏文化，并不是为了单纯地恢复传统，而是要批判继承，做到推陈出新。要正面积极地承载其中的人文教化、价值培养、修养提升、伦理构建功能，使其中的精华部分得到有益的落实。不可否认，在中华民俗文化中也难以避免地存在着诸多封建糟粕，无论是节气、节日还是五行、生肖、姓名等各方面，都会受到封建伦理、迷信神鬼等的污染，这就要在传道解惑的教育过程中，更加重视对生命的关怀，展现至善的境界，开发永恒的智慧，注重情感的陶冶，达到对宇宙的洞察与皈依，更好地达成个体人格的丰富与从容。

第五节　小学语文统编教材中的"属对文化"

小学语文统编教材中入编的《对韵歌》（一年级上册"识字 5"）、《古对今》（一年级下册"识字 6"），为新中国成立以来小学语文课本中所未见，而成为新教材的一大引人注目的文化特色。从对韵到属对，到赋诗填词中的对仗，到生活文化中的对联，等等，都是基于修辞学中"对偶"的广泛应用。由此延伸出来的属对文化内涵及其艺术价值，都是语文教学无法回避的话题，应当引起我们足够的重视。

说属对是汉语文化的瑰宝是有充分理据的。这是因为语言文字不仅是一种表达的工具，同时也深刻反映了一个民族的文化心理、文化特征与思维方式。我国的语言文字不是大多数国家所使用的拼音文字，而是唯一且独特的方块文字，一个方块便是以形为基本的形、音、义三结合的独体。这种特点使每一个汉字富有神韵，它既是一幅画，又是一首诗。说它是画，因为象形、指事、形声这些基本的造字法，都以绘形为基础；说它是诗，因为汉字外形的具象、隐喻（象征）和会意（指事），都有十分丰厚的意义空间和想象空间。一字一形所占的相同空间，不仅便于排列，而且更能整齐对举，形成偶合。由此便产生出对偶、对课、对联、对歌乃至排比、顶真、回文、骈文等多种多样的艺术形式和艺术活动。推而广之的拆字歌、宝塔诗、字谜、篆刻印章以及方术迷信活动中的"测字"等，无疑都与汉字的这一构字特点相关。这显然是拼音文字不可能具备的。

既然我们把属对视为汉字外形的方块特点和内在思维之意象性、体悟性的高度融合，并筑成了独特的审美高地，那么，我们就应当从统整的高度去理解、贯通统编教材中《对韵歌》《古对今》的属对，将古诗词中所具有的"对仗"、现代诗文中对偶修辞格的普遍运用等，渗透到教学活动之中去。所以，从对韵、属对到古诗文、现代诗文的读写，我们都可以采用基于"大语文"的统整原理，去形成合理的前后呼应的教学策略体系，以求获得更好的教学效果。

1. 从"对韵"切入的传承

统编教材一年级上册的《对韵歌》和一年级下册的《古对今》是根据旧时启蒙读物《声律启蒙》和《笠翁对韵》等编写而成的韵文。《声律启蒙》《笠翁对韵》都是民国前学塾的传统启蒙课本。这说明，属对曾经是学童的一种必修课程。苏洵就曾经说过："吾后渐长，亦稍知读书，学句读、属对、声律，未成而废。"（《送石昌言使北引》，《苏老泉全集》卷十五）于此可见，在宋代视属对的重要，已经是同句读、声律一样，成为学童的必学课程。其目的，已不只是学作近体诗，而是语文基础训练的一种重要手段。对此，从元代程端礼在《读书分年日程》中所言即可证实："更令记《对类》单字，使知虚实死活字，更记类首'天、长、永、日'字，但临放学时，面属一对即行，使略知轻重虚实足矣。"这充分点明了属对还可以配合"习字演文"，使学生了解字性的"虚实死活"，掌握好阴阳上去四声。何况属对还具有使儿童认知事物、开启智力的功用。由"一字对"到"两字对"，再到"三字对""四字对"……如此由易到难的步骤又容易为儿童所接受。也正因为这样，当时就有不少由文人塾师编写的指导属对的课本。可见，属对曾经是获得社会认可，颇具智趣而又切合学习汉语实际，同时也包含了修辞和逻辑的综合训练，对词语的积累组合和运用颇有教学价值。近代教育家蔡元培也予以肯定："对课与现在的造句法相近。大约由一字到四字，先生出上联，学生想出下联来，不但名词要对名词，静词要对静词，动词要对动词；而且每一种词里面，又要取其品性相近的。""这一种功课，不但是作文的开始，也是作诗的基础。"

正因为属对也是学习作诗的基础，在统编教材中的《对韵歌》《古对今》等也应当与小学第一学段统编教材中的古诗教学相沟通。一位老师在教学一年级上册"识字6"《画》时，就引导学生将古诗改变为《对韵歌》："山对水，远对近，远看对近听。有对无，色对声，山色对水声。远看山有色，近听水无声。"在联系已学过的"语文园地一"中"日积月累"《咏鹅》这首古诗时，又让学生自己编成了"白对红，毛对掌，白毛对红掌。绿对清，水对波，绿水对清波。白毛浮绿水，红掌拨清波"。孩子们兴致大开，感到十分有趣。这样既深化了《对韵歌》的教学，又为之后理解古诗词中的"对仗联"埋下了伏笔。

2. 由"诗""歌"拓展的联系

在语文教学中，我们习惯把古代诗文统称为"古诗文"，但在古典诗歌的大家族里，我们常见的"律诗"和"绝句"，都称"近体诗"。律诗始于南北朝，形成于唐代。全首八句，每句七字的为七律，每句五字的称五律。每两句为一联，共分四联。一、二句称首联，三、四句称颔联，五、六句叫颈联（也作腹联），七、八句称尾联。首联和尾联一般可不用对仗，中间两联则均须工整对仗。如统编教材五年级下册第9课《古诗三首》之三《闻官军收河南河北》（唐·杜甫），其中的二、三联："却看妻子愁何在，漫卷诗书喜欲狂"（颔联）和"白日放歌须纵酒，青春作伴好还乡"（腹联）便运用了对仗。六年级下册"古诗词诵读"部分的第三首是五律《春夜喜雨》（唐·杜甫），其中的颔联"随风潜入夜，润物细无声"和腹联"野径云俱黑，江船火独明"一样有严格的对仗。"绝句"也是近体诗的一种，"绝"就是"截"的意思，古时有截取了律诗的一半而成之意。这样，绝句全首便只有四句，每句五字的简称"五绝"，七字的就叫"七绝"，亦有六字的绝句。其押韵和声律要求都同律诗。这样，绝句如果截的是一、二联，便有其中一联有对仗；如果截的是三、四联，其中也有一处对仗。当然，如果截的是一、四联，也可以完全没有对仗，截的是二、三联也可以完全是对仗的。如二年级上册第8课《古诗二首》中的《登鹳雀楼》（唐·王之涣）的一、二句"白日依山尽，黄河入海流"，便有颇为工整的对仗，这是"五绝"中的对仗；而三年级上册第17课《古诗三首》中苏轼的《饮湖上初晴后雨》中的"水光潋滟晴方好，山色空蒙雨亦奇"则是"七绝"中的一联，也采用了对仗的艺术手法。而三年级下册中杜甫的《绝句》"迟日江山丽，春风花草香。泥融飞燕子，沙暖睡鸳鸯。"则全首都采用了对仗，相当于"截"的是律诗的二、三联。所有这些古诗中的对仗，也应当与《对韵歌》有机地联系起来，让儿童充分享受汉语文文化中的对仗之美。

不仅只是在古诗中，即使在用现代汉语表达的歌词里，我们也常见这种对仗之美。如二年级上册"识字2"的《树》中"枫树秋天叶儿红，松柏四季披绿装。木棉喜暖在南方，桦树耐寒守北疆"；二年级上册"识字 4"的《田家四季歌》中"早起勤耕作，归来带月光"；二年级下册"识字 1"《神州谣》中"黄河奔，长江涌，长城长，珠峰耸"；等等。又如六年级上册第 20 课《三黑和土地》的"阅读链接"，是陈晓光写的那首很受人们喜爱的现代歌词《在希望的田野上》，其中的"一片冬麦，一片高粱"与"十里荷塘，十里果香"，"西村纺花，东港撒网"与"北疆播种，南国打场"等，都是脍炙人口的对仗，读着或唱着都叫人满颊留香，美不胜收，我们又怎能不好好引领学生去再三品味呢！

3. 在读写活动中赋能

学习对仗的功力，就跟学习语文一样，不能全靠教师的讲解授予，主要还得在日常的大量读写活动中，去潜移默化、聚少成多。其能力的形成，就得凭借大量的读写积淀。教师更重要的是在学生学习实践中通过点拨、沟通和适度强化，赋予学生以灵活运用对仗的能力。

首先是统编教材中大量的现代文，我们在诵读中常常可以发现那些对仗句式的运用，如灼灼珍珠闪耀其间，不妨在阅读时多加留意、作些品味。因为这些对仗句多数总会出现在行文的关键处，读时予以注目、引发思考，应该也是读懂课文之必需。如四年级下册第 4 课《三月桃花水》中的"地上草如茵，两岸柳如眉，三月桃花水，叫人多沉醉"；第 12 课《在天晴了的时候》中的"赤着脚，携着手，踏着新泥，涉过溪流"。五年级下册第 4 课《梅花魂》中的"自在飞花轻似梦，无边丝雨细如愁"。五年级下册"快乐读书吧"的标题"读古典名著，品百味人生"就是一个蕴意绵长的对句，开头"诸葛亮足智多谋，李逵鲁莽刚猛，孙悟空神通广大，林黛玉多愁善感"，更是一组言简意赅、运用对仗的排比，给人以深刻的印象。

统编教材中的"单元首页"很重要，上面以文字与画面点出了本单元的"人文主线"和"语文素质目标要求"，其中也用了对仗的句式，既引人注目，又蕴意含蓄。如四年级下册第五单元的人文主题是"妙笔写美景，巧手著奇观"。五年级下册第二单元的人文主题则是"观三国烽烟，识梁山好汉，叹取经艰难，惜红楼梦断"，与本单元所选内容十分贴切。我们又怎能不让孩子们去细心品读、击节赞赏一番。

本套教材中的"语文园地"是学生感受"人生语文，大美天地"的重要板块，其中有许多语言材料是因借助了对仗的艺术表现手法而熠熠生辉的。如有来自谚语的"兵来将挡，水来土掩""不入虎穴，焉得虎子""眼见为实，耳听为虚""近朱者赤，近墨者黑"。有来自格言的"少年不知勤学苦，老来方知读书迟""书山有路勤为径，学海无涯苦作舟"……从这类应当"日积月累"的材料中，也足见对仗艺术手法的应用广泛。其强大的语言生命力，足以让我们终生记取。

4. 在生活运用中激活

语文是一门学习语言文字运用的综合性、实践性课程。"运用"是硬道理，它既是学语习文的价值体现，又是课程本质的逻辑诉求。所以，我们在弘扬属对这一汉语文化瑰宝时，同样应在广泛的生活运用中去激活。

对联，俗称对子，雅称楹联，它是世界上唯汉语文独有的一种语言文字作品，既是文学小品，也可称艺术奇葩，为中国老百姓所喜闻乐见。对联相传起源于五代后蜀主孟昶在寝门桃符板上的题词"新年纳余庆，嘉节号长春"（见《蜀梼杌》），这谓之"题桃符"。至宋时逐渐推广用于楹柱上，之后便更为普遍地应用于装饰及庆典。如五年级下册第7课《猴王出世》中石碣上镌着楷书大字"花果山福地，水帘洞洞天"，实际上就是一副对联。六年级下册第1课《北京的春节》中有"在除夕以前，家家必须把春联贴好"的记述。这里的春联，专指为庆贺春节盛典所布置的对联，若能联系实际，在学生中开展一个"春联集锦"调查收集活动，无疑会很有意义。其他的对联也很常见，贴在门上的"门联"、挂在堂上的"壁联"、镌于桥墩的"桥联"、饰于亭柱的"亭联"等，都是学生方便注目，可以收集的对联。

属对也可应用于测试。陈寅恪先生早在 1933 年《与刘叔雅论国文试题书》中就提出过："对对子能表现中国语文特性之多方面，可以测验应试者之国文程度与思想条理。"2004 年 1 月 15 日，来自全国各地的千余名考生在北京大学参加自主招生和特长生的选拔考试，试卷中就有一道关于对联的试题，上联是根据"神舟五号"载人飞船发射成功而出示的"九天揽月华夏英豪驰宇宙"，要考生对出下联，这检验的不仅是考生的语文功底，还有对当下时事国情的了解和评论能力。当然，这针对的是高中生，小学生则应根据小学的语文水平。

在另外一些语文课程的教学内容之中，适度融入属对的练习，更是大有可为。如六年级下册最后的综合性学习《难忘小学生活》，在"成长纪念册"的"栏目设计"中可以用对偶的句式表现；在会场布置时可以自行设计一副对联；在为同学书写"毕业赠言"时，更可以用对偶或排比的句式来表情达意、致贺祝福。

第六节　小学语文统编教材中的"隐语文化"

所谓"隐语"，《辞海》的解释是"也叫'隐'或'廋辞'，'谜语'的古称"。其实，我们也可以把它看成一种修辞手法，即以隐伏奇谲的手法来表示，重在逗趣或暗示。它的由来已久，一般认为可追溯到三千多年前的夏代，同我国的古谣谚、民歌、寓言、笑话等民间文学形式，有着密切的联系。《尚书》中所记载的"时日曷丧，予及汝偕亡"就采用了隐喻的手法，诅咒了夏代暴君。东汉赵晔的《吴越春秋》中也有民谣《弹歌》"断竹续竹，飞土逐宍"，所隐喻的是做弹弓、打野兽的过程。到了先秦时期，"隐语""廋辞"的大量产生，终于开了"谜语"的先河。曹娥碑的解谜，立下了我国字谜的第一块丰碑：魏武尝过曹娥碑下，杨修从。碑背上见题作"黄绢幼妇，外孙齑臼"八字。魏武谓修曰："解不？"答曰："解。"魏武曰："卿未可言，待我思之。"行三十里，魏乃曰："吾已得。"令杨修记所知。修曰："黄绢，色丝也，于字为'绝'；'幼妇'，少女也，于字为'妙'；'外孙'，女子也，于字为'好'；'齑臼'，受辛也，于字为'辞'。所谓'绝妙好辞'也。"魏武亦记之，与修同，乃叹曰："我才不及卿，乃觉三十里。"（《世说新语·捷悟第十一》）

之后，隐语的发展更是如火如荼，日益兴盛。隐语文化更是百花齐放。从诸子百家著述中大量的以事论理，到寓言的独立成体，应当说都是中华民族隐语文化中的奇葩绽放。当然，其中的谜语，以诗的形式为谜面，引人猜射，更是成了中华民族隐语文化中的一个雅俗共赏的大花园。

统编小学语文教材的低年级各册里，选编了好些"谜语诗"。当然，谜语诗并非古诗中已有定称的一种类别，在这里只是对有类似形式古诗的一种指称而已。

"谜语诗"顾名思义首先所指的是它的"谜语"元素，即不把本意说出，以隐伏含蓄的手法来表达，借别的词句作多方面、多角度地暗示，让别人来猜射。这是一种逗趣斗智的游戏，之所以不直截了当地明说，而是隐晦曲折、拐弯抹角地表达，就不只是为了游戏，它同时也是一种语文运用的技艺。如在荀子（战国后期）的文章中，"冬伏而夏游，食桑而吐丝，前乱而后治，夏生而恶暑，喜湿而恶雨。蛹以为母，蛾以为父"。这一大段话，说的是什么？谜底就是"蚕"。当然这只是夹杂在文章中隐晦曲折的一种描摹述说，还不是专门制作的谜语，但已经有了很浓的谜语味道。

以后，谜语这种形式就逐渐成熟而专门。据说曹操不仅诗写得好，制作谜语也是高手。他运用谜语来选择女婿，出了两条谜语要让他已看中的女婿丁仪来猜射。其中一首是"一字九横六竖，问遍天下不知。有人去问孔子，孔子想了三日"。他故弄玄虚，把大圣人孔夫子也抬出来了，而且还想了三日。其实也不难，就是个"晶"字。

谜语要求含蓄、简练，而且必须语句整齐、押韵，能被人记诵、朗朗上口，这就往往会赋予谜语以诗歌一般的形式。这就使"谜语"与"诗"产生了有趣的联系。这是谜语诗存在的一大原因。

谜语诗的客观存在还因为在古诗中有一类诗是接近谜语的。它就是"咏物诗"。中国古典诗歌源远流长，早在《诗经》中就已经有了咏物的痕迹。到了屈原这里，一篇《橘颂》可以被认为是拉开了咏物诗创作的序幕。而唐代和宋代则都是咏物诗创作的黄金时期。以后，咏物诗的创作就十分风行了。如入编统编教材的《风》（一年级上册"语文园地八"），是唐代李峤的作品；一年级下册的《画鸡》为明代唐寅所写；《咏雪》（一年级上册"语文园地一"）是清代的郑板桥写的……

咏物诗其实就是抒情诗的一种，只是托物寄情而已。当然，这种托物寄情的情感是多种多样的，但所表现的是中国古代文人对才能和德行的思考与感叹、向往和追求。这里既有怀才不遇的感慨，也有因才惹祸的感叹；当然也有希望发挥才能的愿望和对高洁情怀的追求。这种种复杂的情绪都是通过咏物来寄意和抒怀的。于是，在极其含蓄的托物寄意中，咏物的隐晦，心绪的暗示，都赋予其中的一些咏物诗具有了谜语一般的色彩，近乎谜语诗，或者就成了谜语诗了。

那么，在指导学生诵读这些谜语诗时，我们应当作怎样的解读和引领呢？

1. 在猜射过程中享受游戏的快乐

既然我们把这类古诗作为谜语来导读，那就得充分发挥谜语的特点：它是一种供猜射游戏用的，能让儿童乐意参与，尽享智力角逐快乐的隐语。如一年级上册教材中"语文园地一"作为"识字加油站"的内容，是清代郑板桥所作的一首《咏雪》："一片两片三四片，五片六片七八片。

九片十片无数片，飞入水中都不见。"这诗中的"六、七、八、九、十"一连串数字，正是识字的好机会。但另一方面，课本中的"泡泡语"中有重要的编者提示，"你能猜出这是什么吗？"于是，让学生好好猜一猜，也应当是重要的教学目标之一。这首诗本来的诗题是"咏雪"，诗题也是谜底，但入编时没有出示诗题这个谜底，也就是要让孩子大开脑洞，来享受猜射的快乐。课堂上，有孩子猜落下的树叶，也有猜花谢了落下的花瓣。这时，老师就拿谜面中被孩子忽视的那一句暗示："飞入水中都不见。"如果是树叶或花瓣，飞入水中又怎么会不见呢？只有什么东西，无数片落下来，到了水里就都不见了，都化成水了？再看看书上的画面，那白色的一片片，又是什么呢？……显然，这样进一步的观察、思考，充满了比较、甄别、再探究的心智角逐的快乐，让孩子真正感受到了猜谜的情趣。

2. 在猜射比照中感知词语的意蕴

由于谜语诗的特点是要通过谜面的隐晦曲折的描摹来影射谜底事物的特征和个性，所以会十分有助于儿童去主动分析探求谜面词语的意蕴。这种一定要把它猜出来的动力会驱使孩子去用心推敲作者用词成句的意图和作用，从而领悟词语运用的技巧。正是从这样的角度看，猜射谜语诗确实是儿童学语文的一种既有兴味又有实效的好练习。如教学一年级上册"语文园地八"中的《风》（唐·李峤）："解落三秋叶，能开二月花。过江千尺浪，入竹万竿斜。"学生一定要先去理解：它能在三秋的季节里使树木落叶，又能在二月的时令里让鲜花盛开，它是什么呢？它在过大江时可以掀起千尺巨浪，到了竹林里又能使许多竹竿都歪斜了，它又是什么呢？在这个思考过程中，学生不仅理解了这些词语的意思，而且在"落"与"开"之间、"三秋叶"与"二月花"之间、"过江"与"入竹"之间、"千尺浪"与"万竿斜"之间感受到对偶之工整，声韵之上口，从而在潜移默化中领悟到用词造句的巧妙。

为了让儿童对谜语诗的词语意蕴有更好的感知，如条件允许，教师不妨再出示一首虞世南（唐代著名书法家、诗人）的《咏风》："逐舞飘轻袖，传歌共绕梁。动枝生乱影，吹花送远香。"在这里，作者也写了四种动态来暗射风的存在，但与李峤的就完全不一样了。这样的适度统整更能使学生理解即使描写同一个事物，词语运用的方式也可以完全不同。

3. 在猜射推理中发展思维的能力

学语习文与发展思维应当是互为表里的教学要求，这在谜语诗的教学中显得尤为重要。这是因为谜语诗必须"采用寓意的描写方法，以诗歌形式，先隐藏想要说的那种事物的本体，运用比喻、拟人和象征等手法，对事物本体的形象、动态、色彩、功能等一方面或几方面的特征进行描绘，或借用与本体在性质上、现象上有相似之处的喻体加以比喻或影射，使儿童根据自己的知识，通过分析、综合、推理、联想，找到喻体和本体，即谜面与谜底之间的联系，从而猜破它"（参见《教育大辞典》，顾明远主编，上海教育出版社，1998 年）。须知这样的猜射过程，完全是儿童思维能力综合运用的过程，它必然会十分有助于儿童形象思维、抽象思维在不断逻辑推理交替运用中获得和谐发展。如在教学统编版一年级上册"识字 6"《画》"远看山有色，近听水无声。春去花还在，人来鸟不惊"时，就得强化、细化学生的猜射过程，其目的便是要刺激他们的思维活动。如可以这样问孩子：这四句话中说的与我们看到的真实景物有哪些不一样？我们看到的真实景物应该是怎样的？教师逐一圈点（不一样之处），再板书看到的实景，然后再揭示题目。这样的课堂讨论，旨在强化言语背后的孩子的逻辑推理思维过程，而绝不可将这过程简单化、扁平化。其结果，形成的对比板书如下：

画	景
远看山有色，	远看山无色，
近听水无声。	近听水有声。

春去花还在，　　　春去花不在，

人来鸟不惊。　　　人来鸟就惊。

4. 在猜射意象中领悟诗意的美妙

我们把谜语称为"诗"，就因为它有着浓郁的审美诗意。谜底虽是生活中常见的事物，但正因为"常见"，就往往会忽略了它的美学价值。而谜面的成功设计，正在于用隐喻揭示它的诸多本质意义，以激起读者猜想的兴趣。所以，说白了谜语诗是应当作为诗来教学的。如统编教材一年级下册"语文园地八"中的《画鸡》（明·唐寅）："头上红冠不用裁，满身雪白走将来。平生不敢轻言语，一叫千门万户开。"这首诗以鸡的全部审美信息，集中起来以暗示我们最常见的公鸡。从白色的羽毛到鲜红的鸡冠，从雄赳赳昂首阔步的步姿到特别嘹亮的嗓门，简直成了美的化身。这还只是它的外形之美，更有它内在的精神之美，公鸡晨啼是新的一天开始，它的报时功能更为千家万户所器重。这原是唐寅题在画上的一首诗，所以它又是一首很有特色的"咏物诗"，似乎谜语的作用完全淡化了。

同样是写小动物，并从中体现浓郁的审美诗意，这类谜语诗还是颇多的。教师若能适度拓展，以开阔儿童视野会很有意思。如唐代罗隐的《蜂》："不论平地与山尖，无限风光尽被占。采得百花成蜜后，为谁辛苦为谁甜。"虽然蜜蜂很小，也很常见，但诗人从中却悟出蜜蜂为了让更多的人能品到香甜，却可以不辞辛苦去采百花蜜的精神。

5. 在猜射活动中深化文化的熏染

如果说谜语诗是中华民族优秀文化中的一朵奇葩，那么当孩子接触这些可品可玩的诗句时，他们实际上正是在浩瀚的中华文化之海中遨游。因此，在我们的语文教育中，更应当让孩子在猜射谜语诗的活动中去全方位地接受民族传统文化的熏染和陶冶。如在教学《风》时，若条件许可，不妨讲个民间故事：相传明朝的唐伯虎与祝枝山结伴渡河赴灯会，艄公知道他们是有名的文人，就出了一个诗谜，叫他们猜："解落三秋叶，能开二月花。过江千尺浪，入竹万竿斜。"祝枝山一听，以诗解谜，吟道："无影无踪过树梢，折断池塘柳枝条。天井院中尘土起，扬子江心卷浪涛。"他说的也是风。唐伯虎听了，不慌不忙，也吟出了一首："梧桐院里听潇潇，凉尽开轩竹影摇。山径卷来黄叶满，满天撑起白云篙。"艄公听了喜笑颜开，说："二位确实是大名士，即刻就能吟出一首'风'的诗来，佩服！佩服！"就再也不肯收受过河费了。

对于统编教材中的有些课文，我们也可以选用一些孩子们喜爱的谜语诗来启发印证，同样会很有文化味道。如一年级上册的第5课《影子》，不妨带读一首北宋苏轼的《花影》："重重叠叠上瑶台，几度呼童扫不开。刚被太阳收拾去，却教明月送将来。"教师先隐去诗题，在读了课文《影子》之后，叫学生来猜一猜，无疑也是极具文化意趣的。

第七节　小学语文统编教材中的"红色文化"

统编小学语文教材的重要特色之一是十分注重中华优秀传统文化的教育。这就首先必须正确认识中华优秀传统文化教育的定位：要落实好立德树人根本任务这一重要基础；认识涵养社会主义核心价值观这一重要源泉；构建好中华优秀传统文化的承传发展体系；增强道路自信、理论自信、制度自信和文化自信。由是观之，其中的红色文化，无疑是一个十分重要、具有根本意义的内容。

所谓"红色文化"，本节所指的是百年来在中国共产党领导下由中国共产党人、先进分子和人民群众共同创造并极具中国特色的先进文化。显然，这是一种十分重要的文化形态，因为它是在继承、弘扬中华优秀传统文化的基础上，在中国现当代的历史现实中形成的。它遵循了历史发展的规律，从中国社会实际出发，灵活运用了马克思主义理论，解决了中国革命的具体问题。而以国家利益、人民利益为出发点，以发扬艰苦奋斗、自强不息的民族精神为动力，生动地体现了共产主义的世界观、人生观和价值观。所有这一切，都体现了红色文化无疑是中华优秀传统文化整体发展中的脊梁和灵魂。

但是，在当下信息时代，互联网一揽天下所带来的价值多元、信息泛滥，"红色文化"正遭遇着日趋淡化甚至歪曲的挑战，这就特别有必要重视语文教材中的红色文化内容的研究与教学，力求在面向未来一代的心灵深处，撒播下革命的种子。

总观统编小学语文教材中入选的相关红色文化的课文是不少的，有关于中国共产党初创时期与第一次国内革命战争时期的课文，如纪念李大钊同志的《十六年前的回忆》（六年级下册）、周恩来青少年求学故事《为中华之崛起而读书》（四年级上册）等；有反映第二次国内革命斗争的故事，如《吃水不忘挖井人》（一年级下册）、《朱德的扁担》（二年级上册）等；有关于抗日战争的回忆，如《手术台就是阵地》（三年级上册）、《冀中的地道战》（五年级上册）等；有追忆解放战争的伟大史迹，如《灯光》（六年级上册）、《开国大典》（六年级上册）等；还有记述抗美援朝战争的国际主义精神，如《青山处处埋忠骨》（五年级下册）；还有怀念党和国家领导人与英雄模范人物的，如《邓小平爷爷植树》（二年级下册）、《雷锋叔叔，你在哪里》（二年级下册）等课文。

那么，我们应当怎样组织教学这些"红色文化"的课文，才能在学习语言文字运用的同时充分发挥对儿童的育人功能呢？大而论之，似有以下几个方面：

1. 要重视历史背景

这里的"红色文化"，因为特指百年来中国共产党领导中国人民所进行的革命斗争中创造的文化，这就不是当今小学生所熟知的，这当然会给小学生的阅读带来一定的认知难度。另一方面，这些人物和故事又都承载着十分重要的历史价值，这就要求我们必须把人物事件和当时的历史背景结合起来，只有这样，才能从不同的时代境况来理解人物事件的重大意义所在。

如教学毛主席作的《七律·长征》（六年级上册第5课）。这是一首古体诗："红军不怕远征难，万水千山只等闲。五岭逶迤腾细浪，乌蒙磅礴走泥丸。金沙水拍云崖暖，大渡桥横铁索寒。更喜岷山千里雪，三军过后尽开颜。"首联以通俗的语言、豪迈的语势、直白的赞美来表现红军不畏艰难险阻的精神，把万水千山的险恶视作"等闲"，可谓气势非凡，集中概述了红军战士那种蔑视敌人、藐视困难的革命乐观主义精神。接着的颔联和颈联便接连地展示了四个长征途中的历史场景。颔联展现了两个惊心动魄的场景：一是红军转战五岭（位于湖南、江西、广西、广东四省份交界处的大庾岭、越城岭、都庞岭、骑田岭和萌渚岭），俯瞰大山峻岭，犹如海面细浪；二是红军跨越位于贵州云南两省交界处的乌蒙山脉，虽然气势磅礴，但在红军战士眼里也仿佛是粒粒泥丸一般。"金沙水拍云崖暖，大渡桥横铁索寒"展现的又是惊心动魄的两个场景：前者所指是遵义会议之后，红军在以毛泽东为代表的中共中央、中革军委的指挥下，辗转川、黔、滇地区，四渡赤水，消灭了大量国民党军，随后南渡乌江直逼贵阳，进军云南抢渡金沙江之战，终于摆脱了数十万国民党军的围追堵截，取得了长征路上具有决定性意义的胜利。后一句是另一个场景，即5月顺利通过彝族区之后的强渡大渡河。尾联的"更喜岷山千里雪，三军过后尽开颜"又是两处场景：一处是过草地之后翻越大雪山；二是翻过雪山之后于8月到达阿坝等地区，实现了胜利大会师。如果在教学中我们没有引领学生结合相关资料阅读，了解与这首诗直接关联的长征路上的这六大历史场景，是无法理解全诗内在含义的。于此我们不难理解：传递红色文化的这些课文，背后联系着的却是中国人民革命斗争一个又一个的历史事实。

2. 应注目儿童本位

体现红色文化的课文虽然反映的是中国人民百年来的奋斗，但因为是让儿童阅读的，当然在反映革命斗争客观史实的同时，又必须充分考虑到阅读者儿童本位的问题。因为儿童（学生）是在阅读过程中从事阅读活动的人。他们是阅读行为的发动者和操作者，而且自始至终决定着阅读的目的、任务、方式和效果。反映红色文化的课文如何才能贴近阅读主体的儿童，是一个根本性的重要问题。所以统编教材选用的课文或是描述积极投身革命斗争中的儿童，如《小英雄雨来（节选）》（四年级下册）的主人公雨来便是个孩子，《金色的鱼钩》（六年级下册）中老班长带的三个小战士也差不多是少年；或是从儿童的视角回忆严酷的革命斗争史实，如《十六年前的回忆》（六年级下册），是李星华回忆小时候父亲李大钊同志被捕后与敌人英勇斗争、宁死不屈的事迹；或是写儿童心目中党和国家领导人与英雄模范人物的光辉事迹，如《邓小平爷爷植树》《雷锋叔叔，你在哪里》（二年级下册）……所有这些都使比较陌生的革命人物和故事能与当下的读者（小学生）之间产生源于同龄人的心灵共鸣。教学这些课文，我们必须有儿童本位的读者意识，才能从实际出发，拉近儿童与相对比较遥远的这些革命斗争人物、事件之间的距离，提高课文的亲和力，链接他们的认知水平。如在教学《十六年前的回忆》一课时，便有一位学生提出疑问："我从老课本中看到过，李大钊同志'不慌不忙向外走去'时是带着一把手枪的，他为什么不和敌人搏斗呢？"虽然新教材中不见这个情节，但既然有学生提出来了，也就无须回避，教师便可以提出反问："如果李大钊同志带着枪，与敌人搏斗，你想当时的后果会怎么样？"这就引发了大家严肃的思考，有的说："如果搏斗起来，李大钊同志虽然也可以打死几个警察、宪兵，但因为寡不敌众，李大钊同志很可能会当场牺牲。这样他就不可能再有其他与敌人斗争的机会了。"有的说："这样，他的女儿李星华也可能被当场杀害。"还有的说："事情发生时李大钊他们已经走出了院子，如果展开一场搏斗还很可能会伤害到附近的群众。"……于是，这才统一了认识，李大钊同志不慌不忙地沉着应对，正体现了他临危不惧的镇静，保护他人不受伤害的爱心，以及要利用更多机会揭露敌人阴谋的斗争精神。

3. 需关注问题特点

承传红色文化的课文，大多采用了人物传记或回忆录等体裁，用这些体裁写成的文章，往往有十分浓厚的思想感情，这就会同时具备人物形象鲜明、斗争情景生动等特点，不仅很容易吸引读者，而且因情感的浓烈而打动人心。所以，导读这些课文，教师更要用心发挥其体裁特色，从"以情感人"的绿色通道，让孩子对革命斗争史实留下难以磨灭的印象。如教学五年级下册第11课《军神》，这是写刘伯承元帅青年时代的一次疗伤故事。对于军人来说，疗伤是难免的事，可为什么这次疗伤那么不平常呢？一位教师抓住了沃克医生对刘伯承两次前后不同的称呼——"你是军人"和"你堪称军神"，提出了挑战性问题："军人和军神有什么不一样，前后两次称呼不同是因为什么？"这就把学生阅读注意力引入到了"深度"，准确地抓住了沃克医生与刘伯承之间对话的神情中的"节点"。如：沃克医生的话为什么能"一针见血"？这说明了什么？（刘伯承身负重伤还如此"从容镇定"）他的"目光"为什么会"柔和下来"？刘伯承为什么拒绝使用麻醉药？沃克医生在手术中的表现为什么不再"从容镇定"？手术中，刘伯承一声不吭是说明伤痛可以忍受吗？表现在哪里？为什么刘伯承在手术中一直在数割了多少刀会使沃克医生吓了一跳？……这样，抓住人物的神情和对话，去刨根究底，探骊获珠，方能触发学生的深度思辨，从而对革命斗争中的英雄人物有深刻的认识。

对于"人物传记""回忆录"一类体裁的文本，因为课文只能剪取其中一个片段，选用一截历史时光的剪影，就难免会缺失整体印象。所以，教学这类体裁的课文，不能没有阅读的拓展补充。如教学《军神》这篇课文时，对刘伯承的生平与时代背景作参照阅读就显得十分重要。刘伯承从"军人"到"堪称军神"无疑离不开他的人生锤炼。他1911年响应辛亥革命参加学生军，曾毕业于重庆军政府将校学堂。他在川军中历任过连长、营长、团长等职。他于1926年加入中国共产党，曾参与领导南昌起义。1930年毕业于苏联伏龙芝军事学院，回国后又历任中国工农红军总参谋长、八路军第一二九师师长、中国人民解放军第二野战军司令员等职。1955年被授予"中华人民共和国元帅"军衔……如此千锤百炼的战争考验，正是他"堪称军神"的精神基础。而课文中这个故事发生在重庆，而且在他的青年时代，当然也与他出生在四川开县，又长期在川军中任职有关。显然这样的参照阅读是十分有益的，唯此，学生才会对"军神"这一课题意蕴有深刻的理解。

4. 重凸现精神本质

在统编语文教材的教学中，弘扬红色文化是应有之义，而红色文化的育人功能，无疑在于让学生知道在中国共产党领导下的革命斗争，不仅缔造了新中国，而且让中国人民真正走上了振兴中华的康庄大道，正在实现着中华民族世世代代所企求的未来。正是从这个根本点上，我们不难发现，所有入编的关于红色文化的课文，那些扣人心弦的人物和事件，都体现着一种共有的精神本质：为国爱民，奉献世界而一往无前。这正是红色文化课文教学必须凸显其共有精神本质的必然追求。

三年级下册第21课《我不能失信》，记叙的是宋庆龄小时候的一则守信故事。宋庆龄是一位伟大的女性，她的生平是颇具传奇色彩的，并不为儿童所熟知。她是广东文昌人，但生于上海。早在1914年就担任辛亥革命领导人孙中山先生的秘书，1915年和孙中山结婚。她坚决拥护孙中山的联俄、联共、扶助农工的三大政策，谴责国民党右派，并投身于北伐战争的准备工作。大革命失败后，她以自身的特殊身份发表通电、声明和宣言，揭露蒋介石、汪精卫的叛徒行为，支持共产党领导的革命斗争，揭露国民党反动派对日妥协投降、对内反共反人民的政策。1949年出席中国人民政治协商会议第一届全体会议，当选为中华人民共和国中央人民政府副主席。1981 年 5 月加入中国共产党，荣获中华人民共和国名誉主席的荣誉称号。显然，她是红色文化中颇具特殊性的一位伟大人物。教学这篇课文时，主要是让三年级的孩子感受宋庆龄自小就有诚实守信的宝贵品质，在思想上受到熏陶，在做人做事方面获得启示。但若单从"红色文化"的沿递角度看，自然又不能仅仅局限于此。相信教学这一课的教师都会出示宋庆龄的图片，都会简要介绍宋庆龄是一位怎样的女性，也可能还会让孩子课前收集有关宋庆龄的资料，并且组织合适的交流活动。这一切都是为了从根本上突显其精神本质。也就是说，我们都会把这则儿童守信的故事，置于仰慕宋庆龄伟大的革命一生的辉煌品格之中。而两者的联系点，无疑会是"信"乃中国古代相沿至今的道德规范，《国语·周语上》有言："礼所以观忠、信、仁、义……信所以守也。"宋庆龄一生支持参与中国人民的革命事业，88 岁加入中国共产党，正是她忠实守信的写照。这就是故事可以各有不同，但认知人物和事件所表达出来的共同的精神品质却是教学中最重要的。

5. 当链接现实生活

让今天的孩子阅读体现红色文化承传的课文，就是同历史上的人、事、理进行"对话和交流"。这应当是很愉快的体验，能够实现今日学生求知、共情的心理期待，获得智性的愉悦和审美的满足。

岁月奔涌，川流不息，渐成史迹。正是从这样的视角看，历史都是现实的历史，而现实都是历史的现实。过往的一切，皆成今日之序章；重温历史的人事，又怎能不去体察现实的生活。由此推及，不了解、不总结历史，就不可能理解今天的现实，也就等于割舍了本来你应该拥有的经验和智慧，这也会影响到正确地走向未来。

当我们阅读周恩来同志青少年时代《为中华崛起而读书》（四年级

上册）时，就会自然地想到今天我们正在为振兴中华的明天而用功；读着《朱德的扁担》（二年级上册），身为总司令的朱德尚且和战士一样常常要用扁担去五六十里远的地方把粮食挑回来，联想到今天的劳动依然应该是生活的必需……读着方志敏的《清贫》（五年级下册）联想到今天的廉政建设，会让五年级的学生有更深的触动：一位中华苏维埃共和国中央执行委员，红十、十一军政治委员，中国无产阶级的革命家、军事家，在被捕时竟然身上连一个铜板都没有，即使在家里也只有几套"旧的汗褂裤"与几双"缝上底的线袜"。这种"清贫、朴素的生活，正是我们革命者能够战胜许多困难的地方"！导读《手术台就是阵地》（三年级上册），一位外国医生，不远千里来到中国参加抗日战争，竟冒着生命危险抢救伤员，把"手术台"视为"阵地"，难怪小学生竟能在课堂讨论中联想到"车床是工人的阵地""土地是农民的阵地""讲台是老师的阵地""柜台是售货员的阵地""课堂是学生的阵地"……所有这些，都是革命传统史迹与当代生活之间所发生的映照。

确实，红色文化所传递的中国人民革命斗争历史，以其本身的特殊性和高尚性而构成了一个巨大的时空文本，这个历史文本是在客观的记述性、语言的阐释性和现实的映照性中得到呈现的。所以，在红色文化课文的教学中，我们应当以一种更为高远、更为开阔的历史视野，以一种通观古今、纵横天下的方式来呼应，从语文课程的本位出发，更好地实现立德树人的远大教育目标。

第三章　语文教法的文化之策

第一节　"真学"之策：改革"教"的"供给侧"

研究中国语文教育的文化血脉，就是要用文化学的理论来探讨如何彰显语文教育文化的本质、特性和规律，来认识语文教育诸多的思想、内容、策略和方法上的问题，从而突破语文教学层面上诸多单一的语言训练的局限性。教育文化的本意在于实现受教育者生命的自主发展、主动发展和真实发展，我们应当以此为据，认识语文教学改革的方向和策略。

据说，陶行知先生有一次去武汉大学演讲，带了一只公鸡。人们觉得很奇怪：难道这会与演讲有关吗？原来先生要以这只鸡做个现场"实验"。他先抓一把谷子撒在讲台的桌面上，再一手把鸡的头按在谷子上让鸡吃谷子。公鸡一粒谷子都不肯吃。先生又把公鸡的嘴掰开，把谷子塞进鸡嘴里，公鸡挣扎着甩开了头，把已经塞进嘴里的谷子甩出来。最后，先生把公鸡放了，把谷子撒在地上，退开几步，公鸡才慢慢啄食……这时，陶行知先生说："教育，就如同公鸡啄食……"

从公鸡啄食说到学生学习，确是事异理同：要让公鸡"真吃"，你就得改变"供给"谷子的方式。强按着头让鸡吃谷子，公鸡死活不吃，不是它不想吃，而是你"供给"的方式不对。改变了"供给"方式，把谷撒在地上，把鸡放了，再退开几步，公鸡就吃得很好。由此反观教学也是一样的道理：要让学生"真学"，教师也得尊重学生的生命意识，放弃单向灌输的习惯做法，改变用简单的指令强行让学生去完成超量的学习任务的做法。如果学生迫于教师的压力，只会是被动地去"假学"，哄着教师、家长，真正的用脑、用情的学习其实并没有发生在学生身上。

"教"与"学"的关系，从本质上说，也是一种"供"与"需"的关系。"教"的"供给"，要能真正调动、满足，进而激发学生学的"需求"，学生的"真学"才会出现，"教"的效益也才能落到实处。中央提出的"供给侧改革"问题，不只是切中了经济领域的时弊，也为其他方面的深化改革提供了方向和路径。周洪宇、黄立明同志在《2016中国教育改革发展热点前瞻》(《中国教育报》2016.3.10)一文中，就提出了"教育发展新状态""教育供给侧改革""教育质量""共享教育""绿色教育""互联网＋教育"等十大热点问题。在"教育供给侧改革"中，特别强调了要"提高教育供给端的质量、效率和创新性，丰富教育供给结构，为受教育者提供更丰富、多元的教育资源、教育环境和教育服务模式"。于此，我们不难理解，要提高育人质量，关键就得让"真学"发生在学生身上，而作为教师就得找准"真学"的机理。在这方面，以前我们做得较多的是喋喋不休地让学生明确学习目的，端正学习态度。这当然没有错，但实践表明，光靠简单的说教是根本解决不了问题的。如能以"供给侧改革"的理论为指导，从调动学生的"内需"着眼，以提高教师教育"供给"的质量入手，才有可能让学生真正地学起来。

那么，从哪些方面探索，才会有助于教师改变"供给"方式，改善"供给"质量，以找准学生真学的机理，唤醒学生真学的动能呢？

1. 顺性而为

所谓"顺性而为"，就是要顺应学生的"天性"以施教、以引导。

"儿童是天生的学习者"，这应当成为教师对学生天性的共同认知。每一个生命降生之后，都有一些最基本的生存和发展的天赋。婴儿从吮奶到进食，从学步到说话，基本上都是靠他自己的能力学会的。其中虽然免不了有一些大人的帮助，但这种帮助都是成人在幼小生命固有内动力基础上的顺性而为。我们在孩子身上总是会发现他们有很强的好奇心，他们也特别爱玩，特别喜欢动手去尝试。其实这一切都是作为一个"天生学习者"的天然表现。"好奇心"的根源来自孩子对这个陌生世界的认知欲望，这是"好学"的动力所在；"爱玩"是想去了解环境的基本手段，游戏是学习的另一种形式，所以，这是"好学"的行为表现；"喜欢动手"更是"好学"的勇于探索精神。正是因为他们的"好学"，即使在婴儿期，他们就已经学会了很多东西。正如鲁迅先生所言："孩子们常常给我好教训，其一是学话。他们学话的时候，没有教师，没有语法教科书，没有字典，只是不断地听取，记住，分析，比较，终于懂得每个词的意义，到得两三岁，普通的简单的话就大概能够懂，而且能够说了，也不大有错误。"（《人生识字胡涂始》）确实，在孩子学说话的过程中，集中表现出他们与生俱来的学习能力是惊人的。如果我们对这一点能深信不疑，积极鼓励他们大胆参与到学习中来，能毫无顾忌地展示自己的思想认识和生活感受，"真学"的局面也就打开了。听一位教师执教《手术台就是阵地》（统编小学语文教材三年级上册）这一课，有小朋友自言自语地在那里说："白求恩到底是'客人'还是'不是客人'？"老师听到了，就抓住这个学习的内动力，觉得这个问题有意思，就鼓励大家来说说——

生1：白求恩当然是我们的客人，因为他是加拿大人，不远万里来帮我们抗日的。

生2：他不是我们的客人，因为他不是我们请来的，是自愿来的。

生3：不是请来的也是客人呀。昨天晚上，我们家正在吃饭，小李阿

姨来了，妈妈说："客人来了，倒茶!"我们没有请小李阿姨来，妈妈照样称她是客人。（把生活经历用上了）

生2：白求恩刚来是客人，来久了，参加八路军就不是客人了。（辩得有理）

师：说他不是客人，那他是什么人？（这一问问到了点子上，"供给"得好）

生（齐答）：自己人。

生（部分答）：一家人。

师：对，他跟谁是一家人？（抓住了问题的本质）

生（齐答）：他跟八路军是一家人……他跟中国人民是一家人。

师：你们说得真好。他是把中国人民的解放事业——

生（齐说）：看成自己的事业。（抓住了问题的本质）

这是一场多么自然的课堂讨论。孩子们自由言说，联系生活事件，毫无束缚地各抒己见，完全可以证明他们的学习能力。当然，这样的"真学"境况，是与教师的有效"供给"分不开的，如机敏地发现问题，营造自由的讨论氛围和适度的点拨引领。在这里，教师的"供给"起到重要作用。

2. 平中生趣

兴趣是学生进入"真学"的最好"老师"。儿童的心理特征之一，特别喜欢"跟着兴趣走"。但是，学习也是艰苦的劳动，"学海无涯苦作舟"早已成为传统的警语。问题是学习虽有需要勤苦的一面，但一旦投入其中，也有很多的快乐。提倡勤苦，强调的是一种态度，快乐或痛苦则是一种心理感受。以勤苦的态度学习，获得的不一定是痛苦，也可以是快乐。如果我们让学生在学习中享受到了快乐，"真学"也就实现了。要达到这种境界，在教学中就得提升教师"供给"一方的质量，千方百计去发掘平凡、平常甚至有点平淡的学习中内蕴的快乐因子，追求"平中生趣",以调动学生对学习的兴致和爱好。

《新型玻璃》(人教版五年级上册)是一篇科学说明文,以平实的语言介绍了"夹丝玻璃""变色玻璃"等5种新型玻璃,这似乎很难让老师做到平中生趣了。但在著名特级教师于永正那里却不一样,他引导学生改变体裁,把《新型玻璃》的介绍说明,让学生改成《新型玻璃自述》,自己选一种新型玻璃做准备,然后上台表演。在这个过程中渗透对学习语文的指导,其教学谐趣艺术的魅力,令人倾倒:

生:(读《变色玻璃的自述》)

师:他是变色玻璃了。(笑声)

生:(接着说)我的名字叫变色玻璃,是高科技产品。有人可能不知道我,其实我早就上世了。

师:请停一停,把你写的"上市"的"市"字写在黑板上。(该生在黑板上写了个"世"字,师生都笑了。)

师:"产品上市",就是把产品拿到市场上去卖,是"市场"的"市"。(学生恍然大悟,立刻把"世"字改为"市"。)

师:同学们,汉字的同音字很多,如"市——世""向——像""已——以""最——再"等,写的时候要静心多想想,该用哪一个。只要心不慌,一般不会写错。请接着说。

生:(接着说)门窗上安上我,从室内看外面很清楚,而从外面看室内却看不见。

师:应该说"却什么也看不见"。"却"后面加上"什么也"三个字。

生:(继续说)所以小偷就不知道家里有什么,没法去偷。

师:想得真周到。不过,不是"没法去偷",而是"不会去偷",请改过来。

生:(继续说)我还会随着阳光的强弱而改变颜色,起到自动调节室内光线的作用,使光线变得柔和,不刺眼睛。你们看,于老师的眼镜片

就是用我做的！（笑声、掌声）

师：（非常高兴地）对！我的眼镜片就是用你做的！你保护了我的眼睛，我得好好谢谢你啊！（和学生热烈握手。笑声、掌声）

……

这真是平中生趣：把"介绍说明"变成了"自述"，这一变不仅妙趣横生，创意迭出，而且也提供了用词造句的许多鲜活实例。这就难怪学生情趣盎然，掌声笑声不断了。于老师改善了"教"的供给策略，才使真学的形成有了重要条件。

3. 激疑借力

要让学习能真正发生在学生身上，起点应在一个"问"字上。对此，宋朝的张载说得好："在可疑而不疑者，不曾学，学则须疑。譬之行道者，将之南山，须问道路之出，自若安坐，则何尝有疑！"意思是在可以怀疑的地方不怀疑，等于没有学；学习必须要有怀疑的精神。好比走路的人，要去南山，就得问这路该怎么走，如果只是想安稳地坐着，当然就不会去问路了。所以"凡理不疑必不生悟，惟疑而后悟也。小疑则小悟，大疑则大悟，故学者非悟之难，而疑之难"（清·唐彪《读书作文谱》）。正是从这个意义来说，要让学生"真学"，先得让学生有问题。赞可夫认为："只要学生能提出问题，这就是重要的条件之一，它有利于形成和巩固学生对学习的内部诱因。"（《和教师的谈话》）那么，如果孩子没有问题怎么办？这其实是假象。孩子的心里天生有着问不完的问题，常常是因为成人（教师、家长）厌烦，用冷漠甚至呵斥的态度回应，久而久之，他们也就失去了提问的兴趣。所以，要解决这个问题，"解铃还需系铃人"，就得靠教师改变"供给"策略，从冷淡学生提问变为千方百计诱发儿童生疑。著名教育家陶行知就写过一首诗鼓励学生不但要爱问，而且要"问到底"："天地是个闷葫芦，闷葫芦里有妙理。你不问它你怕它，它一被问它怕你。你若愿意问问看，一问直须问到底。"如果老师能想方设法激起学生的疑问，他们自然就有了想弄清问题而"真学"起来的行动了。

我听过一位教师教《太阳》(统编教材五年级上册)这一课,有几位学生提出了对课文的不同看法,认为课文只是单方面地强调太阳"和我们的关系非常密切","没有太阳,就没有我们这个美丽可爱的世界",好像太阳的一切都是好的。这样写,不够全面。这出乎教师的意外,但没有据此就不让学生质疑,而是让学生说说理由。于是大家就边想边发表意见。有的认为:"世界上许多地方都在闹旱灾,这与太阳有关系。"有的提出:"猛烈的阳光照射会伤害皮肤,所以妈妈要抹上许多防晒霜。"有的举出夏天时看到园林工人在给花草搭棚遮阴,说明猛烈的阳光也有不利于植物生长的一面。有的还从书报上看到太阳上的黑洞很可怕……如此热烈的议论,自然是"真学"带来的可喜景观。于是教师趁热打铁,临堂决策:让学生给课文补写一小段,不妨也说说太阳不利于人类生活的另一面。

4. 差异开发

《国家中长期教育改革和发展规划纲要(2010—2020年)》特别强调了要遵循教育规律和学生的生理心理发展规律,为每一个孩子提供适合的教育。这是很高的要求。要让每一个学生都享有适合的教育,我们不仅要承认教育的差异性,而且要在运作层面上不再用一种方法去教育50个孩子,而是能用50种方法去教育一个孩子,方能明白什么是最适合他的。只有适合了,我们才有可能看到"真学"在他身上发生。教育要以人为本,就得承认人与人是不一样的。被誉为绘本寓言大师的李欧·李奥尼的《鱼就是鱼》,就生动地说明了这一点。有一条鱼很想了解陆地上发生的事,就向小蝌蚪打听。于是,小蝌蚪长成青蛙后就跳上陆地去了解,回到池塘后就向鱼汇报它看到的各种东西:鸟、奶牛和人。鱼根据青蛙对每一样东西的描述形成了自己的认识:人是用鱼尾巴走路的鱼,鸟是长着翅膀的鱼,奶牛是长着乳房的鱼。……这说明学习无法避免基于自己已有的知识来建构新知识。而每一个人又是与众不同的唯一，所以，要让学习真正发生在每一个学生身上，教师就必须注意从每一个学生的差异出发，进行有差异的指导，最后实现每一个学生都能有所差异的发展。也只有这样的有差异的"供给"，才能满足每个学生不同个体差异的需求，从而让每个学生都能实现属于自己的"真学"。儿童诗人雪野执教的一堂童诗读写课《我的眼里》，让春风来说话。老师先让学生看图说话，启发学生表达："我（春风）走过，柳丝怎么样了？"学生说的各不相同，有"飞起来啦""动起来啦""舞起来啦""绿起来啦"……都得到了老师的称赞。接着，再看图片，老师说："我走过，湖水怎么样了？"学生说得更欢，有"卷起来啦""笑起来啦""唱起来啦"……又都得到了老师的鼓励。当说到"我走过，花儿又怎么样了"时，学生说得正欢，可一个孩子站起来说"花儿哭起来啦"，于是全班哄笑，都说她胡扯。可雪野老师耐心地摸着孩子的头说："你们别笑，应当听听她的理由，别随便就以为人家是胡扯。"于是，那个孩子说："我走过，花儿哭了，因为有人摘了它的花，有人踩了它的身体。"这时，全班响起了热烈的掌声。于此可见，只有教师实施了差异的教学，才有真正基于差异的"真学"。

5. 遵循"内生"

我们必须高度认识到，学习是一种"内生性"的智力活动。它主要不是通过外部的给予或灌输来实现的，而是依靠"自得"来达成的。即使是来自外部的授予，也必须通过自身的"内化"，才能真正获得。所谓"自得"就是"自觉地有所得"，即指主体不依外力，反身体验，默识心通，自然而得。这个过程，也就是"真学"的过程。孟子十分提倡自得的理念。他继承孔子"修己安人""为仁由己"的思想，提出了"君子深造之以道，欲其自得之也。自得之，则居之安；居之安，则资之深；资之深，则取之左右逢其源。故君子欲其自得之也"（《孟子·离娄下》）。"自得"是"真学"的果实，它的全过程是"内生"的。当然，强调这一点，并不否认教师的重要作用，而只是更加强调了教师的有效供给，更应当扎根于学生"真学"的"内需"和"内生"。在这方面，有一个教学案例是很能发人深省的。一位特级教师教《海上日出》这篇课文时，一个学生问："一刹那间这深红的圆东西发出夺目的亮光——什么叫'夺目'？"老师请学生回答，一个小女孩站起来说："夺目，就是眼睛也突出来了。"话音刚落，全场大笑。老师挺认真地说："你想得对——能不能再换一个说法？"本来小女孩已被大家的笑声羞得满脸通红，低下了头，听了老师的鼓励，就抬起头还习惯地举着手说："就是光线太强，刺人的眼睛。"大家都为她的回答鼓起掌来。这位学生起初的回答显然词不达意，如果老师来个谁来帮她说，可能会省事得多，但老师没有这样做，而是在适度肯定的同时，再给她一个"自得"的机会，终于让一颗稚嫩的心重新拾起了自信。所以，"真学"还离不开在一些细节上，教师能给学生以更多的"内生"机会。

联合国教科文组织在《学会生存——教育世界的今天和明天》中认为："未来的学校必须把教育的对象变成自己教育自己的主体。"而"真学"的发生机制从根本上说，就是让学生自己教育自己，让每个学生同他自己的关系有一个根本转变。而教师只是引领和帮助学生实现这样的根本转变。这是教育面向未来的重大使命。

第二节 阅读之策：为谋划"读书人生"启航

统编小学语文教材的鲜明特点之一，是正在将人们司空见惯的"教"材，转化为儿童喜闻乐见的"学"材；将一脸严肃的"教"本，变身为孩子可用、乐读的"学"本。要更多地让学生自主学习，就必须十分重视学习策略的导引。这是当前教材改革中更注重语言文化血脉的一种表现。这里，笔者只就"阅读策略"这个视点作一管窥。

"阅读策略"就小学语文教材的编写历史而言，似乎是一个全新的文化命题，因为之前没有出现过。但就培养小学生阅读能力而论，它不只是应有之义，而是由传统的以"教"为主，转向当代的以"学"为主的一个避不开的重要话题。

对于"阅读方法"，大家都比较熟悉，而且知道方法很多，但在学生的阅读实践中，需要的是如何综合、有效、统筹运用这些方法。这就关系到"阅读策略"了。

"策略"，就是计策和谋略。如果说，阅读方法是指在阅读活动中所采用的一些具体的方法、技巧，那么如何整体地去智慧驾驭和选择运用这些众多的方法技巧，使阅读者能从根本上提高阅读能力，取得尽可能大的效益，就需要"阅读策略"了。

虽然小学阅读教学还只是阅读的起步阶段，但是"千里之行，始于足下"，他们的阅读实践，一样需要在"阅读策略"上坚实起步，为谋划长远的书香人生起航。

阅读策略有哪些？当然会见仁见智，各有归纳，但就其基本方面而言，还是会有一些共识。著名语文教育专家曾祥芹主编的《阅读学新论》（语文出版社，1999 年）就提出了十个方面的阅读策略：1. 定向选读策略；2. 金字塔策略（广采博览的基础与主攻精专的巅峰相结合）；3. 循序渐进策略；4. 问题导向策略；5. 取精摄要策略；6. 合理匹配策略；7. 学创相生策略；8. 知行统一策略；9. 终身阅读策略；10. 快速高效策略。

统编教材的"学本"特色，在编写思想上十分重视阅读方法的指导体系之凸显，而其中尤为瞩目的便是增加了阅读策略单元，并且这些单元在整套教材中形成了以儿童阅读能力培养为本的独特体系。如三年级上册编入了"预测"策略（第四单元）；四年级上册编入了"提问"策略（第二单元）；五年级上册编入了"提高阅读速度"的策略（第二单元）；

六年级上册编入了"有目的地阅读"的策略（第三单元）。这些策略单元的编排，充分考虑到不同年级学生的认知水平和阅读能力，做了由浅入深、由易到难的安排。下面试做简要分述。

1. 阅读的"预测"策略

"预测"也就是"猜想"，这在儿童的阅读活动中是一种自然的存在。孩子看到一本封面漂亮的图书，从书名和画面上很容易会去猜想书里写的是一个怎样的故事。读着读着又急于了解故事的结局会是怎样的。所以，把"预测"安排在三年级作为阅读策略的"入手"是十分恰当的。

"预测"，对照曾祥芹先生的十大阅读策略，就是"学创相生策略"，即这里的"学"主要指阅读，"创"就是指阅读者对读物内容的预想。这是阅读者自身的朴素要求，因为在阅读的过程中，总是会充满各种各样的猜想以及对读物内容的个性化理解和评议。也就是说，阅读的过程总是会激起读者包括预测在内的思维波澜，而不会仅仅是如鲁迅所批评的"让作者在自己头脑里跑一次马"。阅读不应该让读者最终成为"两脚书橱"，所以从最简单的"预测"入手来强化阅读大脑，比较适合三年级孩子的阅读兴趣。

"预测"的阅读策略教学，又如何融合在课文阅读之中，编者是做了精心设计的。如在三年级上册《总也倒不了的老屋》这篇课文中，就借助于"旁批""课后练习""泡泡语提示"等，让学生认识什么是预测，并引导学生根据题目、插图、故事内容线索，结合生活经验尝试做有依据的预测。在这个过程中，必须十分重视做出"预测"的依据是什么。接着在《胡萝卜先生的长胡子》这篇课文中，引导学生相对独立地做有依据的预测。因为这番预测是学生相对独立完成的，所以结果要及时修正，并且要启发大家思考产生预测偏差的原因是什么。在这样的基础上，在阅读《不会叫的狗》时就可以让大家根据故事线索和生活经验，去重点预测故事的结局。还应当组织大家去对比不同结局的意义，体会预测的多样性，并能把这种预测策略应用到课外阅读中去。

除课文以外，还应当把预测策略有机地运用于其他项目之中。如在"口语交际"中猜测同学或老师名字的含义或来历；在"习作"中去根据插图和泡泡语的提示，多角度地预测故事、续写故事；在"语文园地四"中，引导学生回顾、梳理预测的方法，并总结运用预测策略的好处。

2. 阅读的"提问"策略

阅读教学课堂的一个严重弊端是学生很少主动向教师提问，常常是教师提问让学生被动应答。似乎学生不是要"学须有疑"，有疑而进，而是根本没有什么问题要问，只需回答老师的提问就行了。这显然是十分反常的。因此，统编教材将"提问"列为阅读策略之一，确实具有很强的针对性和教学价值。

"提问"，指向的是阅读的"问题导向策略"。这里的"问题"，一方面是指读物中的问题，包括让学生费解的和认为应予批判的；另一方面是指通过阅读活动来回答和解决现实生活中的问题。所有这些问题都具有把阅读思维活动引向深处的功能。

著名教育家陶行知曾经对学生在学习活动中敢于提问的重要意义，写过一首诗《每事问》："发明千千万，起点是一问。禽兽不如人，过在不会问。智者问得巧，愚者问得笨。人力胜天工，只在每事问。"

提问策略具有重要的"导向"作用，能较好地解决"为什么读"这样一个根本问题。阅读既然是一个长见识、养精神的活动，那就肯定与"有疑问"难以分开。这就要求学生必须好问，以求认识的提升。正是从这个意义来说，学生的提问体现着阅读向深处拓进的导向。只有让学生切实地解决了这些问题，阅读才能开动大脑、滋养精神。英国著名哲学家培根曾经说过："如果一个人从肯定开始，必从疑问告终。如果他准备从疑问着手，则会以肯定结束。"阅读的正确途径应当从有疑开始，经过探究切磋，以解决疑问结束，这才是阅读的长进。所以，让学生学会提问，并为此展开深入思考探究以求得问题的解决，才是提升阅读能力的基本策略。

在统编教材中，这一阅读策略被编入四年级上册第二单元之中。如《一个豆荚里的五粒豆》要求通过课文的局部内容和全文内容两个角度让学生练习提问，并用"问题清单"的形式，帮助学生整理问题。《蝙蝠和雷达》是一篇科普说明文，让学生从课文内容、写法和如何联系生活实际三个角度来提出问题和分类整理问题。《呼风唤雨的世纪》，则从"不影响课文理解""帮助理解课文""引发深入思考"等三个方面整理提问，并从中筛选有价值的问题。《蝴蝶的家》则可以进一步让学生综合运用提问策略，分类整理并尝试解决问题。在习作项目中"小小'动物园'"可以让学生去发现家人与哪种动物相像。在"语文园地二"里，可以梳理总结提问的方法、角度以及运用提问策略的好处，这样可以把运用提问策略提升到学习习惯培养的高度。

3. 阅读的"提速"策略

在阅读教学中增加阅读量是造就书香人生的关键所在，统编语文教材的一个基本改革导向就是要解决学生不读书、少读书的问题。解决这个问题的重要策略自然是逐步提高阅读的速度。但是，培养快速读书的能力必须要在积累相当程度的阅读实践经验的基础之上。所以，把阅读提速策略安排在五年级是十分科学的、适切的。

提高阅读速度，当然不能只图形式上的快，而是要对读物内容能够取精摄要，这不只是提高了阅读速度，同时也提升了阅读质量。所以阅读"提速策略"也叫"取精摄要策略"，即在阅读中能提取读物中的精华内容、本质意义、基本要点作为阅读目标，从而提高整体的阅读速度。其实，我们做任何事情都是一样的道理，就是要有得有失，有所舍弃正是为了更好地获得。若不分主次地"眉毛胡子一把抓"，什么都想得到，效果反而不好。对此，大科学家爱因斯坦就曾经说过："在所阅读的书本中找出可以把自己引到深处的东西，把其他一切统统抛掉，就是抛掉使头脑负担过重和将自己诱离要点的一切。"在阅读中抓住要点，抛弃一些无关紧要的东西，自然就能提高阅读的速度。而且必须指出的是，不仅阅读的速度提高了，而且阅读的质量也大大提升。实现这样的阅读策略不仅必要，而且完全可能。这是因为脑科学研究的结果告诉我们"人的大脑里有一个特殊的阅读过滤器"，这种过滤器具有选择和压缩信息的功能。从这样的角度思考，提高阅读速度，也正是大脑选择和压缩信息的自然过程。

在统编教材中，提高阅读速度的策略，入编在五年级上册第二单元中，重点突出能运用多种方法快速阅读。《搭石》一课重点训练能用较快的速度默读课文，读的时候能集中注意力，不回读。在《将相和》这一课，要求不一字一字地读，尽量连词成句地读，能通过圈画关键词句的方式，使阅读提速。读《什么比猎豹的速度更快》，要以带着问题读的方式，注意抓课文的主要内容和表达特点，忽略不影响课文理解的词语作跳读，来提高阅读速度。在"语文园地二"中则可梳理一下提高阅读速度的方法，学习边读边概括语句意思，提高阅读速度。

4. 阅读的"目的"策略

阅读应当是一种有目的的学习活动。有效的阅读总是和有目的地阅读分不开的。"有目的地阅读"，在曾祥芹先生主编的《阅读学新论》中被称为"定向选择策略"。"定向"就是明确目的（方向）。这里包括了选读什么书的"目的"和根据阅读时所确定的目的选用恰当的阅读方法。

阅读的方向客观上是具有多向性的。太多的读物难免会对儿童产生强大的诱惑力，这就产生了对读物的选择。而选择的依据自然是由阅读的目的决定的。当学生面对已确定的读物时，又会对读物产生不一样的阅读目的，然后才可以根据目的选择恰当的阅读方法进行阅读。这两个方面都关乎阅读的"目的"策略。

阅读目的的定向有三种状况：其一是"自定向"，就是由自己来确定阅读的目的；其二是"被定向"，就是由他人确定阅读目的；其三是"双定向"，就是由自己和他人（主要是教师、家长）共同定向的阅读目的。在阅读教学中多数是"双定向"的。这是因为"双定向"的阅读目的会更具有教学价值，学生在教师的指导下，可以避免阅读的盲目性、低效化，甚至是走弯路。

统编语文教材把这一阅读策略安排在六年级上册（第三单元）是有道理的。这是因为有目的地阅读是一种理性的阅读行为；而能根据不同的阅读目的，选用恰当的阅读方法，又需要有相当丰富的阅读经验。这些自然都是比较高级的阅读行为。在六年级上册第三单元的《竹节人》这篇课文中，教师可以让学生思考：在读同一篇课文时，如何根据不同的阅读目的去关注不同的课文内容，并采用不同的阅读方法。教学《宇宙生命之谜》时，则可让学生带着问题（也就是目的）去阅读，细读与问题相关的内容。特别要学习批判性阅读，对于疑惑之处能查阅相关资料并加以判断，提高辨析是非的能力。《故宫博物院》的阅读，可以根据不同的阅读任务，运用不同的阅读策略和方法，选择阅读材料中与任务关联性强的内容进行重点阅读。在"语文园地三"的习练时，则应该系统地梳理总结有目的地阅读的方法。

我们已经进入5G阶段的"信息时代"，成几何级数增长的信息流如潮水一般涌来。在阅读方面，我们面临着三大挑战：一是无限的阅读资料对有限的阅读时间的挑战；二是高速膨胀的知识信息对读者接受能力的挑战；三是大量的高精尖的新知识对人们现有理解能力的挑战。在大量的资料需要人们去阅读、去消化、去吸收时，就必须去粗取精、去伪存真。于是，当代的阅读要求就更应当讲究运用科学的策略来应对。"运筹帷幄之中，决胜千里之外"，为了谋划"终身阅读"，就必须及早鸣响"阅读策略"的汽笛启航。

第三节　教材编排之策：统编教材单元教学的新运作

统编小学语文教材鲜明地体现了以立德树人为宗旨，充分利用语文学科善于熏陶、感染的特点，将社会主义核心价值观内化为语文的"血肉"。这两者的自然融合，离不开教材采取的"语文素养"与"人文精神"双线组织单元的编排特色。这是教材采用单元编排的传统中，充分展现其文化价值，别具时代特色的创意所在。如何认识并发挥好教材的这一特点，也从一个方面强调了如何使课文教学的过程成为陶冶人性、促进生命个体健美生成的文化过程。显然，这对于实施好统编教材的教学是一个十分重要的关键问题。

语文教材分单元组编是由来已久的。早在 1931 年，美国的莫里逊在芝加哥大学附属中学实践的基础上，出版了《中学教学实践》一书，其中提出了"莫里逊单元教学法"。我国也是在 20 世纪 30 年代出现以单元编排的国文教材。以单元为单位安排教学内容，其目的在于改变偏重零碎知识和孤立选文，缺失互为联系的教学内容，以发挥整体性的教学价值。正如梁启超所主张的"不能一篇篇文章讲，须一组一组地讲"。著名儿童教育家陈鹤琴于 1934 年编写出版的《初级小学国语教科书》也是每册由若干小单元再组成一个大单元，在内容上前后单元相互衔接……可见单元编排确实有着完形心理学、差异心理学的学理依据。如 1932 年出版的小学《开明国语课本》，其编辑要旨就提到"本书每数课成一单元，数单元又互相照顾"。这应当是比较明确的以单元组编教材的实践了。新中国成立以来所出版的各类小学语文教材，也大多采用了单元制。然而这些单元的划分，基本上是根据课文的思想内容归类的。这对于实现语文课程的教学目标，自然会带来根本性的"硬伤"，因为语文学科毕竟不是思想政治学科。正是这样，才导致了语文素养培育的失序状态，造成多年来语文教学中语文本色不应有的淡化。这就难怪吕叔湘先生会呼吁："中小学语文教学效果很差……十年时间，2700多课时，用来学本国语文，却是大多数不过关，岂非咄咄怪事！"（《人民日报》：《当前语文教学中两个迫切问题》）

现在，统编教材采取了以"语文素养"与"人文精神"双线组元，一方面以人文主题为线索统筹安排，有利于发挥语文学科进行思想品德教育和情感审美教育的优势；另一方面又将语文素养作为另一条线索，精选典范文本，安排必要的知识，优化学习策略，有利于促进学生语言文字运用能力的发展。为了实现这两大目标的融合，从三年级开始，还同时将双线目标醒目地呈现在各单元的彩色首页上。一至六年级每册6~8个单元，由课文、口语交际、习作、语文园地等板块组成，每单元3~4篇课文。"语文园地"极富趣味性，包括了"日积月累""识字加油站""字词句运用""交流平台""和大人一起读""初试身手"等促进学生主体体验的趣味栏目。（教材间的板块组成有所差异）统编教材这样的单元编排，其特点显然大有异于过去的单元以思想教育为单线的编排模式。对此，我们不仅要有全新的解读、深入的体悟，更要构建相应的运作策略，才能真正用好统编教材。笔者觉得以下要点是运用好统编教材的关键所在。

1. 树立单元的双线一体理念

语文课本中的"单元"是按一定的目的、要求组合的相对独立的一组材料，它是构成单元型课本的基本单位。课程标准中明确指出"工具性与人文性的统一，是语文课程的基本特点"。所谓"工具性"指的是语言文字作为人类最重要的交际工具和信息载体，是人类社会的重要组成部分。所谓"人文性"是指"以文化人"，为学生形成正确的世界观、人生观、价值观，形成良好个性和健全人格所必需。这两者是互为表里、不可分割的整体。但是在过去的语文教学理念中，总是有意无意地割裂人文性（思想性）与语文性（知识性），把它们看成是两回事，必须人为地去加以结合，这就导致在语文教育的发展史上一直存在着这两方面的斗争：从重"文"轻"道"到重"道"轻"文"，就很难落实到"以文载道""文道统一"这个点上。之后，"思想性"与"知识性"的矛盾又继续困扰着人们。所有这些从根本上看，都背离了内容与形式相统一的这个哲学原理。

统编教材明确提出"双线组元"的编排原则，是我们用好这套教材的根本指导思想。这里的"双线"（语文素养线与人文精神线）在组元中是"一体"的，即融合在具体的单元内容之中。为什么可以是"一体"的，而且必须是一体的？这是因为语文的"工具性"与一般生活的"工具"并不一样。对此，张志公教授曾作过一个确切的比喻，他认为生活中的工具如锄头，和体现工具作用的对象"草"，不是一回事。"锄头"是独立存在的，"草"也是独立存在的。"锄头"中没有"草"，"草"里也没有"锄头"。可是"语文"这个工具，与工具的对象"思想表达"是一回事："思想"不能离开"语文"而独立存在，"语文"也不能离开"思想"而得到表现。这也就是说"语文"这个工具与它的对象"思想"是互为表里的。这就决定了学习语文必须将"工具性"与"人文性"相结合。它们本来就是一体的，我们分开来说只是为了研究的需要而已。其实，"人文"就在"语文"中。如三年级下册第三单元中，人文主题线是感受深厚的传统文化，这是中国人的根，那么这条人文主题线在教材中是如何得以存在的？它是通过课文第9课《古诗三首》，感受古代诗人笔下的春节、清明节、重阳节这些民俗节日，通过《纸的发明》（中国四大发明之一）、《赵州桥》、《一幅名扬中外的画》（清明上河图）等课文展现中国传统科技、艺术的魅力；通过"语文园地"中的"交流平台"、"日积月累"中的"文房四宝"、"雅人四好"等和"综合性学习"中对中华传统节日的调查，体现中国古代劳动人民的智慧、才干。如果没有这些阅读文本，不懂得课文是"围绕一个意思把这一段话写清楚"，不参与对民俗文化中传统节日的调查了解活动等这些语文知识与能力的学习实践，学生又怎么可能去领悟我国深厚的传统文化这条人文主题线呢。

2. 明确单元的强化整合意识

语文教材采用单元编排，体现了编排设计的整体性。一册教材应达到的总目标要能真正有效落实，必然会按要求细分为若干个部分。在教学过程中，这些细分的部分（表现为"单元"），方能使总目标在深处落实。这就带来了一个问题，单元的教学并非各自为政，而是有着相互密切的联系，共同承担着"总目标"的落地任务。这就要求在分单元教学的"骨髓"里必须有着全册教学的强化整合意识。"分"是为了"合"，要"合"得好就必须"分"。因此，在单元教学中必须有一个单元内的互为联系的整合意识，这一单元与其他单元的整合意识。

当然，在树立整合意识的同时，我们也必须有对单元目的单一性的意识。即每一个单元要重点解决一定的问题，完成一定的任务，达到一定的目的。这是分单元编排之后的价值所在。统编教材采用双线组元，并把语文素养线和人文精神线，鲜明地标在单元首页，就是要强化单元目的的单一性的意识。

在明确单元目的单一性的同时，我们还必须十分重视"单元间"的连续性问题。即单元与单元之间有着十分重要的前后联系，从而才形成了那一册教材的教学体系。如果我们缺失了对单元之间这种联系性的关注，视单元教学只是为了实现单元教学目的的单一性，教学效益就会大打折扣。

最后，我们还必须在单元学习语言文字的运用中体现综合性。统编教材的特点，不只是将阅读课文分单元，而是把"口语交际""习作"和内容相当丰富的"语文园地"等都分别编入单元，这就应当以课文为中心把这些内容都结合起来，以有利于联系、理解、比较、对照，提升学习运用的效益。

以上四个方面，应当共同体现为强化整合意识的形成，其实质就是在单元整体教学中通过联想和迁移，形成新的认知结构。这体现了所有学习内容都不是孤立的，而是整合在不同的系统、结构中。单元教学的整体优化，就是学生能自由调动系统中的知识并形成新的结构。对这种能力的唤醒和激活，既是深度学习的需要，又是创新能力的培养过程。

3. 建立单元的统筹备课策略

鉴于使用统编教材必须有单元整合强化意识，就有必要改变教师一直以来以"课"为单位的备课习惯，去大胆尝试以单元为整体的备课策略。也就是说教师应当在单元整体读教材的基础上，对照双线组元的单元总目标，发现单元内各部分内容的相互联系，做全单式分课时的一次性教学设计。

为什么要提倡单元统筹备课？目的就是发现一个单元各部分之间的联系和呼应。教师可以做通盘的思考和安排，充分发挥单元一次性备课的优势，避免教学中的诸多重复，克服教师习惯上分课备课时的各行其是，以防掩盖单元各部分之间的内在联系。

提出单元统筹备课、一次性设计的要求，一方面是可以比较充分地体现教材编写的意图。一个单元的课文组成一个相对独立的认知单元，这一单元综合地体现着认知的系统性和发展的阶段性。若以单元作整体性备课，自然会十分有利于体现教材的编写指导思想。另一方面，单元整体性备课，可以更好地凸显单元各部分内容的作用和地位，避免前后失联，或重复拖沓。当然更为重要的是提倡单元统筹备课，会更加适合统编教材有很强的单元性这一特点。一个单元体现全册乃至全套教材编写的意图。我们知道在一个单元中单篇课文或其他内容，都不是孤立存在的，而是相互连接，才组成了一个相对独立的教学单元，这些单元又综合地体现着内容的系统性和发展的阶段性。所以以单元为单位统筹备课，有利于准确地把握各项内容的共性与个性，洞察它的关联所在，在求同中形成对规律性的认知。把一个单元的所有内容视为一个整体，或从事物的联系中深化认识，或从事物的若干侧面来把握整体，或从对比辨析中认识事物的特征……这样的备课自然也会为这样的课堂教学创造前提条件，其教学效益的提升也就得到了保证。

4. 尝试单元教学的调整探索

当前教育改革的深度发展，要求教师不能只是消极被动地去运用教材，而应当从当时当地的实际情况出发，主动积极地"用教材教"。所以，在单元统筹备课中，教师还可以在充分尊重主体的前提下，做一些适度的个性化的调整和补充。正如统编教材总主编温儒敏先生在给教材编写团队的信中所提及："咱们这套教材除了力戒目前教材语文因素被掏空的弊病，还要在引导大量读书方面形成特色。我希望无论小学还是初中，都努力加强两个'延伸'，即往'多读书'（特别是阅读兴趣和方法）延伸，往课外阅读及学生的语文生活延伸。"他还更为明确地指出："名著导读可以每册增加一到两篇。""导读不只是介绍所选作品的作者、背景和内容提示，还应当加强和强化读书方法的指导。"显然，这两个"延伸"是我们在单元统筹备课时应该考虑的，而且是容易考虑到的。另一方面，正如人民教育出版社课程教材研究所小学语文课程教材研究开发中心在编写出版的《教师教学用书·编写说明》中所指出："需要强调的是本书中的教学建议、教学设计、课时安排等，只是给广大教师提供一个教学的基本依据，仅供参考。教师要结合当时、当地、本人、本班的实际情况，创造性地进行教学设计，安排教学进程。"这里说的当然是指《教师教学用书》，但从"当时、当地"的实际出发，"创造性地"却又慎重地处理教材中的单元统筹安排，也应该是一样的道理。如统编教材三年级上册第六单元中，人文精神主线是热爱祖国的壮美山河，语文素养主线是借助关键词句理解一段话和习作时围绕一个意思写。一位优秀教师是这样安排的：第一课时，在《古诗三首》中先把《饮湖上初晴后雨》《望洞庭》放在一起作比较阅读，突出两首诗都写山水，都写湖，都用了一或两个比喻，都写出了湖光山色之秀美。第二课时，将《望天门山》和教师课外补选的《山中》（王维）放在一起学，要学生独立运用比较的方法读。从中还捎带了"语文园地""日积月累"中的古诗《早发白帝城》。然后再学《美丽的小兴安岭》，体会怎样用关键词句去理解一段话和一篇文。同时，用这样的方法，导学《富饶的西沙群岛》和《海滨小城》，并且紧跟着展开"语文园地""交流平台"关于总起句和总结句的读写运用，完成习作《这儿真美》。显然，做这样的程序重组和内容拓展，比之一律照着顺序学，更会有助于提高教学效益。

5. 从事单元评价的改革研究

小学语文教学历来有举行"单元测验"的习惯，即在每个单元教学结束时，有一次"单元的卷面考"。在应试教育的大气候里，这种单元小考对提升学期期末考试的成绩当然会有显著成效。但那毕竟是"分、分，学生的命根；考、考，教师的法宝"那个时代的状态，在转变为促进学生全面发展的素质教育的今天，特别是在使用以提高学生核心素养为目标的统编教材的情况下，"单元检测"毕竟已是"明日黄花"，徒增学生负担，不应再提倡实施。但是鉴于统编教材在编写特色中"单元"的重要地位，新的"单元评价"确实不仅必要，而且从某种角度看应当更为重要了。这不仅关系到单元的教学目标是否真正得到落实，而且更会涉及之后如何更有效地运用好统编教材的教师自省，从而获得不断改进教学的方向和方法。

当然，"单元评价"不等于"单元考试"，它应当更注重日常的学习，做过程观察、作业鉴定、用等第分类、评语记录、作业检查、过程描述、

"单元游园会"、"非卷面检测"等所进行的"单元学业评价"。教师也可以结合教材中某项内容做适度拓展，让其发挥有益于单元评价的作用。如三年级上册"语文园地"中的"交流平台"呈现的是同学们的读书经验、摘抄写得好的语句、词语归类、感受记录等。那么同学们还有哪些好的读书经验呢？教师不妨借机拓展，并把这些做法做分类统计。这无疑由摘抄写得好的语句，扩展为好的阅读方法，成为"单元评价"中的一个重要内容。又如三年级下册第三单元的"综合性学习"："中华传统节日"，教师也可以向着"单元目标"扩充其相关内涵。如：写出你所知道的传统节日；写一篇习作描述过节的过程；交流你所知道的写传统节日的古诗；说说你所知道的体现深厚中华传统文化的事物还有哪些；你最熟悉或者你见过、玩过、读过，而且印象深刻，特别为你所爱的又有哪些。

虽然"单元编组教材"旧已有之，但我们必须从"语文文化"的层面做新的充分研究，感悟统编教材单元编组的新特点、新要求，并深入探讨新的教学实施策略，把它贯彻好、落实好，使中华优秀传统文化成为以人的发展为核心的语文文化新架构的一个重要组成部分。

第四节　吟诵之策：琅琅书声与朗朗乾坤

"潮平两岸阔，风正一帆悬"！走进"新时代"的"小语课改"，可谓"风景这边独好"。从教育要在"立德树人"上着眼，面对这一份沉甸甸的担当，我们正在努力让语文教学"大"起来：从"课文细读"到"群文阅读"，从一篇的"讲深讲透"到"统整的跨越"，从"以教为主"到"深度学习"……这一切都体现了语文教学正在从单一的"赋能"向全面的"育人"推进。语文教学正在从传统的读写之术，向以人的生命发展为主旨的"以文化人"的文化之道推进。当然，语文教学要达此目标，其实现途径还是听、说、读、写。正如著名语文教育家徐世荣所认为"能对这四方面"教学（听、说、读、写）起统一的促进作用的是诵读。（《朗读·默读·背诵》，福建教育出版社，1986年）对此，张志公先生在《传统语文教育初探》（上海教育出版社，1962年）中也特别强调"儿童的课本必须能读，必须便于记诵，这应该是同样需要重视的原则"。这里的"必须能读"，当然就是要让孩子喜欢读课文。著名教育家杜佐周（1895—1974）也说过："有时朗读字的音，就可帮助他懂得字的意义。我们利用白话文教学，儿童对于阅读可以更有兴趣，更易理解内容，更易获得进步，就是因为这个缘故。"（《读法教学法概要》）现在，统编教材就有这样的特点。这就充分显示了朗读在小学语文教学中享有特别重要的地位。

其中的缘由应该有很多。第一，这是由中国语文的特性所决定的。汉字是单音节文字，非常容易构成整齐的词语，组成短句，也非常容易合辙押韵，念起来顺口，听起来悦耳，容易记诵，远胜于多音节，不易合辙押韵的西洋文字。这就决定了学习汉语会特别钟情于读，而且必须琅琅地读。这是学习中国语文的"中国功夫"。说白了，汉语有着天生的"好声音"。第二，这是我国千百年来长期教学实践经验的总结。中国古代的识字蒙学读本，如《三字经》《百家姓》《千字文》都被编成了韵语，就是要让孩子喜欢读，在朗读中识字效果就会特别好。若不采用这个法子，如朱熹的《小学》（非韵文），就特别不受欢迎。其实，不仅是孩子，即使成人学某个专业技术，也往往喜爱可诵读的歌诀。如学医的有"汤头歌诀""脉诀"，学画的有"画诀"，学武术的有"拳诀"……凡要记住的重要知识，都要与出声的读背相结合，以"好声音"助情感宣泄。第三，这样会更适合儿童的意趣。正如明代的王阳明所认为："大抵童子之情，乐嬉游而惮拘检，如草木之始萌芽，舒畅之则条达，摧挠之则衰痿。

今教童子，必使其趋向鼓舞，中心喜悦，则其进自不能已。譬之时雨春风，沾被卉木，莫不萌动发越，自然日长月化；若冰霜剥落，则生意萧索，日就枯槁矣。"（《训蒙大意示教读刘伯颂等》）儿童的天性就是喜欢大声读唱，欢呼跳跃，活泼好动，如此方能激其意趣，心中鼓舞。

由此对照今日的语文课堂，学生朗读课文的效率大幅度降低，是一个值得关注的不良倾向。当然，在课堂的规定时间里，阅读的目标大了（如不只是字词句篇，更有人格发展、精神建设），内容多了（如群文阅读），渠道宽了（如教学信息技术的广泛介入），学生朗读的时间会减少，似乎有其合理性。其实，减少学生自主读书的主要原因，还是教师对课文言语表达的"技术分析"太多。学生诵读是学习语文的"米饭青菜"，而教师的语文技术分析，更像是"注射营养液"。不给学生吃饭，而靠注射营养液维持，这生命能健康吗？这是值得我们深刻反思的。若语文教学不能坚持它的基本状态：让学生有充分的时间读书，读出语文好声音，是否就有舍本逐末之嫌？朗读可以使书面语言和口头语言沟通起来，从而在口头上逐渐习惯于文章的用词用语，自然地吸收书面语言，形成语感，真正使听说读写连接一体。这是最基本的在理解课文内容的同时"学习语言文字的运用"。如果朗读的课文是文学作品，那么，朗读的过程还是对作品的艺术再创造，在赋予作品以新的艺术生命的同时，实现读者审美水平的提升。凡此种种说明轻视学生朗读课文，是十分不应该的。

另一方面我们还应该看到，在当代，有声阅读正在成为阅读的一种新趋势。从读纸质书到读电子书，再到如今的"听书"（即有声阅读），让耳朵代替眼睛，正在让阅读有了更多可能。如录音带、CD（激光唱盘）、有声读书机、广播、读书软件等，都可以从中收听到图书的相关内容。有声阅读，就是要化书（纸质）为声，这是从另一方面显示了"语文好声音"的重要价值，无疑也应该成为我们重视培养朗读能力的理由。中央电视台《朗读者》的播出，激发了人们对中国好声音的强烈情感，深为朗读的魅力所倾倒。当下还特别值得我们关注的是由中央广播电视总台、教育部联合举办的"中小学语文示范诵读库"已经推出，它集结了中央广播电视总台70多位老中青三代播音员、主持人参与"诵读库"首批100篇课文的录制工作。这说明"语文"之于孩子，不只有语言，还有文学和文化。让孩子们听到"最好听的语文"只是第一步，更重要的当然要推进语文的朗读教学，大家一起都能读出"语文好声音"。所以，我们必须重视朗读教学的意义和价值，全面落实语文课程的核心素养。

琅琅书声，朗朗乾坤！这应当是中国语文教育的永恒。且看《义务教育语文课程标准（2011年版）》"课程目标与内容"中关于"阅读"的表述，除第一学段是启蒙，要求"喜欢阅读，感受阅读的乐趣，养成爱护图书的习惯"外，其余各学段都把"用普通话正确、流利、有感情地朗读课文"列为"阅读"的第一条基本内容。于此可见，朗读对于语文教学的重要意义和价值。那么朗读应当如何在语文教学的全过程中发挥它"语文好声音"的作用，又如何将语文课很多的教学任务有机地化解在学生的读书之中呢？

1. "语文好声音"的读解意义

汉语用的是表意文字，即每个汉字都是以表意为中心的形音义的结合，所以诵读的过程就可以起到读解课文的重要作用。古人云："读书百遍，其义自见。"这就道出了诵读可以从读中求解，达到无师自通的原理。当然，这样的朗读是有要求的。朱熹在《训学斋规》中就强调："凡读书……须要读得字字响亮，不可误一字，不可少一字，不可多一字，不可倒一字，不可牵强暗记，只是要多诵遍数，自然上口，久远不忘。"对照课程标准对朗读的要求，这里的四个"不可"（不可误一字，不可少一字，不可多一字，不可倒一字），就是要读"正确"；"多诵遍数，自然上口"就是要读"流利"，这样就会达到"理解"的要求。因为只有理解了，才有可能读得正确、流利。学生读得不正确、不流利的地方，肯定是他不够理解的地方。"理解"了当然也就"有感情"了。古代读"文言文"尚且可以如此，何况今日的"白话文"，文辞本来就是接近口语的现代语言，把课文读通的过程，必然就是逐渐理解的过程。即便有几处费解，学生通过自查字典或接受教师点拨，同学合作，又会有何难？这里还有着一个善于"眼动"的训练问题。杜佐周认为："阅读的三线如何，大抵视眼动之有规则与否而定。初学阅读时，朗读可以养成有规则的眼动。因为朗读时，有音可听，可以限制字句的重复。他若静读（默读），就不能。由此可知静读须俟阅读能力较强时，方可逐渐增加其分量。至于初学阅读的儿童，尚须多多应用朗读的方法以养成其有规则的眼动。"（《读法教学法概要》）另一方面，如果教师能把学生朗读课文看成是解读过程，就可以省去许多的所谓"讲解"和为了"讲解"方便而设置那么多关于课文内容的情节式提问。教师若能将这两者耗去的大量课堂教学时间，用于多让学生读课文，还会怕学生读课文没时间吗？所以，把当下形形色色的"课文内容分析式"转换为"课文诵读释疑式"，是完全可以最佳发挥"语文好声音"的读解功能的。

朗读的这种读解功能，正体现了语文的生命之本原是声音。声音不断丰富而后才有约定俗成的口语，口语的书面记录遂成了文字，用文字作精深的表情达意，便有了形形色色的诗与文的诞生。朗读则要把诗文还原于声音，这样的声音就往往可以立体地去触动人们心灵中那一处最柔软的地方。这就是朗读或朗诵的魅力所在，它能高效地去推进人们对诗与文的理解。

2. "语文好声音"的积累功能

《义务教育语文课程标准（2011 年版）》在"二、课程基本理念"中有这样一段话："……应该让学生多读多写，日积月累，在大量的语文实践中体会、把握运用语文的规律。"这里的"多读多写"是实现"日积月累"的基本途径；反之，"日积月累"是无论如何不可能离开"读"与"写"的活动的。由此看来，学生的朗读是语文学习积累功能的具体体现。这是因为朗读不仅有助于理解，还有助于记忆。正是这种记忆，转化成为每个人语文生命的必要积累。

朱熹在他的《训学斋规》里记有这样一个案例：福州有个叫陈正之的人，本来智力相当愚钝，每次读书只能读五十字，而且要读到二三百遍方能熟记。但是他能持之以恒，虽然读得慢些，但坚持不懈，知识与日俱增。后来，几乎无书不读，终于成为一个博学之士。

这样的读书，大多指的就是朗读。宋代大诗人陆游在《夜出偏门还三山》一诗中记述了"到家夜已半，伫立叩蓬户。稚子犹读书，一笑慰迟暮"。深夜归家不胜辛劳，但在门口听到儿子的读书声，便无限欣喜，把一切疲惫都忘记了。白居易在《与元九书》中说及"昼课赋，夜课书，间又课诗，不遑寝息矣。以吾口舌成疮……"说明无论是学赋还是学诗，都得通过朗读吟诵。"口舌成疮"正是对读诵课文勤用功夫的体现。

这种通过朗读来记诵的学习方式，对稚童来说尤有必要。清人陆世仪说得好："凡人有记性，有悟性。自十五以前，物欲未染，知识未开，则多记性，少悟性。自十五以后，知识既开，物欲渐染，则多悟性，少记性。故凡所当读书，皆当自十五以前使之熟读。不但四书、五经，即如天文、地理、史学、算学之类，皆有歌诀，皆须熟读。"（《论小学》）

读古文是如此，读今文也一样，只有多读了，而且读得朗朗上口，才能熟习典范文章的用词造句、谋篇布局，在不知不觉中日积月累，从而获得语感，极大地提升个人的语文素养。这就是"语文好声音"本身具有的积累效能。

3."语文好声音"的化育价值

朗读不仅具有解读和积累的功能，而且还有着潜移默化、滋养精神的文化功能，健全人格的育人作用。朗读的入境入情，无疑正是经典作品润泽读者精神生命的点化和照亮。

这是因为朗读的过程，正是读者涵泳于其中所获得的那种心心相印的意态。

所谓涵泳，"涵"，即"沉浸"；"泳"，自然就是游于水中。朱熹说"学者读书，须要敛身正坐，缓视微吟，虚心涵泳，切己省察"，就点出了朗读与涵泳的这种内在联系，而涵泳正是读者利用经典化育自我的过程。这种涵泳的感化作用，曾国藩在给儿子的家书中更是阐述得十分透彻："涵泳者如春雨之润花，如清渠之溉稻……泳者，如鱼之游水，如人之濯足……善读书者，须视书如水，而视此心如花、如稻、如鱼、如濯足，庶可得之于意之表。"（《谕纪泽》）这番话，也就是强调诵读诗文必须全身心地沉浸在诗文的语言环境中去口诵心惟，方能读其声，知其意，得其趣，悟其神。于此可见，语文课的琅琅书声，可以关系到人的生命境界之朗朗乾坤。因为好的朗读可以让学生的注意力高度集中于课文的言语意境之中，思维会特别敏锐而灵动，而且往往会有直觉性和意会力的"激发"。这种注意整体把握的思想，从根本上体现了中华民族重感悟与意合的思维方式。当然，达到这种境界，不只是偶尔读一读可以奏效的，必须是爱朗读，会朗读，多朗读，能读出"语文好声音"才成。我们不可据此就判定这是难以达到的朗读境界，只要我们的语文课堂能重视以学生读书为主旋律，一定可以体会到在朗读中涵泳的那份快乐。这也就是朱熹所言："大抵观书先须熟读，使其言皆若出于吾之口。继以精思，使其意皆若出于吾之心，然后可以有得尔。"（《读书之要》）这是"文"与"我"融成一体的境界，自然也是语文学习的最高境界。

4. "语文好声音"的强体审美作用

在语文课堂里，多让学生朗读，不仅有促进理解课文内容，学习语言文字运用，培养对语言文字的直觉感知能力，获得精神化育之功能，甚至还有强体审美的作用。对此，王阳明就认为："故凡诱之歌诗者，非但发其志意而已，亦所以泄其跳号呼啸于泳歌，宣其幽抑结滞于音节。"（《训蒙大意示教读刘伯颂等》）所以，在旧时代学塾便有"每日遇童子倦怠懒散之时，歌诗一章。择古今极浅极切、极痛快、极感发、极关系者，集为一书，令之歌咏，与之讲说，责之体认"（明·吕坤《社学要略》）。这简直就是把诵读活动视为学生的"课间操"了。

确实，笔者把朗读教学冠以"语文好声音"，就是希望能突显朗读对学生的审美陶冶作用。朱熹在《小学》里曾引用程颐的话："教人未见意趣，必不乐学。欲且教之歌舞，如古诗三百篇……令朝夕歌之，似当有助。"（见《小学·嘉言》）这其实就是进一步把朗读引向吟唱，充分发挥其陶冶情性的功能。王守仁（王阳明）更有开展集体朗读的拟似观赏比赛活动："凡歌诗，须要整容定气，清朗其声音，均审其节调，毋躁而急，毋荡而嚣，毋馁而慑。久则精神宣畅，心气和平矣。每学量童生多寡，分为四班，每日轮一班歌诗，其余皆就席敛容肃听。每五日则总四班递歌于本学，每朔、望集各学会歌于书院。"（《教约》《训蒙大意示教读刘伯颂等》）这样分四班轮流，诵读表演观赏，每半月又作全书院的"会歌"表演观摩，使学生互相学习借鉴，确实可以把诵读的审美功能发挥到极致。当下，笔者看到有些学校在校园广播中搞"朗读者"活动，让朗读得好的孩子读课文或课外经典作品，现场还有老师的评说，很受学生欢迎。在课外的文艺生活中，有些学校有各种形式的朗读表演，如个人的、集体的、配乐的、古诗吟唱的、改编课本剧演出的，等等，可谓美不胜收。所有这些都会极大地激发学生对朗读课文、朗读课外经典作品的兴趣，十分有助于发挥语文课程在提高学生审美、陶冶情操方面的重要作用。

教学课文的万法之法，莫过于真读。《礼记·乐记》中有言："凡音者，生人心者也。情动于中，故形于声，声成文，谓之音。"虽然这里说的是音乐之声，但语文之声也是同样的道理。因为，语文的特点之一便是它的有声性，而且这个声音是由大脑指挥发音器官直接发出的。它与思维同轨，与情感共频，本质上是生命活动的显示。正是从这样的视角看，我们要认真看待语文课堂朗读的全方位文化价值。"语文好声音"，实在是语文教育生命不可或缺的一种存在形态、一种表达介质，在今日的课改深耕中应当予以特别关注。

第五节 支架之策："提纲教学法"的时代出新

统编小学语文教材十分重视对学生的学法引领，体现了儿童发展本位的指导思想。这是从宏观上审察语文教育文化过程的功能与人的发展之内在联系的一个交融点。因此也改变了传统教材居高临下板着的"教本"面孔，而有了更多的让学生乐学的"学本"那种亲切感。

就以"提纲教学法"来说吧，这是一种传统的读写教学方法，如在《语文教育辞典》（朱绍禹主编，延边人民出版社，1991年）中就有"提纲教学法""提纲表解法""纲要信号图示法"等词条。但这多数是对教师而言的，所以在教材中从来没有系统体现。但在统编教材中就不一样，最早出现提纲教学的是二年级下册，接连安排了三次，之后，仅从三年级的教材看，三年级上册安排了五次，三年级下册又安排了七次。这就基本上在各个领域（阅读、复述、口语交际、预测、实践活动、习作等），用各种提纲的呈现方式（词语式、图示式、表格式、系列问题式等），以便于儿童学习为基点，做了循序渐进的科学安排。这就从根本上完成了对如何运用提纲于读写基本能力的训练。

在读写活动中用提纲法，是中国语文教育宝贵的传统经验之一。所谓的"提纲挈领"已自然地定为成语。其典出自《韩非子·外储说右下》："善张网者引其纲，不一一摄万目而后得。"《荀子·劝学》中也有言："若挈裘领，诎五指而顿之，顺者不可胜数也。"两者以打鱼撒网必须抓纲和穿裘皮衣时的提领一顿，百毛皆顺，比喻必须抓住关键，把要点简明扼要地提示出来，这在读写活动中自然也就成了十分重要的学习方法之一。

也许因为"提纲"还是比较抽象，现在大家更喜欢称之为"支架"，支架的本义是为维护井筒、卷道及采掘场所，防止围岩塌落，保证安全和正常的工作条件，用建筑材料砌筑或安设的地下结构物的统称（参见《辞海》）。但在现代言语中，支架也被引申为在各种领域中起支撑作用的构件（如医疗上的心脏支架、血管支架）。当然，在学生的读写活动中，也很需要这样的"构件"。如阅读一个文本，学生需要梳理出全文的要点；完成一篇习作，学生也需要先拟一个写作提纲；乃至复述课文、讲故事、开展内容较多的口语交际、设计规划一项实验活动等，若在提纲的帮助下便可得益。这些就都成了完成相关学习活动必需的支撑物。所以我觉得称其为"支架"，不仅形象生动，接近生活，容易理解，而且从根本上凸显了它的功能所在，可以帮助学生做得更好。

这种支架，现在也称"思维导图"。《你的第一本思维导图操作书》（陈资璧、卢慈伟著，湖南人民出版社，2012 年）提道：思维导图起源于 20 世纪 70 年代，为英国东尼·博赞先生所发明。这是一个视觉思考工具，可以帮助我们组织信息，并且做更好的分析、理解、提要、整合、记忆以及想象。与"支架"或"提纲"相比，它更有"图"的形象化特点，可以更好地运用左右脑全部皮质的功能。思维导图号称"大脑万用力"，不但是一种思维训练工具，也是一种改变学习方式的利器。因为它可以引发学生的学习动机及兴趣，提升以理解力为基本的学习能力，能帮助其抓住学习重点，加快加深记忆，节省读写时间。它更有利于提升学生的组织力及逻辑思维能力，优化问题的分析与解决能力，从而推进创意思维。总的来说，思维导图是更形象的支架，更有意趣的提纲。

那么，在统编教材中是如何安排让学生认识和学习运用支架的呢？从教材的编排特点看，似有三个方面，必须引起我们的注意。

1. 起步早，运用充分

在读写活动中让学生运用支架是在统编教材二年级下册开始的。最早可见于第 14 课《小马过河》，是以词语提示的形式"讲讲这个故事"：马棚、愿意、磨坊、驮、挡住、为难、突然、拦住、吃惊、难为情、动脑筋、小心。显然，这是最容易为儿童所接受的支架方式，按照故事情节，分四层意思（出发磨面、老牛说水浅、松鼠说水深和回来问妈妈），并以关键词提示，自然就十分有利于学生讲好故事。接着在第 20 课《蜘蛛开店》中，用简单的图示提取关键词作支架，帮助学生讲故事。这是紧接着的巩固应用。再在第 25 课《羿射九日》中以表格式的支架帮助学生讲故事。之后，在三年级的教材中又接连安排了多达 12 次的支架运用的训练。三年级上册中共 5 次：第二单元"语文园地"中的口语交际，第三单元"习作"中的《我来编童话》，第四单元第 12 课《总也倒不了的老屋》中的预测，第五单元"习作例文"中的杨梅特点的填写，第 21 课《大自然的声音》的图示填写。三年级下册中共 7 次：第二单元"习作"的看图作文，第三单元《古诗三首》的表格填写，第 10 课《纸的发明》的完成图表，第 14 课《蜜蜂》的完成图表，第四单元"习作"的实验记录，第八单元第 25 课《慢性子裁缝和急性子顾客》的填表和第 27 课《漏》的借助提示讲故事。如此高密度地运用支架于说、读、写，足见这一训练在培养和提高学生的读写能力方面有着十分重要的基础性和全局性的作用。

2. 形式多，方法灵活

提纲、支架是一种在读写活动中能够提纲挈领、以简驭繁，起支撑作用的思维构架。统编教材中以支架助学表现为形式多样、方法灵活，十分适合儿童学习应用。如作复述（或讲故事）的支架，在《小马过河》《蜘蛛开店》《羿射九日》《慢性子裁缝和急性子顾客》《漏》等课文后的练习中均有应用。作口语交际的支架，安排在三年级上册第二单元的"语文园地"中。习作用支架，如三年级上册的《我来编童话》，三年级下册的《国宝大熊猫》、"看图作文"。预测（猜想）用支架，编在三年级上册第四单元《总也倒不了的老屋》。要点梳理用支架，编在三年级上册第五单元习作例文《我爱故乡的杨梅》。举行实践活动时用支架，则体现在三年级下册《古诗三首》后的课后习题。默读训练时用支架，安排在三年级下册第14课《蜜蜂》。实验活动设计时用支架，结合在三年级下册习作《我做了一项小实验》之中……如此在多种语文学习活动中安排支架，足以说明它在引导学生提高语文学习能力方面的重要作用。这是过去的各种语文教材中从来没有的，应当引起教师足够的重视。以外，支架的呈现方法也十分多样和灵动，如有词语式、图像式、表格式、问题式，颇能引发学生的学习兴趣。

3. 程序明，循序渐进

从二年级下册到三年级下册安排的15次支架运用的练习，从总体上分析不难发现有其内在序列所体现的由易到难、循序渐进的特点。学生比较容易接受这样的教学安排。另一方面，对这一重要学习方法的指导，基本上不会出现抽象的概念，如"提纲""提要""支架"等。教材只是让学生以模仿示例来操作实践，这不仅降低了学习难度，而且提升了亲和力，让学生易学易行。

统编语文教材为什么如此重视在读写活动中多层面、多形式地灵活运用这种支架（提纲教学法），这是由其本身的学法价值所决定的。为此，我们很有必要做些比较深入的探讨，来领悟其价值所在。

1. 以简驭繁、提纲挈领是语文读写中的重要方法

唐朝大文学家韩愈曾经说过："记事者必提其要，纂言者必钩其玄。"意思是对记事方面的书要提出它的要点，对议论方面的书则要探索其深

奥之处。这就是说读书应抓住重点，掌握关键，方能深入理解，帮助记忆。如果说阅读应当由文得旨（要旨），那么写作也应当由旨造文（即根据要旨生发成文章）。这样的提要钩玄，也就需要以读写的提纲、支架来表现。所以提纲挈领既是阅读之后获得深入理解的重要方法，也是作文之前必须做好构架设计的基础步骤。提纲、支架从根本上说就是材料的主要脉络，编写提纲或支架也就是对读写文本必不可少的分析、综合、概括、理解的过程。运用这种方法，十分有助于通观全篇，力促反复推敲，融会贯通，以把握读的书或要写的作文的全貌，无疑是加深理解、通盘掌握、帮助记忆的好方法。所以编写提纲或支架自然是学生提高读写能力应当反复训练的基本方法之一。

2. 通盘掌握、全面理解是重要的逻辑思维训练

以提纲或支架去规划审视，体察读或写的全部内容时，不仅可以深入理解读与写的文本的内在结构，从而理解更臻全面，还必然会掂量各部分之间的先与后、多与少的逻辑关系，做最佳的调度。更重要的是在调度过程中必定还会伴随着为什么这部分在前那部分在后、这部分要详写那部分要略写的疑惑，这自然会有对更深的逻辑关系之揭示，有的甚至只可意会，一时还难以言陈。在阅读教学中逻辑思维的训练至关重要，因为只有思维依据的材料充分，推断符合事理，读写文章的结论才会有说服力。思维的逻辑性来自读写文章所反映的客观现实变化的规律性。学习者的思维活动，要对感性材料加工制作，以形成概念，构成判断，进行推理，并逐步达到使概念明确，判断恰当，推理合理，具有逻辑性。这就必须从简单入手，经过大量的练习运用，逐步达到这样的要求。所以，在语文教学中让学生作大量的多形式的读写提纲的训练，其重要性自然是不言而喻的。这也就是为什么在统编教材中要编入大量的这方面的练习之理由所在。对此我们必须有足够的认识。

3. 处理众多信息时的择要组合是信息社会不可或缺的重要能力

提纲的撷取或支架的构建，从信息论的角度说，是对众多信息的择要处理，也就是必须尽量删去次要的信息，留下最本质的重要信息，以一目了然地形成一篇课文或习作或口语交际的简明提纲。如果对信息的选择、组合能力不强，就不可能抓住本质，归结出一个合适的提纲或支架来。所以在苏联教育家沙塔洛夫的研究中，对此不称其为"提纲"，而叫作"纲要信号图示法"。他在 20 世纪 60 年代末创立的这个教学法，是由字母、单词、数字或其他信号组成的图形，用以阅读时作提要，写作时作提纲，记忆时作支架。其特点是简单、明了、形象、直观，能提纲挈领地概括内容，作为理解、记忆、复述、背诵的帮助，或在口语交际、习作时作为表达的提纲。这就相当于我们现在用于课文分析、板书或写作的"思维导图"，具有显示其形象与图表化的信息提示功能。

4. 十分有助于提高儿童对非连续性文本的读解和运用能力

我们都习惯于阅读连续性文本，也就是由句子、句群、段落到篇章，连续呈现的一个完整的文本，但不太习惯阅读非连续性文本，即语言不相连续，由数据、表格、图示、凭证单、说明书、广告、地图、清单乃至时刻表、目录、索引等组成的文本。然而，在现代社会，由于信息众多，跨界与整合已成为产生新信息的重要手段，从而为不断创新开辟了新天地。在信息的跨界与整合中，简洁、清楚，可以一目了然的非连续性文本已充斥在我们生活的方方面面。这就要求儿童不仅要学会读、写连续性文本，也要有熟练地读、写非连续性文本的能力。提纲、提要、支架、纲要信号图示、思维导图等，都属于非连续性文本，必须在启蒙阶段就有所认知，并逐步在自己的读写活动中能够熟练地运用，以适应未来社会文化交流的需要。由此看来，统编语文教材从二年级开始逐步展开的提纲教学，从另一角度来说，也有着读写非连续性文本的教学价值。

总之，统编小学语文教材体现了新时代的教育方向和全新的诸多语文教学理念，强化了以人为本的语文文化基因。这些方向、理念的落实，不是可以一蹴而就的，而必须在教材编排的前后联系、步步深入中方能达成。为此，用好新教材就必须十分重视它的前后关联，从系统论的视角去发现它内在的认知逻辑和文化特征，并给学生以系统的引领。唯此方能真正达到用好统编教材的要求。

第六节　思辨之策：瞄准语文教学的制高点

语文教学改革的历史进程轨迹，是十分值得我们关注的。我国传统的语文教学文化，虽然有诸多的宝贵经验值得借鉴发扬，但重点以"教"为主的灌输是不争的事实。这当然有其客观原因，如学生一直以读"经"为主，加上"言""文"分治，其艰深难学，可想而知，自然只能寄希望于教师的讲解授予。由"以教为主"到"教学并重"无疑是近代教育的一大进步，开始认识到"教"的一厢情愿不能解决问题，这毕竟是"教"与"学"的双边活动。随着教育改革的不断深化，人们又进一步意识到在"教"与"学"的关系处理中，"学"是更重要的方面，因为学生始终在教学过程中处于主体地位，"教"只能在为学生所接受的前提下，才可能是有效的。而学生的有效学习，其生命力之源，又在于学生心灵深处的思考和辨析，如"学而不思则罔"。由此看来，教学改革的历史进程呈现的是从"以教为主"到"教学并重"，再到"以学为主"，进而至"以思为本"的发展轨迹。笔者把"思辨"视为语文教学改革的制高点，正是基于这样的认知逻辑。

何谓"思辨"？通俗的解说就是思考与辨析。从哲学的角度理解，应该是指运用逻辑推导而进行纯理论、纯概念的思考。思辨也是中国古代求知修养的基本方法。《中庸》提出："博学之，审问之，慎思之，明辨之，笃行之。有弗学，学之弗能，弗措也。有弗问，问之弗知，弗措也。有弗思，思之弗得，弗措也。有弗辨，辨之弗明，弗措也。有弗行，行之弗笃，弗措也。"十分明确地点明了学习的过程是"学、问、思、辨、行"的有机统一过程，而其中的关键三步"问、思、辨"，无疑就是"思辨"的具体内涵。

在语文教学中，思辨更有其特别的重要性。第一，从语文的本质特征说，语言是人类思维的载体和工具，思维凭借语言的存在而存在，又凭借语言完成与外部世界的交流。第二，从语文教学的基本目标说，语文教学是为了以语言的学习和训练来带动思维的优化提升。第三，学生学习语文的过程，不是从语文到语文，而是从语文到思维，再从思维发展到语文能力发展。第四，从语文教育文化的质量说，没有思辨力的语言是贫乏的语言，没有思辨力人类就无法认知世界，也无法产生含义丰厚、逻辑严密的口头和书面表达。第五，从时代要求说，思辨性的语文教育正是为发展高阶思维，培育创造型人才所必需的。

另一方面，语文教学中的思辨，还不能仅仅理解为纯粹是学生大脑内部的一种"信息加工"过程，我们更应当看到这种"信息加工"是密切地伴随着社会文化、情感审美和精神价值的。所以，语文教学中的思辨更是一种生命全视野的深度学习、健全发展，而不仅仅是"思维推导方法论"意义上的"单向度取向"，局限于学习心理学认知学派的"信息加工"理论。

把思辨视为语文教学的制高点，会十分有助于我们去区分两种不同的语文学习过程：浅层的语文学习，可以心不在焉，正如俗话说的"小和尚念经，有口无心"；而伴随着有效思辨活动的语文学习，就完全有可能去经历一个对语文材料学习运用的批判性理解过程。按布卢姆的认知目标分类学的观点理解，即学习的过程不能只停留在浅层的"理解""记忆""模仿"的阶段，而是充满了"分析""综合""推理"的深层思维过程，会更多地去强调与前知识、前经验的连接，注重论证的逻辑关系，以及理论与证据的相关性。在这样的过程中，能提升思辨者（学生）的主体性、能动性和发展性。

努力发展学习主体的语文思辨能力，是一种重要的语文教学理念，体现了语文教学文化的博大精深。它应当如何渗透到每个环节的教学行为之中？这就需要有与课堂教学实践研究的结合。

1. 在机械识记中挖掘思辨

在所有的学习活动中，记忆是必不可少的。教师必须引导学生在记忆中去开展思辨活动。儿童的心理特点是记忆能力强，而理解能力相对薄弱，在教学中我们若能在充分运用儿童记忆能力强这一优势之同时，注意开展相应的思辨活动，形成机械识记与意义识记的合力，就不仅可以大幅度提升记忆能力，也促进了思辨能力的发展。说到这一点，令人难忘的是于永正老师教学古诗白居易的《赋得古原草送别（节选）》现编入统编教材二年级下册"语文园地一"）。于老师在检查学生背这首诗时，用游戏方式自扮"奶奶"。学生放学回家，"奶奶"就问："今天老师教什么了？你能背给我听听吗？"当学生背到"离离原上草"时，"奶奶"就问："真是的，为什么好看的花不写，要去写草呢？"学生便说："啊，奶奶，你不知道这草比花好多了。花要人专心伺候，这草只要有土就会自己长出来，而且长得特茂盛，一片绿绿的，多好看呀！"当学生背到"一岁一枯荣"时，"奶奶"又发话了："什么？'一岁一窟窿'，一年还能长个窟窿出来？"学生说："不是'窟窿'，是'枯荣'。就是说草枯了，来年又会自己长出来，而且一片碧绿碧绿的，长得很旺盛。"于是"奶奶"说："噢，是这样，奶奶年纪大了，耳朵也背了，听不明白。"……就在这样意趣横生的"表演"中，使背诵不仅仅局限于机械识记，而是伴随了思辨的挖掘和展开。

2. 在初读解题中引发思辨

语文教材的特点是选编一篇篇现成的经典作品为课文。当学生翻到新授课时，面对的就是一篇文质兼美的佳作。于是，初读解题便成了一个首先要进行的环节。就阅读的内部机理而论，初读解题应当就是思辨活动的起点。所以，在初读时解题，或以解题引导初读，正是阅读教学全程的奠基，是不可等闲视之的。它对全部阅读活动能起到定向、定调的作用，关乎"一个良好的开端是获得成功的一半"，又怎能没有学生思辨的积极参与。如一位教师导读《富饶的西沙群岛》（统编教材三年级上册第18课）一课，她先板书了一个"岛"字，让学生思考回答：什么叫"岛"？学生说海中间的地叫"岛"，教师说地球上许多地方四周都是海，那大陆也能叫"岛"吗？再说在大的湖泊中也有叫"岛"的呀！学生也觉得没说明白，思维就更趋向严密，"岛"应该是在海洋或湖江里被水环绕的小块陆地。教师接着在"岛"字的前面加上个"群"字，问：那什么叫"群岛"呢？这回学生已有了因"岛"而生成的思路："群岛"就是有好几个岛在一起，是"一群岛"。教师称赞说得好，又在"群岛"前面板书了"西沙"，问：这"西沙"又指什么？有的学生说：位置在我国西边的群岛。有的学生说：不对，我国西边又没有海，应该指的是在我国南海中三个群岛的方位，有西沙群岛、东沙群岛、南沙群岛。教师表扬这位学生说得好，同时又在"西沙群岛"前面板书出"富饶的"三个字。此时在黑板上才完整地呈现了整个课题"富饶的西沙群岛"，让学生自由初读课文，找一找西沙群岛是"富饶的"理由。这里，伴随着教师逐词板书出示的课题，由"岛"到"群岛"到"西沙群岛"再到"富饶的西沙群岛"，就像剥笋一样，一层又一层地剥出完整课题的过程，也是一个由中心词出发层层衍生出课题完整意蕴的过程，而这个出示过程已不再是一种笼统的"给予"，而是尽显了由词到词组再到短语的内部结构，既解析了词语的意思，又始终伴随着思辨的进阶，有着曲径通幽的无限魅力。

3. 在结构梳理中渗透思辨

学生要真正读懂课文的意蕴，必先从梳理课文的结构入手。因为作者想要说明的意思，不全都是直白地写出来的，有一些隐含在故事的情节之中。我们所谓的读懂课文，也就是先要明白课文的结构：前因后果和来龙去脉。而理解这样的结构，自然得伴随着思辨的进程。在学生初读课文《蜘蛛开店》之后，教师引导大家思考：蜘蛛开店有没有成功？为什么不成功？便引入了对课文内容的梳理：课文写了哪三次不成功？让学生边读边议边填助学单：

表3-1　助学单

顺序	商品	定价	顾客	结果
第一次	卖口罩	一元钱	河马	嘴巴那么大，织了一整天，不成功
第二次	卖围巾	一元钱	长颈鹿	脖子和大树一样高，织了一个星期，又不成功
第三次	卖袜子	一元钱	蜈蚣	四十二只脚，吓得匆忙跑回网上，完全不成功

在梳理清楚情节的基础上，思辨便接踵而至：蜘蛛开店三次失败的原因有什么共同之处？于是，在讨论中学生的思考也不断深入：有的说，蜘蛛把商品的价格定得太低了，都是一元钱；有的说，商品的价格要根据商品的不同规格来定，不能一刀切，都是一元钱；有的说，蜘蛛不懂得总结失败的教训，第一次失败了，它就应该想想失败的原因，不同顾客需要的口罩大小是不同的，应当按口罩的大小、质量来定价；有的说，蜘蛛开店的目的本来就不正确，它是因为蹲在网上等小飞虫上门，觉得"好寂寞好无聊"才开店的，它根本不动脑筋，也不懂得怎样才能把店开好；还有的说，随随便便地去做一件事，都是做不好的……

4. 在质疑问难中强化思辨

从根本上说，课文的意义是在学生的真实阅读过程中生成的。在这种真实的阅读过程中，不可能不产生各式各样的疑问。现在的情况是好像学生很少有疑问，也不易产生疑问。这是为什么？应当认识到这是教师讲说过度的课堂常态造成的。如果学生只习惯于接受教师的讲说，或习惯于时刻准备着回答教师的烦琐提问，他们就不会关注自己有没有疑问。所以，大力提倡学生在阅读过程中质疑问难，营造好这种"审问之"的课堂氛围就显得十分重要。教学统编教材四年级上册第27课《扁鹊治病》时，一学生在座位上嘀咕了一句："扁鹊哪里治病了，他不是什么也没治吗？"老师听到了，觉得这是一个很值得讨论的问题，便鼓励这位学生把这个问题提出来，让大家来议论一番。在教师的鼓励下，这位学生便站起来把这个问题大声地提出来了。不料，这一下子就引起了大家的兴趣，便切实"思辨"起来：

——"怎么没治病呢？那是蔡桓侯不让治，还说扁鹊总喜欢给没病的人治病，显示自己的高明。"

——"我发现扁鹊不只是治了一次，还治了三次，每次都是蔡桓侯不让治，第一次不肯治，是他认为扁鹊想要显示自己的高明；第二次不但不让治，还'很不高兴'；第三次又不让治，还显得'非常不高兴'。"

——"可是蔡桓侯第四次是请扁鹊来治病的呀！"

——"那是因为扁鹊在第三次要为蔡桓侯治病时已明确告诉他'不治会更加严重'，蔡桓侯还是不听，到第四次见到时，已没法治了。"

——"不过，我觉得医生是'白衣天使'，应该治病救人，不能因为病人不肯治就罢了，应当反复劝说，多花点功夫，不能就这么看他死了呀！"

——"你说得有一定道理，但那是病人和医生处在平等地位时可以这样做。扁鹊和蔡桓侯的地位是不平等的，蔡桓侯是蔡国国君，扁鹊要去见他就不容易，要'拜见'。蔡桓侯呢，瞧不起医生，说他们'总喜欢给没有病的人治病才容易显示自己的高明'。在这种情况下，扁鹊又能有什么办法去说服蔡桓侯治病呢！这不是扁鹊的错！"

……

5. 在批判阅读中深化思辨

在阅读活动中，读者当然有对读物内容的理解和接受，但也必然会伴随着探究和批判。一般会有三种态度：接受欣赏、设问质疑或批判否定。更多的是对读物内部的某一点，可能持有不同意见。这不仅合理，而且十分可贵。因为只有这样的阅读，才真正体现了阅读过程应具有的心智性和创造性。在这里，思维是阅读心理过程的核心。因为一种有效的阅读，必须依靠全部的心智活动和情感意向活动才能实现，而不只是简单地全盘接受。所以，在阅读教学中，教师必须十分重视学生对课文意义的质疑和批判，因为这无疑会引发一个十分可贵的思辨过程。

教学统编教材六年级上册《伯牙鼓琴》这一课，学生读到"锺子期死，伯牙破琴绝弦，终身不复鼓琴"时，提出了伯牙这样做是不是"太傻"的问题。"好朋友死了，应该伤心悲痛，但这与琴又有什么关系？再说了伯牙的这个琴是很值钱的古琴，毁了它多可惜。""伯牙从此不再弹琴有这个必要吗？伯牙是靠弹琴为生计的，以后不弹琴了又如何生活。""伯牙不是也可以弹琴来缅怀、纪念死去的好朋友吗？"……

于是，老师让大家思考：如果好朋友锺子期死了，伯牙悲痛了一阵子后，还是照样弹他的琴，过他的小日子，还会有这么一段佳话，可以流传几千年到现在吗？……于是课堂讨论得以不断深入，学生逐渐明白，如果伯牙不破琴绝弦，还是过他作为琴师的小日子，这也许正是常人的做法，那确实符合"实用价值"，但肯定不会成为流传几千年的美谈，早就被人们遗忘了。锺子期与伯牙的故事，之所以能流传至今，成为"高山流水识知音"这样的典故而撼动人心，它体现的不是"实用价值"，而是一种高尚的"审美价值"，是一种震撼人心的精神力量。

……

在语文教学的全程中，以语文为基本工具的思想交际活动，按理应该是无时不生、无处不在的，因而"思辨"也就如影随形，应该相机相生。但客观存在是一回事，主观如何去强化又是另一回事。这就为我们带来了一大挑战：新时期的语文课程文化又应当如何去占领"思辨"这个"制高点"呢！

第七节　拓新之策：深度阅读的产生机制

在中国语文课程的发展历史中，阅读一直占着主体地位。这是因为阅读是一种从书面语言和其他书面符号中获得意义的社会行为、实践活动和心理过程。由作者——文本——读者三要素构成的是一个完整的书面交际过程，必然会牵动口语交际和写作活动。这就不难理解为什么按照课程标准要求所编写的统编教材要重点解决学生"读书太少"的问题。这当然也从根本上向阅读教学的改革提出了高质量的发展要求。

阅读课改要高质量发展，我们就无法回避如何实现"深度阅读"的问题。因为小学生存在阅读的心理品质，这包括了阅读的智力、意志、情绪、习惯等一般的心理状态，同时还有着心理特征的个人倾向性。从大的方面看"接受式阅读"只是在教师的讲解下，学生被动地接受课文（读物）的内容，这只能是一种"浅阅读"。而"探究式阅读"就不一样了，它是一种学生阅读的主动性和创造性表现，这是一种"深度阅读"。现代阅读学研究表明：阅读应该是一种再创造，是主动地探索，而不是被动地吸收。阅读过程只有不断地介入评价、怀疑和预测，才能提高阅读的教学价值。因为只有在理解的基础上去进一步追求有所发现、有所创造，才会有深度阅读的收获。

但是在教学实践中如何做到"有所发现、有所创造"的"深度阅读"，却令不少教师迷茫。笔者认为让学生在理解课文的基础上，在课文中获得某些新的"产生"，应当是走向"深度阅读"的重要机制。

这里所谓的"产生",就是引导学生能从课文中的"此"引出课文外的"彼",也就是学生能运用生活中、前认知中的经验,来灵活解决因课文阅读产生的课外新问题。据说有人从 2020 年高考的阅读题中发现了一种新题型。如全国高考卷中,有一题要求考生在阅读《钟南山:苍生在上》的责编钟红明与该文作者熊育群的对话后,回答如下问题:钟红明是如何做到在对谈中引发对话并将话题引向深入的?请结合材料简要解析(2020 年全国高考语文Ⅲ卷)。这个题目之所以为大家所关注,认为是一种新题型,就在于考生无法从理解或概括短文的意思中形成答案,而是必须由考生自己去思考、去解决,去形成自己的答案。也就是说,答题的过程是从无到有的"产生"过程,需要的是学生的"产生"能力。还不只是语文,其他学科的试题也发现了考查"产生"能力或"素养"的明确信号(《人民教育》2020 年 21 期《产生式系统:核心素养培育的新视点》)。

其实,在阅读教学中有一些改革意识的教师也有自觉或不自觉地"产生"新问题情境的意想,即学生只对课文内容作概括却无法获得答案,必须从课文的叙事或说理中去推理、提炼,获取新的认识。其答题过程便是无中生有的"产生"过程,锤炼的是学生综合运用生活经验和"前认知"基础,用来解决新问题的能力。如教学统编教材四年级下册《乡下人家》一课,作者陈醉云回忆的是儿时基本上属农耕社会的乡下,已不是今天文明乡村建设的新面孔可以比较了。所以,一位教师在课堂上提出:"当时乡下人家的确有美好生活的一面,但也有许多不好的地方,你能提提改进意见吗?"想不到的是学生非常感兴趣,"产生"了许多自己的想法,说明今天的"乡下人家"是应该更加美好的。

从根本上说,阅读中学生能"产生"新问题,并能把新信息和旧信息结合起来解决问题,是一种对信息的联系、开发和组合。这无疑是一种可贵的创造性阅读,这样"产生"的新问题,也就是富有挑战性的问题；这种"产生"的过程，便是"思辨"的过程；如此解决新问题的能力，便是创造性能力；形成的阅读教学，便是一种"深度阅读"。

那么，在课堂教学实践中，我们可以形成从"文内"到"文外"的"产生"机制模式吗？答案当然是肯定的。

1. 延伸式"产生"

所谓延伸式"产生"，就是将课文的内容（故事情节）作有意义的延伸而形成的"产生"机制。这种"产生"不是重复课文故事的情节，而是对课文意蕴的全新发展。如导读《狐狸分奶酪》（统编教教材二年级上册第23课）时，一学生质疑：小熊兄弟为什么不是自己分奶酪，而要刁猾的狐狸去分呢？教师不要简单地概念化地回答这个问题，"因为小熊兄弟不自信"，而是应从中去发现可以"产生"的契机，于是教师启发大家讨论："如果小熊兄弟自己分，那该怎么分呢？"这在课文中是没有现成答案的，要由学生自己来设计，就形成了一种延伸故事情节的"产生"性阅读。于是，大家展开了讨论：

——"如果让小熊兄弟自己来分，可以让哥哥分。因为哥哥年纪大，能力要比弟弟强，会分得更好。"

——"即使哥哥分得不太好，两份有大有小，也不要紧。可以在大的一块里再切一点分给小的那块，不就行了。"

——"叫哥哥分是对的，但也可能分得不公平，分好后可以叫弟弟先挑选。因为事先说好让弟弟先挑的，哥哥就不会有私心，一定分得很均匀。"

——"让弟弟先挑是对的。哥哥分是因为哥哥能力比弟弟强；让弟弟先挑是因为哥哥爱护弟弟，让着弟弟。"

——"本来小熊兄弟自己就能分得很好，可他们不相信自己，而去相信狐狸，结果就上当了，真不应该！"

……

145

2. 发散式"产生"

人们对一些问题的认识，获得解决问题的途径，不能只是一种思路，"一根筋"地去定向思考，往往会走进"死胡同"，失去对问题的全面认识，弱化了思维的发散性功能。在阅读活动中也一样，必须介入怀疑和多向评价，才能有对问题更完整的认识。一位教师在教学《太阳》（统编教材五年级上册第15课）一文时，有一学生提出："太阳对人类当然十分重要，没有太阳，我们会无法生存。但太阳也有缺点，电视上说，夏天的阳光直射人的皮肤，人体会受到损伤，甚至有患皮肤癌的危险。"马上有同学响应："是的，所以夏天出门，我妈必须抹上防晒霜。"于是，教师趁热打铁，"产生"出了新问题："有道理，太阳太重要了，这我们谁都不怀疑，但事物都是一分为二的，它也有缺点，会给我们带来一些不好的影响。你还知道哪些不好的影响吗？"

——"夏天太强烈的阳光对有些植物的生长是不利的。我看到园林工人在街道旁会给一些树木搭上遮阴篷。"

——"晴天太多，太阳太猛烈，会造成旱灾。"

——"听说太阳上有黑洞，可能会给人类带来灭绝性灾难。"

……

显然，这样的"产生"源于学生对太阳的发散性思维，所带来的可能是对太阳更完整的科学认知，而不是要与课文唱反调，会影响对课文的主题的正面理解。由此"产生"的效果是思维的全面和深邃。

3. 参与式"产生"

在阅读教学中，我们往往会更多地关注于"接受"，即对课文内容的理解。其实，更重要的是应该让学生从课文中去获得体验，有一种设身处地的感受，这就必须尽可能地让学生"参与"其中。当然，这种参与更多地需要教师去营造契机，让课文内"产生"出这种可以"参与"的机会。如在导读《守株待兔》（统编教材三年级下册第5课）时，教师设计了一个参与式活动，让学生和那个宋国的农夫"同框"，去劝劝那位"因释其耒而守株，冀复得兔"的农夫。这就"产生"出了许多新的思辨状态的"劝说"：

——"兔子撞在树桩上，那是很偶然的，你怎么可以认为还会有兔子来撞呢？"

——"兔子慌忙逃窜又碰巧撞在树桩上，而且撞死了，这种事情也许就只有这样一次。你等着以为每天都可以捡到死兔子，简直是异想天开。"

——"你为了等兔子撞死，不干农活了，这不就荒废生产了？"

——"生产荒废了，而兔子又不来撞树桩，以后你靠什么生活呢！"

——"你这种想法，这种行为，太傻了！人们把你都当成一个笑话讲了。不要再傻了，赶快去料理农事吧！"

……

显然，这些合情合理的劝说，都是学生们根据自己的生活经验或前认知的积累，从宋国农夫的思想出发，作出了很具针对性的重组而"产生"的劝说。所以这些劝说才会有针对性和说服力。

4. 反思式"产生"

高品质的阅读活动，不应该只有"接受"，还应当有质疑、反思、批判和发现。这就是阅读中不可或缺的对思辨能力的培养。而学生对课文的质疑、反思、批判和发现又为"深度阅读"所必需。正是在这样的阅读状态下，新的挑战问题情景得以"产生"，学生的思辨力才有机会得到锤炼，运用语言解决问题的能力便会得到提升。《"精彩极了"和"糟糕透了"》是统编教材五年级上册的一篇阅读课文，课文中父亲和母亲对巴迪七八岁时写的第一首诗，有完全不同的评价。母亲称赞说是"精彩极了"，可父亲严厉批评说是"糟糕透了"，而且"把诗扔回原处"。巴迪长大后认识到这不同的态度都是对巴迪表达爱的方式。但在阅读之后，有学生提出，为什么父母的态度有这样的不同，他们做得都很正确吗？教师适时抓住这一点，组织大家再读讨论：母亲父亲可不可以做得更好点呢？这就让大家有了深入思考的机会：

——"母亲说'精彩极了'说得有点过头，七八岁的巴迪毕竟是第一次写诗，不会'精彩极了'。"

——"对孩子应当多鼓励，这不错，但也要实事求是地指出存在的问题，帮他进一步提高。"

——"正因为母亲的称赞过了头，使巴迪有些得意洋洋，才引起了父亲不满。"

——"我觉得父亲的态度也不对，他的严厉批评也是过头的。巴迪第一次写诗虽不会'精彩极了'，但也不会'糟糕透了'。而且父亲态度不好，'把诗扔回原处'。"

——"巴迪体会到'精彩极了'和'糟糕透了'都是父母的爱，对他的成长很有好处，是他长大后而且写作取得了成功才体会到的。其实当时巴迪很难受，很接受不了。"

——"如果父母都能以鼓励为主，但也帮助指出可以改进的地方，对巴迪的帮助不就会更大吗？"

……

5. 模拟式"产生"

在学生读懂了课文的基础上，教师让学生对课文作改写，特别是改变题材或情节，无疑具有"再创作"的意义，也应该有着"产生"的效应。如《桥》（统编教材六年级上册第 12 课）是一篇小小说，人物、场景、情节都高度集中，很适合改编成课本剧。教师就可以让学生模拟课文再"生产"，改编成课本剧进行演出。教师让大家归纳剧本的要素：时间（黎明时刻），天气（暴雨来袭），地点（通向村外的唯一的一座木桥），人物（老汉、儿子、村民、妻子）。然后以"对话"和"情景说明"编写成剧本，让全班同学（多数扮演村民）参与演出。这显然是以课本为依据的，但因模拟的形式改变很大，需要学生做多方面的"再创造"，也就有了"产生"的意义。

6. 比较式"产生"

"群文阅读"的优势，在于在学生阅读的过程中萌生一种比较优势。多篇文章（课文）放在一起读，自然就会有"比较"的机理存在。比较的心理过程，是在分析、综合的基础上进行的，比较的结果就能或博采众家之长，增长见识；或相较有所发现，形成新知。这样，比较之中就往往会"产生"出新的认识来。所以群文阅读是一种积极主动的阅读。如教学《王戎不取道旁李》（统编教材四年级上册第25课）一课时，开展与《王戎观虎》（《世说新语·雅量第六》）的群文阅读："魏明帝于宣武场上断虎爪牙，纵百姓观之。王戎七岁，亦往看，虎承间攀栏而吼，其声震地，观者无不辟易颠仆，戎湛然不动，了无惧色。"教师在比较阅读之后，让学生讨论：从"不食道旁李"到"观虎"，可以共同说明王戎小时候有着怎样的个性特点？有人说王戎胆子大。有人说王戎遇事冷静沉着。有人说王戎善于观察思考：他知道老虎已拔去了爪和牙，不会再伤人了，吼得响一点，有什么可怕。还有人说：王戎肯定想到，既然是让大家观赏的，肯定事先做好了各种防范，是伤不着观众的。如果老虎连攀栏吼叫都不能做了，那还有什么好看的。

……

当然，深度阅读"产生"机制的基本模式应当不是只有这几种，限于篇幅，只能择要简述。从根本上说，阅读的天地无限开阔，学生在阅读中可以"产生"的思维疆域更是无限的，只有想象力才是它的边界。

第四章　语文课堂的文化之道

第一节　课堂革新之道：语文学习的范式转换

随着统编教材的全国使用，以生为本、以学为重的教育文化理念的日益彰显，小学语文课改正在驰入快车道。但我们仍然会觉得语文课堂教学的传统范式，即以教师的讲问为中心，占用了教学的大部分时间，而学生的自主学习、探究难有宽裕的时空。真正的主动学习仍然没有发生在学生身上。于是在语文改课的日程上，我们就会经常见到对"深度学习"的呼唤。

学习能够抵达"深度"，当然是好事。然而，何为深度？人们的理解当然首先是有别于"浅度"，也就是学习者应当全身心投入到学习的过程中，即不仅仅是大脑内部的信息加工，还有着情感、意志、精神、兴趣全向投入的过程。显然，这不仅仅是一个个体的学习过程，还是一个群体合作联动过程、精神文化的提升过程。

有些问题从理论上诠释一番，也许并不是很困难，但对于在课堂一线运作的教师，却很难找到"从何入手"的根本问题。我们既然已经认定深度学习是个"过程"，那么，这个"过程"落到实处就是学生的"学习方式"。所谓"学习方式"，就是学生"个人在学习时接受或加工信息的方式"（参见《教育大辞典》，顾明远主编，上海教育出版社，1998 年）。传统的教师讲问（"问"的目的更多的是避免"一讲到底"之嫌）从根本上决定了学生单一的学习方式，即被动地接受教师的"注入"，而这样的"注入"又往往"注"则有之，"入"则未必，当然就更谈不上如何去"加工信息"了。因此，语文课改指向深度学习的路向，关键在于如何摆脱以教师"讲问"为主、学生被动接受的传统模式，来创新足以保证学生能自主学习的方式，实现本质上的"转身"。

学习方式的革新，带来了学习程序的根本改变，往往可以整体性地表现为一种新的课堂范式。这就不再以教师的讲问为主线，而以学生的自主学习为主线，以如何批判接受并加工信息为主线。根据学生自主接受、加工信息的形式和程序，一些新课型正在初露头角，笔者就当下出现的"焦点阅读""比较阅读""合作学习""批注阅读""批判性阅读""研究性阅读""项目化阅读""产生阅读"等八大主要方面，作一简析，以讨论语文课堂教学学习方式如何革新的具体路径。

1."焦点阅读"模式

所谓"焦点阅读"，与之前提倡的"主问题阅读"相近似。就是指一篇课文的阅读，不必处处费力，提太多的问题，老在"课文内容分析"上打转转，而应当在让学生自主地多读课文、读通课文的基础上，抓住一两个足以统揽全文、很有思考价值的焦点让学生充分讨论争辩，以发展思维，在品赏语文表达艺术的同时吸取课文的精神价值，达到更深地理解课文，学习语言文字运用之目的。"焦点阅读"是倪文锦教授最近几年提出的，他在 2018 年发表《"焦点阅读"初探》后，一直关注这一主问题化教学的模式，仅在《语文教学通讯》上就接连发表了《聚焦思维学会阅读》《"焦点阅读"教学的两个基本理念》《"焦点阅读"问答》等。

笔者听过统编教材一年级下册《小猴子下山》这堂课。一位老师教得就不一般，她花大量的时间让学生变着法子多读课文时完成了识字学词，连同在看图中理清了掰玉米、摘桃子、捧西瓜和追兔子四段课文。教师借助课文采用的"反复"手法，没有讲析故事情节，只是让学生读，读着读着，学生不仅完全理解了故事内容，而且课文已是读得很通顺，不消说文句的意思，也就很明白，无须教师再讲。最后腾出15分钟的时间，只讨论了一个问题："小猴子下山，你觉得他哪些做得对，哪些做得不对？"学生们讨论得非常热烈，有的说："他'要一个'又'丢一个'做得不对，要是能多带些回去，不是更好吗？"有的说："他想要一只兔子是犯了大错。小猴子怎么追得上兔子呢。"有的说："他最后只好空着手回家去，一定是后悔死了。"有的说："我想他挑好的拿，也不是完全不对，桃子当然比玉米好，猴子喜欢吃桃子，就挑得不错。只是摘了西瓜，不该把桃子丢了，这太可惜了。"还有的学生说："这次下山，虽然空着手回家，但也不是完全失败的。如果第二次下山，他就不会再爱一个，丢一个，也不会去追小兔了。他会变得更聪明"……显然，这样不搞无意义的"满堂问"，只让学生讨论事关全局的焦点问题，真的能"与课文内容分析式说再见"。另一方面，只抓住一两个讨论问题的焦点，去挑战大脑，确实可以推进阅读深度。这样，不仅节省了"满堂问"的时间，解决了让学生多读、读通的问题，而且真正可以让学生学会如何自主地去接受和加工信息。

2. "比较阅读"模式

在叶圣陶、朱自清合著的《精读指导举隅》中，有在精读某篇课文时带读一些其他文章，作相互比较的阅读。显然，抓住这样的比较，也会十分有助于学生借比较这种机制来深化信息的处理和接受活动，从而培养自主学习的能力。常言道："不比不知道，一比就明了。"借助同一作者的不同文章作比较，可以更好地了解作者的行文风格和艺术特点；借助同一主题不同作者的文章作比较，可以更深地感悟同一题材的精神内涵和别样视角；借助不同体裁和同一题材的文章作比较，则可以更鲜明地映照出不同文体的不同要求和感人魅力……总之，有比较才能有鉴别，有比较才能发深思，有比较才能促进学生自主的信息处理过程，从而推进阅读的深度。当下，为不少教师所推崇的"群文阅读"，从根本上说，也就是为了学生的阅读过程能获得多文本之间触发比较的信息应用加工机制。即使对于一篇新学课文，能拿已学的课文在某一角度上作比较，也大可以为学生作拓展式思考，带来更多学习契机。如一位教师在教学《蜘蛛开店》时，在读通课文之后，要学生与已学的《小马过河》作比较，并以此作为教学的中心环节：仔细想一想蜘蛛与小马在各自的生活中遇到了哪些相同的问题？大家在讨论中找出了许多相同的问题：一是他们都没有参加过这方面的活动，小马是第一次去磨面，蜘蛛也是第一次开店。二是它们都缺少这方面的经验，小马不知道老牛说水很浅，松鼠却说水很深的原因是什么，蜘蛛也不知道不同的商品样子不一样，成本不一样，价钱也应该不一样。三是它们都应当自己去尝试，才能获得成功，小马自己蹚过河去，才认识到原来河水既不像老牛说的那样浅，也不像松鼠说的那样深。蜘蛛碰上了河马这样的顾客买口罩，长颈鹿这样的顾客买围巾，蜈蚣这样的顾客买袜子，也才知道原来商品的样子不一样，成本不一样，价钱也应该不一样，定价不是那么简单的……正因为有了这样的比较，学生才会在比同较异中激发深度思考，也就深化了对课文意蕴的认知。

3. "合作学习"模式

合作学习有别于个体学习，在心理学上一般指：人们为最高限度地获得彼此的共同利益，最低限度控制共同的花费而在一起学习、工作的情况，称之为"合作"。许多研究表明，尽管合作学习必须在个体学习的基础上，但比之纯粹的个体学习，合作学习可以获取相互启发、切磋研究、协力同心的诸多效益，其作用和收获会大大优于个体学习。

追根溯源，合作学习兴起在 20 世纪 60 年代，当时在美国已是比较流行的一种学习方式。一些倡导者认为，教育的基本任务是培养公民的民主行为，"合作"不仅能够激发人们去积极参与社会活动，而且有助于开发智力。这样，人们的社会行为与智力行为的发展，可以彼此相得益彰。如果在个体学习的基础上能够以合作的社会方式来进行学习，必然会获得更大的效益。正是在这样的认识推动下，合作学习才逐步发展成为一种教学理念和策略体系。到了20世纪80年代末90年代初，我国也出现了合作学习的实验研究。《国务院关于基础教育改革与发展的决定》中就明确指出："鼓励合作学习，促进学生之间的相互交流、共同发展，促进师生教学相长。"

显然，合作教学随着小班化的推进，主要采用的是一种小组（四人或同桌）学习的方式。借鉴佐藤学"学习共同体"的构建理念，小组合作学习方式已被普遍认可。但对于这种学习方式的施行，也应当有对合作中容易产生的负面效应的认识。法国心理学家林格尔曼曾组织一些青年，以单人、两人、三人直到八人小组的形式拔河，用测力机测量并记录他们在不同群体下用力的情况。实验证明群体力量的总大小低于单个力量叠加的总和。或许用力的方向和时间可能存在冲突，导致整体力量的损失。但是，实验证明，这不是因为人们彼此间糟糕的合作，而是因为在群体任务中，个体会存在一种社会懈怠现象。心理学对此的解释是在群体中个体因缺失了他人对自己的良好评价和明确评价，缺少了具体的激励因素。实践证明，当人们能对个体作出单独评价时，人们往往会付出更大的努力。所以，我们在组织合作学习时，必须坚实地建立在个体自主学习的基础之上，重视对个体表现的关注和评价，力避笼而统之的"走过场"。须知交流互助只有在个体认知的基础上才能产生合作启发的效应。另外，也必须严防在合作中，后进生的"随大流"现象，对中下生给以必需的照顾与精准帮扶，这就必须强化学习小组的建设，如指名发言、点名评价表扬等多种方式，积极鼓励和保证后进生能大胆参与合作，以实现对后进生的精准"扶贫"，确保合作学习中的"合作"效应落到实处。

4."批注阅读"模式

阅读时把课文重点字词、关键要旨、读书感想、质疑问难等，圈画、批写在课本空白处的一种阅读方式，称为"批注阅读"。批注的内容一是标记号：如在重要字词下加点，重要语句下画线。二是作注释：不认识或难懂的字词，在查找工具书后，弄清了就注写在旁边。这样既可扫除阅读障碍，有助于阅读理解，又能加深记忆。三是记提要：边读边想，注意自己的阅读体验，并用精要的文字，把这部分大意，注写在课文空白处。这样可以理清课文的脉络，得其要旨，浏览时可一目了然，复习时能较快地掌握内容。四是加批语：读书时将各种感想、见解、评价、疑问写在书中空白处，有利于总结学习心得、阅读收获和尚需深究的问题。五是做总结：对阅读活动做全面的自我梳理，点出阅读的总体收获、特别重要的感悟等。这样可以帮助学生全面把握阅读成果，丰富读书经验，提升阅读能力。

统编教材的一大特点是教材的学本化，即教材不仅是可以教师教，更在于让学生能够自己读。批注阅读，无疑是重在培养学生自主读书的一种阅读方式，所以在教材编排中有程序化的统筹。教师在教学批注阅读方式的课型时，应密切关注并配合教材在这方面的呈现。如三年级上册第四单元的阅读能力素养目标就安排了"猜测与推想"。同时对本单元的首篇课文《总也倒不了的老屋》作了批注式的示范。在导读本单元阅读课文《不会叫的狗》，就可以让学生开始模仿着在课本空白处如何写批语，来表示自己的"预测"。在第五单元的"习作例文"《我家的小狗》，教材又出现了批注式的第二次示范，更为学生深化批注阅读方式的运用创造了机会。在第六单元的18课《富饶的西沙群岛》中出现了一处"泡泡语"，这可以视为另一种形式的批注，虽然在形式上比之"批注"更单一，但其批注的功能也更凸显。所以，学生对"圈点画批注"阅读方式的运用，从三年级下学期开始是比较合理的。

批注阅读方式的应用十分广泛。之前也有称为"圈点画批法"，也就是泛指人们在阅读时运用圈圈、点点、画画等各种简单符号做标记。这大多从一年级就会开始运用。而"批注阅读"则重点在用文字作"批"和"注"，以求读者深度表达在阅读过程中的心智活动。虽然在批注过程中我们也不排除可以圈圈、点点、画画，但毕竟重点在"批注"，那是十分可贵的阅读思考，是读者既入乎其中又能出乎其外的阅读创新活动。

5."批判性阅读"模式

在真实的阅读生态中，读物的意义是由读者在阅读中生成的。因为读者阅读的过程必然要做出理解和判断，或认同，或欣赏，或持疑，或反对。这都可以认为是读者对读物的批判。批判性阅读方式从根本上说就是一种评论性阅读方式。

批判性阅读的前提是对阅读材料的理解。学生对文本的理解，应该通过自己的阅读活动来实现，而不是主要听老师的分析讲解来实现。在信息的传递和加工中，"听"的效益是最差的，这是其一。其二，今天的语文教材是以现代白话文写成的（古诗文只是极少数）。"白话"就是明白如话，除少量的生字新词学生可能在教师的指导帮助下须通过查阅工具书来解决，大多都能自己解读。这样，阅读理解的重点就在学生对读物内容的或认同、欣赏，或持疑、反对了。从根本上说，学生阅读、理解的过程，也就是对读物作评价、批判的过程。因此，阅读教学的改革完全可以把重点适度转移到这头来，于是，批判性阅读方式就成了一种不可忽视的新的学习形态，并生成为一种更具发展学生阅读力、思辨力、创造力的新课型。我们所追求的"深度学习""高阶思维"，其实就隐身在批判性阅读方式之中。

统编教材五年级上册中有一篇课文《珍珠鸟》。这是略读课文，写的是作者冯骥才笼养的一对珍珠鸟，孵出了一只小鸟，并且作者逐渐得到了小珍珠鸟的信赖。故事十分生动，最后一句颇具哲理："信赖，往往创造出美好的境界。"不料这一结尾引起了不少学生的讨论。教师因势利导，就把教学重点放在展开评论、批判上，生成了一种新课型——

"如果作者这样信赖珍珠鸟，为什么要把一对大鸟关在笼子里，不把它们放归山林？"

"作者要真的信赖珍珠鸟，就应该把它们一家三口放回大自然，让它们自在地生活。作者为什么不这样做？"

……

但也有一些学生持不同意见，展开了有助于深度学习的争论——

"人与动物之间的信赖是有一个培养过程的。小珍珠鸟开始也是不信赖作者的，以后才慢慢地明白作者不会伤害它，所以才形成了与作者的'互相信赖'。"

"那对大珍珠鸟开始并不知道主人不会伤害它，不信赖作者，如果不关在笼子里，自然就飞跑了。所以，关起来是必须的，这正说明'信赖'是要慢慢培养的。"

"人们养宠物也是这样。我家抱来一只小狗，开始必须关起来，因为它要跑，以后养熟了，要赶它走也赶不走了，现在成了我们家里的一员。这就是作者说的'信赖'创造了美好的境界。"

……

6．"研究性阅读"模式

把传统的课文情节讲问式阅读教学，发展成为让学生在教师的指导下，以研究探索的方式自主地进行阅读，以获取知识、激发兴趣、陶冶情操、提高阅读能力、建设精神世界和发展语言运用能力的阅读教学活动，我们可以称之为"研究性阅读"。

"研究"是人类赖以生存和发展的基本，而绝非超出了小学生的学习能力范围，玄奥莫测的东西。它是我们在认识和了解外部世界时常常采用的那种反复探索、琢磨和尝试的活动。这种近乎人类天性的探索奥秘，不就是研究吗？所以，也可以理解为"研究"只是"学习"的另一种形态。真正的"阅读"应当不是读者"纯吸收"的单向输入活动，而应当是内外互动"双重转化"的信息加工处理。正如弗西斯·格瑞莱特在《培养阅读技巧》一书的序言中所认为："阅读是读者积极活动的过程，读者带入这一过程的东西，往往比他从读物中所找到的东西更重要。"无论是读者从读物中找到的东西，还是带入阅读这一过程的东西，"找到""带入"的行为过程都属阅读的研究过程。

早在 20 世纪 90 年代，上海市就率先开展了"研究型课程"（当时，九年义务教育阶段称其为"探究型课程"，高中称其为"研究型课程"）。笔者也于 2002 年在上海教育出版社出版过一本专著《研究性阅读教学探索》，提出了"研究性阅读"的三大基本特征，简言之：一是"学生在教师的指导下"；二是"以学生自主探究的方式（包括个体阅读、小组合作、查找资料以解决问题）"；三是自主地阅读获取和运用。一位教师教学《穷人》（统编教材六年级上册第 13 课）时，在学生自主初读课文、读通课文（用时 15 分钟）的基础上，紧紧围绕三个问题思考研究：桑娜为什么"忐忑不安"？她的这些想法是对的还是错的？这样的一篇课文为什么以"穷人"为题？这就让大家觉得要解决这些问题，必须去研究四个问题：一是托尔斯泰是一位怎样的作者；二是桑娜产生忐忑不安的心情有哪些原因；三是家境既然这样困难，桑娜为什么一定还要把两个孩子抱过来；四是她们到底穷不穷，"穷"表现在哪里，"不穷"又表现在哪里。研究这些问题，就可以写成一个简要的"研究报告"作交流。这样在研究阅读的两节课中，学生可以通过翻检资料、同桌商讨、小组合作等多种形式，完成一次研究性阅读，真正体现了学习形态的改变，即以研究的方式完成阅读，让阅读过程真正发生在学生身上，而不是只停留在课堂上，由教师烦琐的情节分析为主的那种表层热闹上。

7."项目化阅读"模式

在群文阅读的基础上，结合单元整体教学理念和"一本书阅读"等"大阅读"教学思想，把课本内外的一组阅读材料统整衍化为一个阅读项目，淡化单篇课文的边界，以扩大阅读视野，在不同读物的组合中，提升"参照阅读效应"，达到阅读教学质量的进一步优化。这样的一种学习形态，就是"项目化阅读"方式。

为什么要运用项目化阅读这种新的学习方式，编织读物之间可以互为参照的网络。阅读学认为，阅读活动的次第并非只有单进直线式的顺序，而更好的应当还有一种可以互为参照的网络化阅读方式。从根本上说，我们要真正读懂一篇读物或一本书，必须要有另一些参照读物作为先导或参考，形成一种比较或互补，才能大大提高阅读效益。如在读一篇读物时参考另一篇相似的读物，可以有互相"印证式"的效应；读一篇读物时参考另一篇某处截然不同的读物，则可以有互相"对比式"的效应；根据一篇课文内容的某一点提醒，去寻找相关的文章阅读，还可以有"引导式"的效应……所有这些都说明若能围绕某一个项目去作多篇读物的参照阅读，要比只读单篇，效果会好得多。如教学统编教材五年级上册第10课《牛郎织女（一）》和第11课《牛郎织女（二）》时，就不妨以这则民间故事为中心，同时组织阅读唐代杜牧的《秋夕》："银烛秋光冷画屏，轻罗小扇扑流萤。天阶夜色凉如水，卧看牵牛织女星。"唐代施肩吾的《乞巧词》："乞巧望星河，双双并绮罗。不嫌针眼小，只道月明多。"同时对民俗传统节日"乞巧节"作阅读了解，再加上宋代秦观的《鹊桥仙》："纤云弄巧，飞星传恨，银汉迢迢暗度。金风玉露一相逢，便胜却人间无数。柔情似水，佳期如梦，忍顾鹊桥归路！两情若是久长时，又岂在朝朝暮暮。"……这样把《牛郎织女》这则民间故事，连同神话传说，关于"银河""牛郎星""织女星"等天文知识，以及相关的唐诗、宋词组合成为一个"项目化阅读"单位，必定可以大大激发学生的阅读兴趣，提升阅读教学效益。

8."产生阅读"模式

在阅读中产生新的问题情境，即学生无法对课文内容作概括得出答案，而是要从课文的叙事或说理中作分析、推理，去发现、提炼答案。答题的过程变成了从无到有的"产生"的过程，阅读锤炼的是学生的"产生"能力。如果缺失了"产生"的过程和能力，就难以完成这一阅读任务。学生的这种"产生"能力，属于知识能力整合后形成的解决问题的本领。

一位教师导读《狐狸分奶酪》时，一学生质疑：小熊兄弟为什么不是自己分奶酪，而要刁猾的狐狸去分呢？显然这是一个课文外的问题。教师趁机就作了引导："是啊，难道小熊兄弟自己不会分吗？如果小熊兄弟自己分，怎样才能分得更好呢？"要讨论这样一个问题，课文中是没有现成答案的，要由学生自己来设计，这就形成了一种"产生阅读"。于是大家展开了讨论：

——"如果让小熊兄弟自己来分，可以让哥哥分，因为哥哥年纪大，能力会比弟弟强，可以分得更好些。"

——"即使哥哥不小心，分得有大有小，也不要紧，可以在大的一块里再切一点分给小的那块，不就行了。"

——"叫哥哥分是对的，但也可能会分得不公平，分好后，可以让弟弟先挑。因为是弟弟先挑，所以哥哥就不会有私心，一定切得很均匀。"

——"让弟弟先挑是对的。哥哥分是因为哥哥能力比弟弟强。分好后让弟弟先挑，是因为"尊老爱幼"，是对弟弟的爱护。"

——"本来小熊兄弟自己就能分得很好，可他们不相信自己，而去相信狐狸，结果就上当了，真不应该！"

……

这样一种产生式阅读，是学生根据新的问题情境及其解决问题的需要，调动已有知识和能力，形成一种能解决相应实际问题的思维活动。这应该是一种基于核心素养培育的创新阅读模式。

学界一般把"项目学习"作为"深度学习"的有效途径加以推崇。确实，项目化阅读可以将大问题、大视野作为任务驱动，从而有效地组织跨界阅读，以学以致用的效能实行有效迁移，提高学生解决问题的能力。

让生命成长更有质量，是新时代教育的重要内核。我们要构建语文教育的良好生态，让学习方式真正成为学生自主吸纳、处理运用信息以灵活解决问题的过程，为民族复兴培养时代新人。所以，就必须从最基本也是最重要的环节入手，革新学习方式，实现语文课堂的范式转换。须知，儿童生命成长落脚点的一个重要方面正在这里。

第二节　课堂读书之道：警惕"有口无心"的"假性阅读"

提高义务教育质量的内涵十分丰富，课堂教学质量无疑是重中之重。就语文课程的阅读教学而言，我们会十分关注众多的提高质量的对策和方法，却容易忽略一个十分重要，但又常见的问题，就是学生的"假性阅读"。从表象上看似乎都在认真阅读，乃至在读书时也琅琅有声，但其实并没有真正读进去。这就是俗语说的"小和尚念经，有口无心"。

如果要对这种课堂的"假性阅读"下一个定义，那就是在阅读教学中发生在学生身上，可以长时间持续，徒有其阅读形式而缺少思考过程，致使阅读效果不佳的一种阅读行为。

"假性阅读"现象，并不与学生的学习能力之强弱有直接的相关性。这种情况在学困生和学优生中间都有可能发生，甚至在成人的阅读活动中也不鲜见。有时，你读着书，过了一段时间，却发现什么也没有读进去。这多半是因为你在心灵深处牵挂着另外一件事，与你的阅读能力无关。当然，这种"假性阅读"现象，发生在学困生、学优生或成年人身上的概率是不一样的。发生在儿童特别是学困儿童身上会更多些，因为儿童的注意力不易持久，学困生对阅读缺少兴趣。总之，它与阅读能力的强弱虽无直接的相关性，但却也有着间接的联系。

我们从阅读的心理机制分析"假性阅读"现象，首先就"阅读本体"而言，阅读是一个复杂的过程。第一步只是对文字符号的表象感知，要真正产生阅读效果还在于第二步，即从符号感知后再去"获取意义"。从感知符号到获取意义，这是一个曲折复杂的过程。

再从"内部机理"看，阅读不是机械地将原文读出来就完成了，而是要通过内部语言，用自己的话来理解或改造原文，把原文的思想变为读者自己的思想。尽管这样的过程是可以在瞬间实现的，但却是确实存在而又不可忽视的。阅读的过程总是与理解和判定分不开的。所以，在阅读的过程中，读者有着两条视线的齐头并进，即"眼睛的"和"心灵的"。前者重点在于识别符号，后者则在于理解和批判。

为此，宋代的朱熹就十分强调："凡读书……须要读得字字响亮，不可误一字，不可少一字，不可多一字，不可倒一字。"（《训学斋规》）如果这重在强调"眼睛的视线"，那么，他的另一段话则更在强调"心灵的视线"，两者必须齐头并进："大抵观书先须熟读，使其言皆若出于吾之口。继以精思，使其义皆若出于吾之心，然后可以有得尔。"（《读书之要》）

那么，在阅读教学中，我们可以努力减少至基本排除"假性阅读"吗？这不仅可能，而且应当是努力提高学生阅读品质之必需。唯此，才能真正大面积提高阅读教学质量。

1. 激发"期待"的阅读兴趣

所谓"阅读期待"，就是指读者在阅读前对读物的估价与预想。所有的读者在开始接触某一阅读材料时，常常会不由自主地去猜想它会说些什么，以想象力去预测阅读基本内容，并估计它的阅读价值。此种期待的心态无疑会强化阅读兴趣。这也就是统编语文教材为什么要把"阅读预测"单元作为小学阶段四大阅读策略单元之首，编在三年级上册第四单元。它同时也体现了语文课程标准在第一学段就提出的"喜欢阅读，感受阅读的乐趣"的要求。可见要克服"假性阅读"的根本点在于学生是否有足够强烈的阅读兴趣。

激发期待的阅读兴趣应该包含了两个方面：一是"猜测"，这主要指对整篇（或整本）读物内容的猜想：它会说些什么，会告诉我们什么，会用怎样的方式说，等等，从而判定读物的价值。二是"推想"，指在阅读的过程中，在已知部分情节的基础上，顺着故事（内容）的线索去推想以后会怎样发展，结果又会是怎样。"推"就是在阅读进行中如何从"已知"的去推想"未知"的。正是这样的"推理"，大大强化了阅读的兴趣。

显然，"期待"的心理可以产生强烈的"兴趣"，而"兴趣"则会形成内生的动力，使阅读时不仅入眼、入口而且入心，阅读就必然可以排除眼到心不到的虚假状态。如三年级上册第四单元（阅读预测策略单元）的精读课文《总也倒不了的老屋》就是采用了编者"加旁注"的方式，先在篇首提了"老屋总也倒不了，是被施了魔法吗？"的设问，激发学生对整篇课文的"猜测"：课文到底说了一个怎样的故事，老屋为什么"总也倒不了"。接着又以文中的六处批注，作了在阅读过程中对未知情节的猜想。这就十分有助于读者始终保持对阅读活动的强烈兴趣，让思维同步处于一种活跃状态，当然也就可以避免心不在焉的"假性阅读"现象了。

2. 注重理性的质疑问难

清代的唐彪在《读书作文谱》中曾说过："凡理不疑必不生悟，惟疑而后悟也。小疑则小悟，大疑则大悟，故学者非悟之难，而疑之难。"此言一针见血地指出，有"疑"方能生"悟"，"疑"正是登攀"悟"之高地的动力源。由此，足见在学生的阅读活动中质疑问难之重要。从另一方面看，质疑问难还可以有效解决"假性阅读"的问题，有了疑问，自然会专心读书，因为当解疑心切成为直接推动阅读的动因时，注意力会高度集中，就可以从根本上解决阅读中"有口无心"的问题。

阅读动机是多种多样的，一般地说有"外在阅读动机"和"内在阅读动机"。在外部压力下形成的阅读愿望，如为考试、竞赛，为老师的要求而去读书，是"外在阅读动机"，因此产生的阅读自觉性和意志力，往往因不是出于内心需求而不够强大。"质疑问难"则不一样，它并非出于外部压力，而是出于学生自己的内心要求，如好奇心、求知欲、自信心、批判力、审美趣味等，因此产生的阅读动机是内在的，其自觉性、意志力都会特别强大。这样，自然可以从根本上化解"假性阅读"的现象。

学生是阅读的主体，当然也应是阅读中质疑问难的主体。但这一点，我们做得很不够。不要说在家常的阅读课堂里，很难看到教师启发学生质疑问难，即使在一些名师的观摩课上，也十分少见。两类课堂倒是有一个共同点：反过来由教师问、学生答。似乎学生不是应该学会问，而是要学会答。当然更严重的是教师之问又并不都问在要害处，而是问在学生可以有疑的地方。如在教学《狐狸与乌鸦》一课时，一位老师的提问是："狐狸抬起头来发现了什么？"（"发现了乌鸦，嘴里还衔着一片肉"）。这是写在书上的基本情节，谁都知道，提问毫无质疑的挑战性，学生照念课本就行。可另一位老师不问在这里，而是问："狐狸为什么会抬起头来？"对此，书上没有现成答案，学生就展开了各种不同的想象，脑洞大开。有的说："因为狐狸闻到了肉香，它想美味早餐来了，就抬头来寻找。"有的说："因为乌鸦找到了一片肉高兴得很，又是蹦又是跳，发出了响声，才让狐狸抬起头来。"有的说："狐狸很狡猾，常常在乌鸦这里骗东西吃，这天早晨，它肚子有点饿，就又想去找邻居乌鸦骗东西吃，正巧抬头看到了乌鸦。"有的说："狐狸早上起来，没精打采地伸了个懒腰，抬头就看到了乌鸦。"……所有这些提问都会激发学生思考，找出合理的原因。由此可见，即使是由教师提问质疑，能否强化学生的阅读动机也是大有讲究的。

3. 掀起灵动的思维波澜

学生"假性阅读"现象之存在，说到底是因为在阅读过程中缺席了思维活动的积极参与。读书的过程从根本上说是一个积极展开的思维过程。否则，文字符号就不可能产生丰富的意义，更不可能与读者的精神状态融为一体而被积极吸收。特别是当下关注的那些"比较式阅读""探究式阅读""批判性阅读""创造性阅读"等，更注重在阅读过程中提升思维张力，达到深度阅读的要求。另一方面，也只有当阅读与思维实现深度的链接与互动，才能从根本上消解"假性阅读"的痼疾。

阅读与思维的联动，应当是阅读教学的基本要求。在导读《蜘蛛开店》时，一位老师提了个问题："河马来买口罩，长颈鹿来买围巾，蜈蚣来买袜子，你如果是开店的蜘蛛，会想些什么呢？"这应当说是一个阅读挑战思维的好问题。于是，学生甲说："要是来买口罩的是蚊子多好啊，它的嘴好小，我就可以多赚点钱了。"学生乙说："当初我定的价格真是太低了，怎么能只需付一元钱呢，这不是赔了吗？我得赶紧调高价格。"学生丙说："我真是太后悔了，给长颈鹿织那条围巾累得趴倒在地上，现在要给蜈蚣织四十二只袜子，不得累死吗？我再也不想开店了。"

对此，有人质疑蜘蛛开店的目的，只是不想无聊、寂寞地生活，生活要有点意思。所以，作者笔下的蜘蛛是天真的、单纯的、可爱的。为什么非要让孩子懂得那么多，想得那么多呢？言下之意只要就故事说故事。这话当然有一定道理，听起来很有"正能量"，但作为读者的孩子们的讨论，难道就错了吗？读了故事有想法很正常，而且应当提倡、引导。

孩子是在现实生活中成长起来的，开店要讲盈亏，提供的商品要按成本分别定价，事业要谋发展、有后劲……现在的孩子生活在全球化的时代，又得面向未来，有很多很多的想法，难道不应该吗？再说作者笔下的作品一旦问世，便具有了独立的生命，它很可能会跨越了写作的初衷，这很正常。因为读物的意义是在读者的阅读中生成的。有一千个读者，就会有一千个哈姆雷特。至于蜘蛛开店的目的正确与否，一样是要在实践中得到检验的。由此可见，教师以提问挑战了学生的思维，不仅应该，而且值得提倡。让阅读搅动脑海，增长见识，不仅是应有之义，而且还是从根本上培养阅读兴趣，解决"假性阅读"的良策。

4. 营造共享的阅读生态

在我们讨论阅读课堂上如何解决"假性阅读"的问题里，还不能不关注课堂阅读教学的重要特点之一，是学生在教师指导下不仅有自主阅读，还有着班级、小组共学的生态。这种"共学"机制有着可以讨论交流，互相启发，形成思维碰撞和共振，达到合作与分享的诸多优势。如果教师组织引领得好，无疑可以不断刺激、强化学生的阅读动机，而消除一些"假性阅读"的发生。

营造共享的阅读生态得益于课堂上同步阅读（全班、小组、同桌互助阅读）的活动模式，即在个体独立阅读的基础上开展互助式讨论以释疑解难、互相帮助等。

同步的合作阅读，无论有无教师指导，都必须有学生积极主动的参与。一般要求小组里应有主持人（组长），组织大家进入某种合作阅读形式。如评价课文朗读能力，讨论书本中的疑难问题，交流阅读体会，完成规定的阅读作业，等等。合作阅读应当有良好的互助氛围，让同学们在自由放松的状态下展开阅读，在如春风和煦春雨无声的浸润状态下，友好地进行阅读活动。正因为这样的阅读没有外来强制的压力，就更容易为大家所悦纳，对于消解"假性阅读"具有更大的价值。

在开始互助阅读活动中，教师要充分发挥同龄群体的伙伴效应。这些效应具体体现在以下方面：第一，同龄人之间相近的心理特征和思维方式，容易在阅读中有共同的要求；第二，同龄人之间近似的认知水平，容易统一对读物的理解，也容易发现共同的疑难；第三，同龄之间往往会有比较接近的表达方式，在对话中容易彼此沟通和理解，可以找到很多的共同语言；第四，正因为有以上这些基本条件，阅读中就容易实现乐于投入、互助分享、合作共赢。

从根本上说，小组的共享阅读，也就是"伙伴教学法"在阅读教学中的应用。"伙伴教学法"在 20 世纪 60 年代始行于美国，其特点在于能充分调动学生作为学习主体的积极性，以同龄人之间的相似性，使合作双方保持一种无拘束的心态，从而鼓励学生积极思考和奋发努力，提高阅读的自觉和意趣（参见《语文教学研究改革概观》，周一贯编著，杭州大学出版社，1992 年）。

5. 培养良好的阅读习惯

叶圣陶先生早就强调，教育就是培养良好的习惯。阅读当然也要十分重视"培养良好的习惯：如有目的、有计划、有选择的阅读习惯，善于挤时间阅读的习惯，边读边思的习惯，圈点评注与坚持写阅读笔记的习惯，认真积累和整理阅读资料的习惯，等等"（《阅读辞典》，李德成主编，四川辞书出版社，1988 年）。在众多的良好阅读习惯中，则莫过于"三到"的重要性，即阅读要"心到、眼到、口到"。较早提出"三到"的，可见于宋代朱熹在《训学斋规》中的那段话："余尝谓，读书有三到，谓心到、眼到、口到。心不在此，则眼不看仔细，心眼既不专一，却只漫浪诵读，决不能记，记亦不能久也。三到之中，心到最急，心既到矣，眼口岂不到乎？"可见在"三到"中关键在于"心到"，确实心若已到，眼口自然就到；反之，虽然眼口到，但心不到，那就是"小和尚念经，有口无心"的"假性阅读"了。

培养"三到"阅读习惯的重要性，历来为学者、大家的共识。据说，鲁迅先生的学塾老师寿镜吾是当时绍兴城里有名的"极方正、质朴、博学"（鲁迅语）的老师。每当新来学生来三味书屋读书时，该老师就会向新来学生提出"读书要三到——心到、眼到、口到"的要求。这给小鲁迅留下了深刻的印象。该老师做了 10 张书签送给学生，书签上写的便是"读书三到——心到、眼到、口到"这 10 个字，要大家夹在课本的书页中间，这样，他们就会常常看到这 10 个字，就不会再忘记"三到"了（参见周策、周苇棠《鲁迅小时候的故事》，贵州人民出版社，1984 年）。

确实，养成"三到"的阅读好习惯，对于克服孩子阅读时"有口无心"的"假性阅读"现象具有十分重要的作用。教师时常提醒，注意检查，强化刺激，若持之以恒，久久为功，必能形成习惯。这对于解决"假性阅读"的问题，就会从根本上大显成效。

第三节 课堂对话之道：呼唤故事意识

语文教学事关母语教育的大计，对实现"立德树人"这一教育总目标，有着特殊意义。在运作途径上，传统的偏重于授予式的教学策略，让教师或旁观者似乎会觉得很有效率感，但其实并不然，"授予"的良好愿望，往往并没有真正落实在孩子身上。而一个根本原因是对许多的"授予"，学生没有兴趣。

这并不奇怪。因为教师授予的绝大多数是比较抽象的知识，或是一种理性的认知，而孩子所熟知的鲜活生活，却被无意中风干了。它们不再是生动的故事，而是多少有些陌生的，需要去刻意记住的"事故"。

应当说，教育不是"授予"。诚如巴西著名教育家保罗·弗莱雷所认为：教育具有对话性。就教学活动的本质而言，教学应该是一种对话活动。这倒不是说课堂中的"讲话""谈话"，都不属于对话。对话不只是形式，它更具有精神性，是一种双主体活动。这是因为建立在对话基础上的是宽松的氛围，平等的人际关系和彼此的信任、理解和尊重，是"从一个开放的心灵到另一个开放心灵之话语"（马丁·布伯语）。"故事"就完全不同于"授予"，就在于说者和听者都是积极参与的"开放体"，他们之间的交流是完全宽松的、平等的，是彼此高度信任和理解的，有着意绪上的高度"共情"。

故事是中国传统的一种叙事模式，应用生动的口语，绘声绘色地描述一些人物所发生的事件。一些辞书上的解释，所谓故事就是"旧事"，这就成了叙事性文学作品中不可或缺的要素，是对按时间顺序排列的事件的叙述，乃至发展成为一种文学体裁。这种体裁的特点，就是侧重于事件过程的描述，强调情节的生动性和连贯性，通俗易懂而特别适用于口头讲述。这也就是儿童会特别喜欢故事的原因。几乎每一个儿童都是在听故事中长大的。故事绝对是先于教科书的"启蒙教材"。

我们不应该以为孩子长大了就不需要故事。其实不然，人一辈子都需要故事的滋养。我们完全可以这样认为：人生就是讲故事，人生也在听故事，人生更在演故事。当然，儿童更需要他们易于听懂，而且有兴趣听的故事。因为正是从这些故事中，他们能够没有任何压力，慢慢回味出其中的知识和道理。

正因为故事有如此魅力，笔者认为有效的教学必须呼唤"故事意识"，而教学的"故事意识"，又要求教师必须具有"故事思维"。这里所说的"故事意识"或"故事思维"当然只是一种基于教学实践智慧的描述性语言，而不是一个学术概念。意思是教学任何一个知识点或任何一种理性认识，基本上都是可以摸排某个事件的情节来架构一个故事空间，从而以鲜活的生活素材构成一个在多个意义维度上广阔的叙述空间。应当说，中国古人早就认识到了这种故事的魅力。入选统编小学语文教材的《狐假虎威》（二年级上册第 21 课）、《亡羊补牢》《揠苗助长》（二年级下册第 12 课）、《守株待兔》（三年级下册第 5 课）、《自相矛盾》（五年级下册第 15 课）、《学弈》（六年级下册第 14 课）等，大多是选自诸子百家著述中本来就是用来说理的故事。如"亡羊补牢"就发生在庄辛忠告楚襄王不可荒淫享乐、奢侈浪费而不问国事，否则，楚国就必定会有危险的劝说中。不料楚襄王认为庄辛是老糊涂了，根本不听劝告。庄辛就只好要求到赵国去，留在那里却一直担心着楚国的命运。五个月后，秦国果然攻打了楚国，夺走了鄢、郢、巫、上蔡等地。楚襄王只好流亡到城阳，并派人到赵国去召回庄辛。庄辛到了城阳，楚襄王向庄辛赔不是，但对于夺回失地又似乎信心不足。为了说明改正错误尚为时不晚，庄辛就讲了"亡羊补牢"的故事，以这个故事来喻理，说服楚襄王。显然，亡羊补牢，确实还为时不晚，起码以后不会再有损失；反之，如果不补，全部羊早晚会被狼叼走。这不仅是大概率事件，而且几乎是必然的结果。一个小小的故事，却能有力地说明一个大道理，足见故事的力量不可小觑。这就难怪在春秋战国时期的那么多智囊谋士，都喜欢用故事来说服对方。而这流传下来的，都成了珍贵的"古代寓言"故事，警诫着一代又一代的中国人，成了东方智慧中的瑰宝。

其实，许多小故事本来就具有隐喻的特点。隐喻是"用一种事物来理解另一种事物"，这正如胡壮麟在《认知隐喻学》（北京大学出版社，2004 年）中所指出，"对隐喻的认识已不仅仅是修辞学中与明喻、夸张、顶针等并列的一种修辞手法，它是我们认识世界和语言发生变化的重要手段之一"。确实，这种隐喻，可以用一个小故事来理解一个新知识，或感受一种新理念。这样的故事载体也就必然会潜移默化地影响着我们的思维和表达。所以，这些具有隐喻特点的小故事，就是投射在两个认知域之间所形成的一个可以由此及彼的结构。这应该也是故事魅力内在的逻辑力量。

如果说，教学需要"故事意识"，那么语文教学就更离不开"故事思维"的支持和润泽。这是因为：

——语文教材本身就是一个个故事的集合体，一篇课文就是一个故事。读课文就是在读故事。它与数学等学科以讲述系统的知识体系为呈现不一样。读语文课本就是读故事，不只是有人物、有情节，甚至还加上了插图。学生特别喜欢语文课本，原因就在这里。

——正因为读语文就是读一个个故事，语文课堂就最有可能成为符合儿童心理特征的"乐园"，语文教学过程也最有可能成为受孩子欢迎的一种言语交流活动。

——故事是发生在日常生活中的事件，它所具有的形象性和生动性，常常容易唤醒学生的注意和思考，其本身也就具有强大的可理解性、可分享性。

——要让学生明白怎样学语文，教师可以通过一些成功学语文的教学故事来破解学习语文的奥秘。这是"学法故事化"。这样的教学故事可以成为教师和学生之间的一种教育新关系，既可以破除学习障碍，又能成为与学生快乐分享的重要教学手段。

——某个知识点或某一理性认识，总是比较抽象的，孩子们对此往往不易产生兴趣，这就带来了学习的难度。既然故事可以将抽象的理论变得具体可感、生动诱人，那么语文教师的故事思维就会将这些比较抽象的事物尽可能地作故事化处理，软化它们的"身段"，变得可感、可亲起来。

……

由此看来，语文教学应该是与故事休戚相关的。事实上，许多语文名师的成功之道确实是与他们在教学中的故事意识有着密切的联系。现就听课所得，试举数例如下。

1. 导入新课的故事意识

学生开始读一篇新课文，第一重要的是有没有浓厚的阅读期待。所谓阅读期待，就是学生（阅读者）对课文（读物）的估价和预想。这种估价与预想，往往出于学生脑海中的原有相关认知，并由此展开的不由自主的猜想：预先估计它的内容和阅读价值，从而形成对新课文的阅读期待。从心理学的角度看，学生对新课文的阅读效果在很大程度上取决于学生期待的程度。正是因为这样，教师在推介新课、组织阅读时，作怎样的"导入"便成了一门重要的艺术。在教学统编教材五年级下册第5课《草船借箭》时，一位教师设计开讲觉得挺难，因为这故事学生挺熟，怎么办？他就想到了曾经听过的一段相声，说："大家知道吗？周瑜的母亲姓既，诸葛亮的母亲姓何。"很多学生说，《三国演义》的故事我们并不陌生，但没有听说过。于是老师说："今天，我们读的新课《草船借箭》，当诸葛亮借箭成功，周瑜大吃一惊而且长叹'诸葛亮神机妙算，我真比不上他……唉，既生瑜何生亮！'这不就是说姓'既'的女子生了周瑜，姓'何'的女子生了诸葛亮吗？"很多学生说老师错了，"既生瑜，何生亮"不是这意思。于是，老师说："那就让我们好好读课文，再来解释是啥意思吧！"

2. 突破难点的故事借力

在教学中有些语文知识难点貌似平常，但要学生记住它、理解它却并不容易。如果能借力一个短小的有趣故事，则可以化难为易，而且使学生久久不忘。如最常见的"好"字，有两个读音，一读"好（hǎo）"，就是"优"，或优点多的，使人满意的，跟"坏"相反。这一读音、用法，十分常见，一张口就出现了，什么"好孩子""好日子""好喜欢"……另一个读音是"hào"，"喜欢"的意思，跟"恶"相对，如"好奇""好强"等。在绍兴，我听一位教师在让五年级的学生读一段拓展学习的重要材料时，出现了"好大喜功"这一成语，学生都读成"好

（hǎo）大喜功"，老师说这里不能读"好（hǎo）"，要读"好（hào）"，是喜欢的意思，可一时还纠正不过来。怎么办？这位老师就讲了一个故事：一位富家子弟向徐文长（徐渭，明代绍兴著名的才子）请教求学之道，徐文长不假思索就写了一副对联送他："好读书，不好读书；好读书，不好读书。"那位富家子弟很奇怪，怎么上下联的词儿会完全一样！原来这是一副同字异读联，"好"字可以读作"hǎo"，也可以读作"hào"。这样，对联应当读成"好（hǎo）读书，不好（hào）读书；好（hào）读书，不好（hǎo）读书"。意思是一个人年轻的时候，有条件好好读书；等上了年纪想好好读书时，却因身体不支，根本就不可能好好读书了。这一小故事使学生们很感新奇有趣，也就自然地记住了这两个读音。

3. 知识传授的故事得趣

虽然语文学科是极富文学性的，学习语文也不采用系统学习语文知识的序列，但语文教学毕竟还有语音、汉字、语法、修辞和文章学的基本知识需要教学。这些"知识点"尽管分散在学语习文的过程之中，但要让学生喜欢它、掌握它，还有着知识本身比较抽象、理性的难度，有待克服。正是在这方面，我们也不妨以故事得趣，变得让学生爱学、会学。

说到这一点，令我难忘的是前辈名师霍懋征先生教"聪明"两个生字的故事。她说：你们喜欢做聪明的孩子吗？全班学生争先恐后地举起了小手。她便告诉学生，要做聪明的孩子，就要会用我们身上的四件宝。我让大家猜猜这四件宝是什么？——"左一片，右一片，隔着山头看不见。"孩子们齐声说是"耳朵"，老师就板书"耳"。——"上边毛，下边毛，中间一粒黑葡萄。"这又是什么？好一会儿，又猜对了是眼睛。于是老师在"耳"旁右上方写了两点，表示两只眼睛。——"红门框，白门闩，里边有个胖胖孩。"这次是在霍老师的启发下才猜对的，是"口"。于是老师又在两点下写上了一个"口"。——"白娃娃，住高楼，看不见，摸不着，千万不能没有它。"在老师的暗示下，孩子们也猜出来了，是"脑子"。老师说，古人把脑子看成人的心，便在"口"的下面又写上了"心"。于是，孩子们异常兴奋，原来四个谜语，就是我们身上的四件宝，合起来，正好是个"聪"字。于是，霍老师说："这四件宝呀，我们要日日用、月月用才好呢！"于是口到笔随，在"聪"字旁边又写上了"明"。确实，对"聪明"两个生字，虽然小朋友知道它的意思，但怎么写却不好记。现在有了这个有趣故事，谁都不会忘记它的写法了。

4. 深度解读的故事推力

所谓"深度解读"，意思是学习者在对文本的解读中不仅能获得知识，而且清楚知道在实际情况中如何运用这些知识，能保持得更为持久。深度解读也是一种深度学习。学习者必须把握知识之间的有机联系，使知识结构化，而不是孤立化和碎片化，从而可以系统灵活地运用来解决实际问题。

深度解读能力的培养，教师也可以借助故事的推力。一位老师在导读《狐狸分奶酪》（统编教材二年级上册第 22 课）时，一位小朋友提出来："熊哥哥和熊弟弟为什么不是自己分，而要叫狐狸这个大骗子去分呢？"老师觉得这个问题提得好，就让大家来回答。有的说"因为小熊兄弟怕自己分得不公平"，有的说"小熊兄弟不相信自己，才上了狐狸的当"……大家说得热闹，教师就"趁热打铁"："那么我们能不能编个故事来说说小熊兄弟自己分奶酪，而且分得很成功呢？"这就引起了大家编故事的兴趣："小熊弟弟叫小熊哥哥来分，熊哥哥把奶酪掰成了两半，但掰了后才发现一块大了一点儿。怎么办呢？熊弟弟说，'再掰一点儿给小的那块，不就完成了？'熊哥哥说：'好，我尽量分得一样多。'这样，两份看来是一样多了。"这时，又有同学补充了故事情节："熊哥哥说：'为了体现公平，因为是我掰的，可以由你先挑，剩下的那份给我。这样就可以说明我是尽量希望分得均匀的。'就这样，熊弟弟先挑了一份，剩下的一半给熊哥哥。因为分得公平，大家吃得很开心。"显然，小朋友编的小熊兄弟自己分奶酪的故事，很具有体现公平、公正的理性设计，这是对小熊兄弟如何增强自信力的深度思考。而这样的新故事，正借助了学生从生活经验出发的创意解读。

5. 读写一体的故事融合

如果说阅读是吸收，写作是表达，那么学生的读写活动本来就具有"一体性"的特点。如果我们能充分利用读写之间的这种"吐""纳"相依的关系，就应该把更多的课文素材化用于习作。这无疑可以在提升阅读能力的同时，又提高写作水平。所以，我们不妨把课文更多地视为写作素材的重要来源之一，通过故事意识的融合，推进读写一体化。这即使是在写话训练中，也很值得提倡，如统编教材一年级下册"语文园地四"在"日积月累"栏目中有唐代贾岛的一首诗《寻隐者不遇》："松下问童子，言师采药去。只在此山中，云深不知处。"全诗通俗易懂，特别具有画面感和对话感。教师就要学生把这首古诗改成写话：用几句话说说"是谁要去找谁"，"在哪里碰到了谁"，"他是怎样问的"，"童子又是怎样回答的"。先让大家口头说，说通了，再写下来。小朋友很乐意，因为这不只是像一个小故事，而且几乎就是一篇小作文了，所以十分有成就感。应该说，教师能做这样成功的设计，无疑也是借助了一种故事意识的敏感性。

......

当然，语文教学要呼唤故事意识，教师须具有故事思维，虽然这很重要，但与语文教学同样也需要发展学生的抽象理性思维能力并不冲突。因为语文也是一门极具规律性的学科，富有知识性和逻辑性。问题在于学生对这种规律性和逻辑性的认知，不能没有故事形象性和生动性的推力和引力，由此入门，学生方得以情趣盎然地从故事中咀摸和品味出其中的深长意蕴和深刻哲理，并因此受益良多。

第四节　课堂交流之道：呼唤全方位的"对话"艺术

随着中国特色社会主义新时代的到来，中国语文教育的课程改革，正在不断地进入新常态。其中的根本点，在于我们正在从常年习惯地从"教师立场"思考问题，转化为更多地从"儿童立场"思考问题。这就关系到教学的言语方式：那种居高临下的教诲式传授，必须更好地转换为平等的"对话"，让"教学"隐身其中。而要实现这样的转换并非易事，因为之前我们对教学"对话"还是缺少了关注和研究。

伟大的教育家陶行知先生曾应陈鹤琴先生之请写过一首《教师歌》"来！来！来！来到小孩子的队伍里，发现你的小孩。你不能教导小孩，除非是发现了你的小孩……"以下几段是："你不能教导小孩，除非是了解你的小孩"；"你不能教导小孩，除非是解放了你的小孩"；"你不能教导小孩，除非是信仰了你的小孩……"这里的"发现""了解""解放""信仰"都不能不通过有效的对话。所以，如果说儿童研究是教育研究的母题，小学语文教育必须立足于儿童主体立场的话，那么我们都还得从"学会与儿童对话"这个"载体"入手。

对话区别于说话的根本点在于它是一种会话，即指在同一时间、同一场合，两个人或多个人之间进行的言语交际活动。这应该还只是狭义的对话，广义的对话当然还得包括现代传播媒介缩小了空间距离的同场合交流，乃至学生与文本（课文）的对话，个体与自身心灵的"交谈"，等等。

当代对话理论是由马赫金提出的，马丁·布伯作了继承与发扬，巴西的保罗·弗莱雷引入了教学领域。他认为教育具有对话性，从本质上说，教学更应该是一种对话活动。这是因为对话不仅具有交际性，更具有精神性。这是一种双主体之间的真情交流，需要平等的人格，宽松、民主的氛围，彼此的信任、理解与尊重，是从一个开放的心灵到另一个开放心灵之话语（马丁·布伯语）。语文教学中的对话还有其语言性。即对话的那种准确用语，得体的表达和交流，因势利导的灵动与智慧，无疑都具有语言（包括口语）的训练价值。

对话的最大特点，在于它是一种相互平等的双向或多向的交流。首先，它与一人说众人听的单向说话有着本质的区别。在以教为主的课堂里，教师对教学内容的传授，或道德行为的训诫，常常不会采用对话形式，而是"一言堂"的指令和灌输。新中国成立以后，学习了苏联的谈话教学法，而后急遽流变为以提问为"引子"的"课文内容分析式"，表面上似乎不像灌输了，其实，本质上这些提问十分简单，不是可以引发学生自主探究的"学习项目"，大多只是应和教师讲解的情节性"引子"，学生的回答不重要，也许只是一种"教学民主""教学互动"的点缀，关键还是教师顺势而下的系统讲解，所以，也就不可能是一种真正意义上的对话。

能否建立教学对话的基础在于教师能否改变教育观念，坚守儿童立场，放手让学生自主学习，积极探究，真正成为课堂的学习主体；而教师并不因此放弃主导的责任，随时做好引领、启发、帮助和交流。显然，也只有在新时代从课改到改课（改革课堂教学）的氛围里，教师运用对话的艺术，才有了不可或缺的教学价值和时代意义。

今天，我们要关注和研究教学的对话艺术，既可以从名师优课的诸多案例中去探究发现，又可以从自己的教学实践中去总结提炼。但是学习和借鉴教育传统经典中的对话范例，也是一笔不可小视的宝贵遗产。如在《论语》中就保存了孔子和他的弟子之间的大量对话。同样在两千多年前，希腊哲学家苏格拉底和之后的柏拉图，他们与学生之间的教学对话也一样发人深省。这些经典对话，跨越了遥远的时间和辽阔的空间，能延续到今天，足见经典的魅力所在，它应当是今天语文教学呼唤对话艺术须要研究和借鉴的首选。

那么，我们应当从哪些方面去关注经典案例？笔者不可能面面俱到，只能择要言说，作为引玉之砖，旨在引起大家的关注。

1. 以对话拨亮思维逻辑的联系效应

万物皆可互联，道出了世间的万千事理都会有一种内在的逻辑联系。教师的传道、授业、解惑，一个共同点有赖于学生的思维能力，即能否发现事物之间的这种内在联系。在许多经典的教学对话中，我们不难发现那些大师的对话功力正在于点亮了学生思维逻辑联系的那个黑暗处，让学生在百疑莫解中一下子豁然开朗。

明代伟大哲学家、心学开创者王阳明在会稽讲学授徒时，学生中有一位是绍兴太守南大吉。有一次南大吉请教王阳明："大吉施政多年，必定有过，可先生为什么一次都没有批评过我呢？"王阳明微微一笑，反问南大吉："你有很多过错吗？"南大吉便一件一件做起自我检讨来。王阳明高兴地说："这说明其实我已经说过了，而且有很好的效果，如果我没有说过，你为什么能知道那么多的不是呢？"南大吉回答："那是因为凭着我的良知呀！"阳明先生说："这就对了，'致良知'不就是我常对你们说的吗？"南大吉恍然大悟，露出了一脸笑容，向先生鞠躬致谢而去。

王阳明悟道创心学，其核心便是强调良知与吾心一致，自我发现人的至善的本性，并做到"知行合一"，即提倡道德意识与道德行为的统一。南大吉之所以认为自己施政多年必定有过，可为什么先生从来不批评，其实有这样的想法，恰恰说明了他已经悟到了"致良知"，只是还不能把两者联系起来，现在王阳明没有顺着他的要求来批评一通，而是启发他自我批评，从而反证自己：老师不是没有说，而是说得很有效。由此点通了"致良知"和南大吉要求"思过"这两者之间的逻辑联系，显然是一种思想方法上的重大提升。

2. 以对话点拨自主思考的启发效应

教学中的对话并非都是有问必答，而是一种友爱的引领和启发，是让学生去思考，去辨析，去自己解决问题，从而提高学习能力。

据说苏格拉底在教学中并不刻意告诉学生什么，而常常喜欢用多个反问和追问，使学生激起审辨式思维，自己去得出结论。如：

生：请问先生，什么是善行？

苏：盗窃、欺骗，把人当奴隶贩卖，这几种行为是善行还是恶行？

生：是恶行。

苏：那么，如果让俘虏来的敌人去像奴隶一样劳动也是恶行吗？

生：这是善行。不过我说的是朋友这样做，而不是敌人这样做。

苏：你当然会认为对朋友盗窃是恶行，但是，如果朋友要自杀，你盗窃了他准备自杀的工具，这是恶行吗？

生：不是，这是善行。

苏：你当然也认为对朋友行骗是恶行，可是如果在一场战争中，军队指挥官为了鼓舞士气，对士兵说，援军就要到了，守住阵地就是胜利！但实际上并无援军。结果因为士兵得到了鼓舞，最终守住了阵地，这种欺骗是善行吗？

生：是善行。

……

到底善行是什么？苏格拉底并没有直接回答，而是开始了一场以反问为特点的对话，终于让学生明白：具体问题要具体分析，没有僵化的答案。这里我们特别会关注苏格拉底的反问、追问的艺术，有的是就事论理式反问，有的是假设式反问，有的是转折式反问，充分体现了教学对话的智慧：激起学生的深层思考，循循善诱地让他们自己去获得答案。这样的教学效应不是单向灌输式教学所可能达到的。

3. 以对话直击教学对象的差异效应

教学的对话是平等、民主的，这就要充分考虑到教学对象的不同需求和不同的接受能力，切忌"一刀切"。教学对象的差异性，决定了对话和内容，言说的方式和达成的途径，都应当是有差异的。唯此，才能真正体现公平、有质量的教学。另一方面，教师单向式的讲说，往往很难体现针对不同学生的个性差异而采取的差异化教学，"一言堂"的结果只能是"一刀切"，而只有开拓了师生平等对话的渠道，方可以更多地实现因人而异的点拨。

在《论语·先进》中有这样一段话，孔子的弟子子路问孔子："听到了就可以行动起来吗？"孔子回答："有父亲兄长在，怎么能不征求一下他们的意见就行动起来呢？"弟子冉求问孔子："听到了就可以行动起来吗？"孔子回答："听到了，当然就可以行动起来。"孔子的另一位弟子公西华感到很奇怪，便问孔子："子路问您，您说'有父亲兄长在，怎么能不征求一下他们的意见就行动起来'。可是冉求也问您，您却告诉他说听到了就可以行动起来。您的回答让我迷惑不解，请问这是为什么？"孔子说："冉求做事过于拘谨，所以我要鼓励他；子路好勇过人，所以我要约束他。"

对于同一个问题，对不同的学生有不同的对话，充分体现了因材施教的重要性。在实行班级授课制的今天，如何力避"齐步走""一刀切"，就更有了对教学对话的需求。可以这样认为：如何才能让学生真正站在课堂正中央，我们应当实施的策略便是要落实好以学生自主学习为中心，构建真正的学习共同体。唯此，教师方可有更多的面对学生个体的对话，实现心对心的呵护和引领，让他们真正享有如坐春风、如沐春雨的温暖和滋润。

4. 以对话利用环境条件的灵动效应

准确地说，教学活动全方位地存在于儿童的生活之中，不只是在课内，也在课外，甚至在家里。所以，教师的有效对话就应当充分利用不同的环境条件去因势利导，为教学所用。陶行知教一群要饭的苦孩子识字的故事，对我们如何充分利用环境条件组织灵动对话，会有很大的启示。事情是这样的：

有一次，陶行知去办事，在成渝公路上的一家叫"来凤驿"的旅舍住了一夜。那天，吃晚饭时来了一群要饭的苦孩子。陶行知设法让他们先吃饱了，便趁这个机会和孩子们聊家常：

陶：你们没钱上学，想读书识字吗？如果乐意，我可以现在就帮你们。

孩子们：愿意呀！可我们没有书，怎么识字读书呢？

陶：（指对面的一块招牌"中华餐馆"）看，这就是书呀。（又指另一块招牌"民国饭店"）这也是书。我们先来认读这些字。

陶：（指着招牌一遍遍地读）中华餐馆……民国饭店……（孩子们跟读）

陶：（读）中华民国，中华民国，餐馆饭店……

孩子们（跟读了几遍，便自己认读）：我认得啦，我认得啦……

陶：现在我们再认读这边的一幅标语："有力出力，有钱出钱"（孩子们读得很有兴趣）。

陶：要不要学写字？

孩子们：我们没有笔也没有纸呀！

陶：（伸出右手的食指）这就是笔；（再伸出左手的手掌）这就是纸。现在我们先把这桌面当纸，伸出手指来，蘸点儿水，在桌面上写写，学会了还可以经常在自己的左手掌上练练。

……

我国著名的平民教育家陶行知的这个故事，虽然不是发生在课堂上，但他的"教学对话"却因此而格外生动感人，最有说服力地揭示出教学对话的本质是对对方由衷地尊重和深沉的爱，唯此，才能充分地利用环境条件，去灵动地传递那一份最诚挚的感情。

有人说教学对话就如一个"工"字，上面的一横是教师，虽然在教学中占着主导地位，但毕竟不是主体，他要为下面更长的一横（学生）服务，而中间的一竖，连通了教师与学生的则是对话，那种平等的、贴心的对话。对话犹如东风吹皱一池春水，语文教学文化因生动的教学对话而魅力无限、美丽无限，远远不只是一个传统的以师道尊严为本的狭小而僵化的课堂图景。

第五节　课堂激趣之道：快乐学习语文的高峰体验

《义务教育语文课程标准（2011年版）》在第一学段阅读伊始就提出"喜欢阅读，感受阅读的乐趣"。正如朱熹在《四时读书乐》中所言："读书之乐乐陶陶，起弄明月霜天高。"使用好小学语文统编教材，关键之一便是要"抓住培养读书兴趣这个'牛鼻子'"（《人民教育》2017.18）。应当说语文教育的文化过程，是永远体现着"趣"与"乐"这一情感体验的。

那么，在我们的语文课堂教学改革中，又如何让孩子读出课文中的"趣"来，以登攀阅读教学的这个"制高点"呢？

什么是"兴趣"？心理学研究明确指出：我们力求认识的某种事物或爱好某种活动的倾向，这种倾向总是和一定的情感紧密联系。另一方面，它当然也是在需要的基础上，在生活、实践过程中逐步形成和发展起来的。正因为如此，我们就必须善于引导学生从发现每篇课文中的"趣"点入手，并加以强化和深化，让孩子充分认识到"读书之乐何处寻？数点梅花天地心"（宋·翁森《四时读书乐》）。

这里应当特别强调的一点是，虽然所有的"趣"都可以产生情绪的愉悦体验，形成一定的快乐心理，但本文所探讨的"读书兴趣"是一种相当稳固的心理倾向，不仅仅是一种庸常的快乐。它不能一蹴而就，而应当是在反复刺激之后，逐渐形成的一种稳定的心理素质。

问题的重要性正在这里，因为"激趣"似乎是人人皆知的话题而容易让大家忽略了对它丰盈内涵的深究。这就容易导致我们对"培养读书兴趣"这一深远目标认知的笼统式和浅表化。

陶渊明在《五柳先生传》中有一句这样的话："好读书，不求甚解；每有会意，便欣然忘食。"这里的"好读书"可以理解为这位五柳先生是已经有了"读书兴趣"的人，他的读书常态一是"不求甚解"，所指应是对读书注重的是领悟精神，寻找思想共鸣和感情寄托，而不拘泥于一字一句的深究考证。二是"每有会意，便欣然忘食"，即在深深领悟了书中精神时竟可以开心到忘了吃饭。也许这种境界才称得上是真正培养了读书兴趣。

中国具有历史悠久而气势强大的诗文传统，也就有了相应的读书传统，古代诗文批评家提出了众多分析与描述赖以展开解读的范畴，如"气""理""情""趣"："文以气为主""辞达而理举""情欲信，辞欲巧"等，但相对地说对"趣"这个范畴，还不是研究得很热门，理论语言也略显贫乏。但明代的袁宏道却有这样的表述："世人所难得者唯趣。"对此，他不得不使用许多隐喻，从不同的角度来形容"趣如山上之色，水中之味，花中之光，女中之态，虽善说者不能下一语，唯会心者切之"。

在这里，笔者想从读书之"趣"的多样性做些描述，来阐发教师如何善于从不同的课文中去寻找开发"趣"点，让孩子得以登临滋养阅读兴趣的高地。

1. 享受生活的"乐趣"

生活的乐趣是课文中最容易感受到的"趣"点。这是因为课文基本上是文质兼美的文学作品，它源于生活而又高于生活。而生活作为生命活动的轨迹自然会更多地呈现出生活的"乐趣"。当然，教学中开发"趣"点是另一回事，它应当更具有深度、高度和聚焦度。如统编教材六年级上册《竹节人》，是作者回忆儿时制作的玩具竹节人的一段往事。作者详细描述"做竹节人"和"玩竹节人"的乐趣，真是引人入胜到可以拍案叫绝，但故事发展过程中发生的曲折、悬念，才是应开发的"趣"点。因上课时玩竹节人而被老师没收，于是"我"在下课后与同桌悄悄溜到老师办公室窗户下，希望老师像往常一样，"能把没收了的东西扯散了，随手扔出窗外"。不料，只见老师也在自己的办公桌上全神贯注地玩那被没收的竹节人，还口中念念有词，那脸上的神情，跟我们玩得入迷时一模一样。于是"我"跟同桌相视一笑，"虽两手空空，却心满意足"。先看，这一笑，显然不是"放声大笑"，而只是莞尔一笑，但这样的"莞尔"，却令人觉得"趣"味深长，原来师生有别，但"趣"意相通，老师也跟孩子一样。这里边便产生了许多的"为什么"：为什么老师不如往常那样把没收的东西扯散扔了？为什么老师也玩竹节人，而且口中还念念有词，他会说些什么？为什么"我"和同桌找不着被老师扔了的竹节人，却还是"心满意足"？"方才的那份小小的怨恨和沮丧"是指什么？为什么又会"化为乌有"？以后，我和同桌还会玩竹节人吗？会怎么玩？……显然，这样的讨论尚不足以完全激发"趣"点，也许，更在于教师还能像课文中说的那样，让学生也尝试制作"竹节人"，甚至举行一次班级的"竹节人演艺大赛"……

读着这样的课文，无论是在洒满阳光的野外《找春天》（二年级下册），还是在雨天的廊下吹《肥皂泡》（三年级下册）；或是《传统节日》（二年级下册）里放鞭炮，看花灯，赛龙舟，吃月饼；或是去《祖父的园子》(五年级下册)分辨哪是谷子,哪是狗尾草……生活中的乐趣,随时都有,随处可得……但一旦出现在课文里,都显得特别光彩夺目,亲切感人。教师别以为那是司空见惯而一掠而过,也许正因为那是大家熟悉的生活,但在经历了文学的洗礼和装点,似乎变得更为诱人暖心了,才值得我们去深挖其中无穷的"趣"味。无疑这是应当引导孩子品味再三的。

2. 发现未见的"奇趣"

如果说生活中的"乐趣"是比较常见的,那么生活中也还有未见的"奇趣"等待我们去发现。人有天生的猎奇心理,儿童更具有好奇心。为此,因奇生"趣"不仅不奇怪,而且因此所发生的"趣"往往会更强烈。这样的课文,不仅可以开阔学生视野,丰富他们的认知,而且还更容易激发读书兴趣。著名作家冯骥才写的《刷子李》(统编教材五年级下册)便是一篇很受学生喜爱的课文,原因很简单,就因为它充满了"奇趣"。这篇课文本来就选自冯骥才《俗世奇人》,专干刷墙的工人怎么能成为奇人,他的特点就集中在他干活的"规矩"上:穿一身黑,干完活身上不会沾一个白点,否则,白刷不要工钱。作者写出这样的"奇"是通过前后两轮"先扬后抑再扬"的艺术表现手法来完成的。前一轮的焦点在第二小节:"但这是传说,人信也不会全信。行外的没见过的不信,行内的生气愣说不信。"这一"抑"不打紧,把行外、行内全不信可以"不留一个白点"说绝了。放在文前,不只是给读者留下了一个大大的悬念,而且也把刷子李之"奇"推到了顶端。第二轮的"先扬后抑再扬"更精彩,它既承着第一轮,又集中出示于一个新的细节;徒弟曹小三在师傅坐下来喝茶抽烟时,终于搜寻到了刷子李裤子上"出现一个白点,黄豆大小。黑中白,比白中黑更扎眼"。于是曹小三感到这下完了,传说中师傅"如山般的形象轰然倒去"。他因为怕师傅下不来台,"不敢说,也不敢看,可忍不住还要扫一眼"。这种尴尬的心态、难受的发现,表现得真是入木三分。岂料师傅却不以为然，忽地朝他说话了："小三，你瞧见我裤子上的白点了吧？你以为师傅的能耐有假，名气有诈，是吧？傻小子，你再仔细瞧瞧吧——"于是，谜底揭开，悬念落地，那白点原来是刚才抽烟不小心烧的一个小洞！是白衬裤打小洞里透出来，才成了"白点"。于是，这一扬，便把"奇"推到了顶点。

这两次"先扬后抑再扬"，正是教师应引导学生去品赏"奇趣"的关键所在。在导读过程中如何处理好这两轮的"先扬后抑再扬"，而尽显了奇趣之诱人，无疑是生发本文"趣"点应施以浓墨重彩之处，让学生真正明白"趣"从"奇"来的艺术表现手法和运用时出奇制胜的艺术匠心。在这里，如何激发好"趣点"，显然大有讲究。

3. 品味心灵的"情趣"

本文的"趣"指向的是"培养阅读兴趣"，阅读兴趣的产生是多元的、多向的，并不只来自那种简单的"兴趣"和庸常的"有趣"，更多的是一种品性高洁的"志趣"，充满了追求精神境界的那种审美的正能量。所以说读书的情趣，乃是读者对作者能用生花妙笔，借"以文化人"之情，实现读中问道、以情励志之趣。如统编教材六年级上册第四单元的课文三篇"小小说"：《桥》《穷人》《在柏林》。这是小朋友最爱读的一个单元，为什么，就因为这些很短的小说，却在描述人物形象时，通过他们的语言、行为、心理活动和在典型环境里的情节，集中塑造出了悲壮得扣人心弦的一种精神。

一位老师在执教《在柏林》时，在检查学生的初读课文之后，以十分简洁的手法，让学生归纳：

（一）小说中出现了哪些人物？（老妇人、两个小姑娘、一位老兵、许多女乘客）

（二）他们分别做了什么？

学生说："老妇人在不断地数着一、二、三。"（教师归纳：老妇人，数数。）

"两个小姑娘嘲笑她。"（教师用课文中的话归纳：小姑娘嗤笑、傻笑。）

"老兵先扫了她们（小姑娘）一眼，最后开口说话。"（教师归纳：老兵扫视、说话。）

（三）现在你应该明白了老妇人为什么不断地数一、二、三？车厢里又为什么见不到一个健壮的男子？老兵又为什么出现在车厢里？

（四）按照你们归纳的提纲，说说这个故事……

就这样，教师以学生的自读为基，集中了老妇人在战争中失去三个儿子之痛，小姑娘无知之痛，老兵只能把老妇人送进疯人院再上战场之痛，车厢里几乎全是妇女，没有一个健壮男子之痛……集聚在了一起，极其沉痛地控诉了战争的罪恶和人民反对战争、勇赴国难的善良和顽强的精神，从而把故事情节推到了情感的顶峰。课文只有360来字，但充分体现了小小说的感人。其内蕴之深邃、矛盾冲突之集中、表现手法之精到、悲壮情怀之感人，确实能激起学生读了又读、百读不厌的意趣。

4. 获取思索的"理趣"

所谓"理趣"，往往与试图阐明一个哲理性观点有关。这不只是体现在那些论理的课文中，如《少年中国说》（五年级上册）、《古人谈读书》（五年级上册）、《为人民服务》（六年级下册）等，也体现在一些偏重于说理的课文中，如三年级下册的《守株待兔》《陶罐和铁罐》等。它也会在某些以叙事为本的课文里。如统编教材六年级上册的《书戴嵩画牛》，课文的作者苏轼充分肯定了杜处士对牧童所言"掉尾而斗，谬矣"的"笑而然之"，而且对自己的认同作了高度概括，并且认为古语中的"耕当问奴，织当问婢"依然适用于当下，是有着"不可改也"的普遍价值。但课文的"注释"中又明确指出了"实际上牛相斗时，既有'尾搐入两股间'的情形，也有'掉尾而斗'者"。这就引发了学生的当堂质疑：牧童的话、杜处士的话和苏轼的话到底对不对？这样在课堂讨论时便无法回避对这一问题的深度思辨。这就不能不引出这样的结论：牧童的话、杜处士的认可和苏轼的认同是不全面的。虽然从艺术来源于生活的角度说，艺术家确实应该多向具有实践经验的劳动者学习。"耕当问奴，织当问婢"有一定道理。但这只是一般地说，作为艺术创作，还应当高于生活，应当比生活更集中、更概括，这里可以包括作者的创造，包括对生活的提炼和夸张。再说画画的意蕴，在中国画传统里强调的是写意，而不注重写实。著名的唐代诗人、画家王维就画过一幅《袁安卧雪图》，图中有雪地芭蕉的景物，当时也引起过争论，因为雪地的芭蕉必已凋零剩下枯杆，又何来碧绿生长。但沈括在《梦溪笔谈》中就对此明确指出：王维师心写意，不必拘泥于从写实的角度去指摘。王维画物多不问四时，如画花往往以桃、杏、芙蓉、莲花同画一景，但人们也不会因此而指摘他的画的艺术价值。再说牧童之见毕竟只是一人一物，世界之大，物象之众，又怎么可能由他一人定夺。

在"深度学习"的当下，我们去有意激发学生的思辨，无疑是一件值得提倡的好事，因为"理趣"的发生，并不囿于只以一个简单的故事去直接地说明一种理念，得出一个简单的结论。这样，往往容易导致"理盛而趣寡"。道理是极正确的，却趣味索然。而作家一般不愿意将活泼的生命戴上理念的桎梏。我们在教学时也要利用哲理制造的种种机趣，引导学生经过热烈的、多元的思辨，去达到豁然开朗的理趣之境。所以，如《书戴嵩画牛》课文的呈现与"注释"之间的矛盾，不是一件错事，而正是为学生思辨的深化、理趣的品赏创造了一个很好的条件。

5. 共赏大美的"雅趣"

这里的所谓"雅"当然是指高尚、不粗俗，"雅趣"也就是高雅的意趣（参见《现代汉语词典》第6版）。确实，有些"趣"是与一个民族漫长的文化传统相关的，那些来自中国古典文化的情趣、意境，从临帖藏书到品茶饮酒，从赠诗填词到参禅拜物，从春日郊游到踏雪寻梅，这些活动多半染上了文人的风雅，成为"趣"的源头，也往往会反映在众多的文学作品上。在语文教材的选文中，我们不难找到这种雅趣，无疑这也是可以培养学生阅读兴趣的重要抓手。如在学习统编教材六年级上册的《伯牙鼓琴》时，有些学生会提出这样的问题：锺子期死了，好朋友不在了，伯牙当然很难过，这可以理解，但他为什么要"破琴绝弦"，还"终身不复鼓琴"？教师并不觉得学生这样问是多余的，而是抓住了这个问题，从反面设问，让大家讨论：如果锺子期死了，伯牙还是照样弹他的琴，照样过他的小日子，你觉得这故事还会流传到今天吗？可现在为什么能历经数千年仍然那么打动人心？于是，学生明白了这是非同一般的情谊，确实打动人心，所以才能成为千古佳话。教师随机又出示了一些诗句，如："人生贵相知，何必金与钱"（唐·李白《赠友人三首》）、"一双冷眼看世人，满腔热血酬知己"（清·袁枚《随园诗话》）等，加深体会"高山流水识知音"的那种文人雅怀。

在教学《京剧趣谈》（统编教材六年级上册）时，因为这个班有一个"脸谱制作"的兴趣小组，就有同学提出来："京剧里有'马鞭'，有演员动作的'亮相'，怎么就没有'脸谱'呢？"幸亏执教的老师有这方面的知识储备，就不妨满足大家的要求，乘机做了介绍：脸谱不光在京剧中有，在许多剧种里都有，我们绍兴的绍剧也有脸谱。这是演员的面部化妆，用各种色彩在面部勾画成种种纹样，借以突出人物的性格特征，表现对人物的褒贬评价。如通常多用红色表示忠勇，黑色表示粗直，白色表示奸诈，等等。并要大家列举三国戏中关公、张飞、曹操的脸谱，各应以什么色调为主。当然，不是所有戏剧中的角色都要画脸谱，它主要用在"净角"上。"净角"就是"花脸"，在"花脸"中也还有大花脸、二花脸、武花脸的区别……这不仅满足了同学们质疑求知的需求，而且在情趣盎然之中为"大美"而陶醉。笔者认为，教师做这样的有机拓展和借题发挥，只要适度，也是大可以激发学生雅趣的。

我们探讨"趣"对培养、发展儿童爱好阅读的影响，其实与思想品德修养有着十分密切的内在连接。这是因为生活情趣和思想境界较高的人，往往不会过分注重物质享受给人带来的快乐，而比较向往精神生活的充实，执着于对理想的追求和奋斗，读书也就成了他们的第一需要。正是在这个过程中，他们又同时获得了快乐。所以，培养读书的兴趣必然会和向往精神生活品质的提升，紧密地联系在一起。这就容易理解，唐朝的韩愈为什么会发出"人之能为人，由腹有诗书"（《符读书城南》）这样的感慨；杜甫为何有这样的雄心："古人已用三冬足，年少今开万卷余"（《题柏学士茅屋》）；而刘禹锡又为何要这样称道友人："童心便有爱书癖，手指今馀把笔痕"（《送周鲁儒赴举诗》）。

第六节　课堂拓展之道："走近鲁迅"为例的项目化学习

小学语文统编教材以其众多的文化特色受到广大师生的好评，其中的"双线组元"，即以每单元的人文教育线和语文素养线的有机融合作为单元的编排指导思想，尤因以结合自然、指导明确、前后连贯、重点突出，带来了明显的教学效益而备受赞誉。应当说，虽然以单元编教材的方式早已有之，但单元能否体现系统论原理，真正适合学生的认知和发展、课程的特点和内涵，还是大有讲究的。

总观统编教材单元编排的统整性和合理性，确实为一线的语文课改创造了诸多条件：如对"单元整组教学法"的尝试、对"单元拓展阅读教学"的实验、对"单元读写一体化教学"的探索等，无疑都是在教学实践层面上的有益研究。"走近鲁迅"单元，笔者认为就十分适合做"项目化学习"的尝试。

1. "项目化学习"的意义和条件

什么是项目化学习？笔者认为在语文课程的教学中，以统编教材为主体，构建一个真实的驱动性任务，引导学生在以读写为本，多方位、多态势并行的学习实践中，完成某一个特定项目的语文学习，便是"项目化学习"。这样，可望学生在整体化学习中享有更多的学习自主性，融合相关的个体前阅读经验（认知经验），在多式的学习实践中提升语文学习能力，更好地落实语文学科素养。项目化学习应当是"语文单元整组教学法"的有机发展，是语文学习实践活动中另一类更贴近课文教学的整体探究。因此，充分考虑单元编组的教材特点来确定学习项目，是放手培养学生自主学习实践的好方法。

在项目化学习中项目的确定是核心问题，这就应该在以教材单元编组为基础的指导思想下，去寻找一个对学生具有发展意义的驱动性问题。统编教材六年级上册第八单元的人文主题是"走近鲁迅"，这是一个对六年级学生来说颇具挑战性的主题。首先是因为一个民族的文化史、文学史总是连接着这个民族的精神发展史。我们在这方面进行历史回望，你无论怎样排列，鲁迅是不会不在其中的。应当说，大文学家总是这方面标志人物的主体，如德国的歌德、俄国的托尔斯泰、法国的雨果、英国的莎士比亚……在中国自然非鲁迅莫属。因为他不仅是伟大的文学家，而且还是伟大的思想家、革命家，是中华民族的脊梁。对今天六年级的小学生来说，对鲁迅并非一无所知，应当已有了一些前阅读、前认知经验的积累；但不能说已很了解。坊间曾有这样的流言，说中国的孩子学语文，"一怕文言文，二怕周树人（鲁迅）"。这话说得似乎有点过分，但也确实反映了我们曾经有过的对鲁迅认知的扭曲。也许正因为鲁迅的伟大，他一直让人谈论过度。2006年"上海书展"的一次演讲中，已到古稀之年的鲁迅之子周海婴先生都表示"不认识"鲁迅了，认为社会上谈论的鲁迅好像并不是他最亲近的父亲的样子，以致发出了"鲁迅是谁"的天问。连鲁迅的儿子尚且如此，当然就难怪学生会"二怕周树人"了。拨乱反正之后，鲁迅已从被人为化的"神龛"中请下来，回到了人民中间。当代的小学生对鲁迅自然也有了更多的认知，这就为"走近鲁迅"获得了一定的基础，也为将本单元教学拓展成一个在教师指导下学生自主的"项目化学习"的实践尝试，创造了有利条件。

2. 项目化学习的目标和内容

笔者认为项目化学习的项目确定和内容安排设计，都应当以教材为根本依据，在教师的指导下充分调动学生的前阅读经验（认知经验），围绕一个学习项目，以"任务驱动"式开展拓展性、自主性的学习实践活动。由此分析本单元教材所编排的《少年闰土》《好的故事》《我的伯父鲁迅先生》《有的人》四篇课文颇具特色，体现了多视点表述的有机统一。总观四篇课文有三个不同：一是作者不同，《少年闰土》和《好的故事》是鲁迅的作品，后两篇课文《我的伯父鲁迅先生》《有的人》是别人纪念鲁迅先生的文章。二是题材不同，《少年闰土》是小说《故乡》的节选，《好的故事》是一篇诗性散文，《我的伯父鲁迅先生》是鲁迅的侄女周晔写的回忆录，而《有的人》则是著名诗人臧克家的一首现代诗，是对鲁迅先生伟大精神的高度概括。三是教学方法不同，前两篇是鲁迅先生的原作，自然要精读、精思；后两篇则可采用略读的方法，运用其精读所得而以自读为主。但这三个不同又一起交汇于一个共同点，即四篇课文均以"儿童的视角"做表述。《少年闰土》写的是鲁迅童年时代的一个农村小伙伴；《好的故事》虽然是一个发生在"昏暗"夜里的梦境，但充满了对童年最熟悉的江南水乡、山阴道上的想象；《我的伯父鲁迅先生》更是以童年的回忆，深情地叙说了作者最敬爱的伯父；至于《有的人》，则更以高度概括的诗性语言，借助通俗易懂的对比手法，总结了鲁迅的伟大品格。同时，作为单元的最后一篇课文，又自然地有着可以回忆旧知、总结新学，而达到对鲁迅先生一个虽属初步但已相对完整的认识。

无疑，这也正可以为项目化学习的梳理总结提供极重要的指引和启发。

鉴于上述，"项目化学习"在这里就基本上可以"我所认识的鲁迅先生"为项目，以"走近鲁迅"单元编排的教材为硬核，结合引导、梳理和融入学生对鲁迅的前阅读、前认知积累为基本内容，将单元整组教学更好地与学生的自主学习和研究相结合，以任务驱动的学习实践活动，更为有效地提高学生的语文素养。

3. 项目化学习的驱动和抓手

作为"我所认识的鲁迅先生"这一学习项目的驱动，当以学生对鲁迅的前阅读、前认知经验为基础，以新学的单元课文为重点，并寻求一个可供思辨的焦点做串联，最后以学生各自的"项目学习报告"做总结。其要点如下：

第一，从学生梳理各自对鲁迅的前认知入手。

教师可以"项目预学单"先让学生做自我梳理，如："我读过的鲁迅作品""我读过的鲁迅故事""我了解鲁迅是一个怎样的人""我最想了解鲁迅的什么"等。对于这样的预学单，一方面，教师可做事先的梳理统计，了解学情；另一方面，可安排教学时间让学生做小组的交流讨论和组织有重点的课堂交流讨论。这样，既能让学生明白自己对鲁迅的已有的认识，进一步激发学习兴趣，也让教师能有针对性地掌控学情。所有这些，对完成本次项目化学习都是不可或缺的重要准备。

第二，以"单元整组教学法"学习课文。

所谓"单元整组教学法"就是把一个单元的课文作为一个教学单位，做整体的阅读和指导，淡化"篇"的严格分界。这样，在做整体推进时，有利于突出教学重点，强化篇与篇之间的比较；在单位时间里，有更多的学生自主学习的自由，可以取得较高的教学效益。如组织学生一起自读四篇课文，自己运用工具书学习生字新词，把四篇课文一起读通时，可辅以必要的小组合作。这可以安排两节或三节课来完成。在此基础上，可做系统的比较研究，进一步统整四篇课文的主要内容，以"比较"为探索的抓手，深化对四篇课文主旨及表现手法的认识。如：

24. 少年闰土

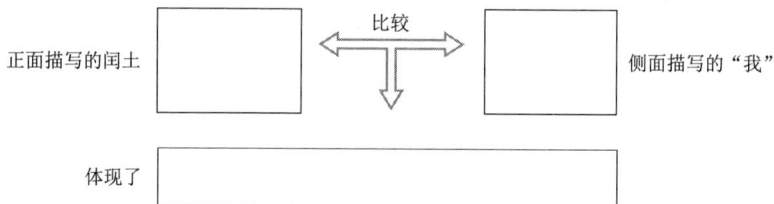

正面描写的闰土　　比较　　侧面描写的"我"

体现了

25. 好的故事

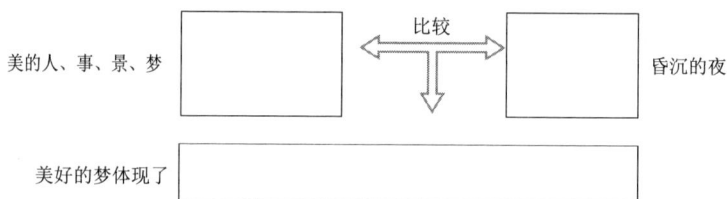

美的人、事、景、梦　　比较　　昏沉的夜

美好的梦体现了

26. 我的伯父鲁迅先生

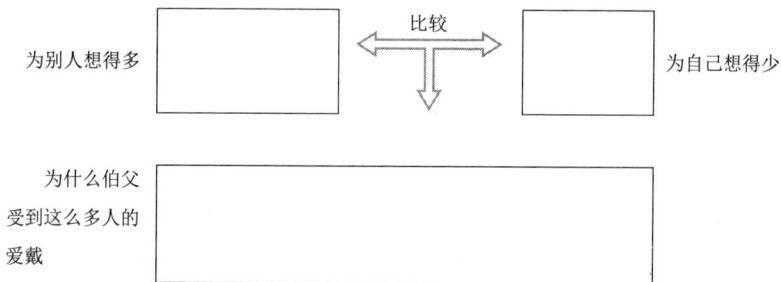

为别人想得多　　比较　　为自己想得少

为什么伯父受到这么多人的爱戴

27. 有的人

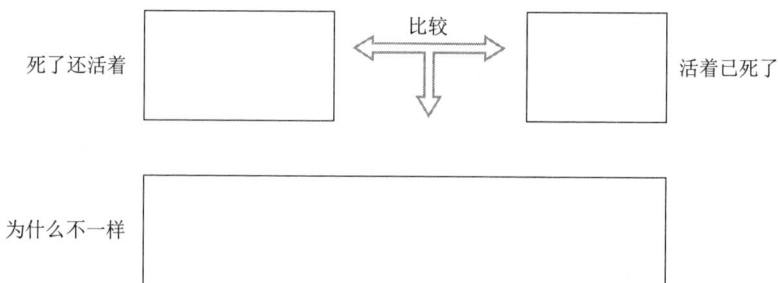

死了还活着　　比较　　活着已死了

为什么不一样

第三，进行交流，填表并结合学生对鲁迅的课外阅读所得，组织讨论思辨。这也可以安排两至三节课完成。

4. 项目化学习的归纳和总结

在这方面可以开展三项学习实践活动：

第一，以"我心目中的鲁迅"为题，写一篇学习心得，作为"项目学习报告"。考虑到这是学生的初步尝试，要求不可太高。可以"我心目中的鲁迅"为题，完成一篇"学习心得"一类的习作，只要把自己在学习中新收获的某几点写清楚就可以了。同时让学生明白这一学习心得其实就是一份"项目学习报告"，所以，也可以按"报告"的形式来写。如：①项目化学习的主题；②项目化学习的要求；③（我）完成项目化学习的简要过程；④（我的）主要收获和经验；⑤（我）在完成项目化学习中有待提高的方面；等等。

第二，完成本单元的习作：《有你，真好》。要结合本单元课文重点，写好对人的情感表白，特别是如何把表现人的事情写具体，又如何把真情实感融入其中。也可以运用课文中"比较"的表述方法来写。

第三，配合开展相应的课外活动。如组织班级开展介绍鲁迅的"图片展"；开展"阅读鲁迅"读书活动，组织好书推介；或出一期"我所认识的鲁迅先生"（学习项目名称）为主题的壁报或黑板报。

项目化学习是一种任务驱动式的学生自主学习实践活动，如能充分发挥统编教材的双线组元特点，结合单元整组教学来展开，对于提高学生自主学习实践能力，促进课内外的学习融合，提高学生的语文素养是十分有益的，很值得我们去关注探究，实践尝试。项目化学习又是一项研究性的学习实践活动，它着眼的是语文课程宏阔的文化内涵，而不仅仅是对读写知识的学习训练。与人的精神世界的构建、审美能力的提升、情感世界的熏染，有着更密切的联系。所以，项目化学习正可以在这方面给学生"以文化人"的引领。

第七节　课堂习作之道：统编教材的作文教学新体系

中国是文章大国，也是文章古国。如果从殷墟中发现的甲骨文算起，已有三千多年的历史了。有文字，就有意义符号的表达。这样的表达，即使很简单，也是文章的雏形。进入封建社会科举时代，"八股文"的写作竟成了选才取士的重要手段，文章写作自然更受到全社会的重视。"文章乃经国之大业，不朽之盛事"，也就成了千口一辞的信条。所以，在语文教育的文化形态中，作文教学始终是一个重要的存在。

尽管写文章如此重要，现代中小学作文教学中却一直没有独立的作文教材。一本语文课本（或之前曾称的"国文""国语"），基本上是一本阅读教材。现代的一些语文课本，也总是以阅读为主，而作文只是"捎带"，难成"教材体系"。历史上虽也曾有过一本《作文》课本，是中学语文分科型实验教材之一（试用），由中央教科所教改实验小组编写，共6册，但只供一些初中实验班使用，而且存在的时间也很短。这就怪不得多年来的作文教学，总是有一点"脚踏西瓜皮，滑到哪里算哪里"之嫌。作为一门课程缺失了对目标、内容、过程、方法、评价的科学、具体的规定性，就不免"雾失楼台，月迷津渡"。教师难以操作，教学质量也就无法保证。

存在这种状态的原因，与长期以来不少人"文无定法"的观念相关，认为提高写作水平靠的是多看、多读、多写。因为语文学科本身并不和数学一样，没有严密的逻辑体系，也缺少科学训练的规律性。虽然这话有一定道理，但不能因此就否定作文需要适用的教材。既然作文是一门课程，那么就有教什么、怎么教的问题。"课本课本，一课之本"。作文又怎么能没有明确的目标、具体的内容、科学的程序、切实的方法……现代"文章学"的构建，就是以研究读写文章的规律为宗旨，至于提出的"写作工程"，更是以应用性、整体性、综合性、标准化为特点，是近乎作文教材的。其实，对于这个问题，胡乔木早在1956年就谈到过："现在的作文，效果跟老师、学生所费的劳力比起来是不相称的。有盲目性、没有方向、缺乏设计，……从小学起，直到高中、大学提出一套科学的设计。"（转引自《作文训练教程·前言》，河南出版社，1985年）这也可以认为是对作文教学缺少系统教材的现实的批评。

重视写作教学，是小学语文统编教材的重要特点之一。从"写话"到"习作"不仅在内容上有明确的规定性，而且有清晰的学习程序和方法指导。在教学目标上，自三年级始就清晰地标示在单元首页，整体落实了《语文课程标准》的要求。此外还密切注意了阅读课文和其他项目（"口语交际""综合性学习""语文园地"等）的有机联系，融合推进。如果把统编教材中的写作教学全部内容列出来，就是一本科学系统的作文课本。我们要用好统编语文教材，完全有必要对统编教材从作文课本的视角做系统研究，以有效提升作文教学的质量和效益，从解决语文教育的整体形态中确定写作的目标、程序和方法。笔者提出这种"作文课本"观的审视似有六个聚焦点。

1. 统编教材体现课程标准要求，系统定位了写话、习作的分学段教学目标

在《义务教育语文课程标准（2011年版）》的第二部分"课程目标与内容"中对"学段目标与内容"有着明确的规定。统编教材对写话与习作教学内容的编写，相当精准地体现了这样的要求。如第一学段不称"习作"，是"写话"，其目标与内容是："①对写话有兴趣，留心周围事物，写自己想说的话，写想象中的事物。②在写话中乐于运用阅读和生活中学到的词语。③根据表达的需要，学习使用逗号、句号、问号、感叹号。"把传统的"作文"分解为第一学段的"写话"，第二、三学段的"习作"，明显地体现出应放低"作文"教学的要求。但另一方面，又要

切切实实地能让学生兴趣盎然地进行充分的写作实践。这样，与人教版教材相比，统编教材"写话"明显起步更早，一年级教材中就有一次写一句话的练习，而人教版一年级教材中均没有写话的要求。再从一、二年级的写话总量看，人教版教材只安排6次，而统编教材共安排9次，相比多了二分之一。这无疑会十分有利于把第一学段的"写话"教学真正落到实处。如一年级上册的写话，编在最后"语文园地八"的"字词运用"中："新年到了，给家人或朋友写一句祝福的话吧！"正是因为它的常说和应景，孩子们完成这样的写话，就不会有困难，而且因为其宽泛的应用性而使学生兴趣倍增。到了二年级下册的最后一次"写话"是："如果可以养小动物，你想养什么？写写你的理由，试着多写几条。"这就是比较接近习作的复杂写话了，但仍然是孩子们乐意写的，而且有着"多写几条"的弹性激励。

2. 三年级以上各册列出单元的习作目标，突显了习作序列化、体系化

从第二学段（三、四年级）始，统编教材是以单元形式编排的。各单元均有彩色首页，除图画外，各冠以单元的"人文主题"与"语文要素"双线组元的提示。在语文要素中将"阅读教学要素"与"习作教学要素"分列。这样一册教材中的习作教学目标就呈现出前后相续的体系化状态。如三年级的安排：

表4-1　三年级上册习作教学目标

单元	一	二	三	四	五	六	七	八
习作要素	体会习作的乐趣	学习写日记	试着自己编童话，写童话	尝试续编童话	仔细观察，把观察所得写下来	习作的时候，试着围绕一个意思写	留心生活，把自己的想法记录下来	学写一件简单的事

表4-2　三年级下册习作教学目标

单元	一	二	三	四	五	六	七	八
习作要素	试把观察到的事物写清楚	把图画的内容写清楚	收集传统佳节的资料,交流传统节日的风俗习惯,写一写过节的过程	观察事物的变化,把实验过程写清楚	发挥想象写故事。创造自己的想象世界	写一个身边的人,尝试写出他的特点	初步学习整合信息,介绍一种事物	根据提示,展开想象,尝试编童话故事

从这样的安排中,我们就不难理出三年级习作教学的整体要求:

①唤起学生习作的兴趣,乐于书面表达。从写日记起步,增强其习作的自信心。

②联系童年阅读,从儿童的兴趣点出发,尝试编写童话。

③指导学生仔细观察,留心生活,把观察所得写下来,把一件简单的事写下来,把自己的想法写下来。

④能把想写的事物写清楚,把实验中事物的变化过程写清楚,能初步整合信息,介绍一种事物。

⑤初步学习看图作文,把一幅图画的内容写清楚。

⑥体验传统节日,写一写过节的过程。

⑦写身边的人,尝试写出他(她)的特点。

显然,这样的作文要求是具体的,充分体现了习作的序列化、体系化。注重的是在观察、体验、想象中培养写作兴趣;而且所有的要求,都在起步阶段,十分符合三年级学生初步习作的认识基础和心理特征。毫无疑问,如果我们能够把三至六年级各册、各单元的习作教学要素以及教材中每次"习作"的内容单列出来,并加以连接编排,便形成了各年级的习作教材体系。认真执行并落实好这一体系,必将从根本上克服传统作文教学因无教材而出现的随意性状态,从而极大地提高习作教学质量。

3. 从三年级上册起设置了习作单元，二、三学段共 8 个。在分散中有小集中，强化了习作教学

在中高年级共设 8 个习作单元是中国小学语文教材史中从来没有的。习作单元采用单元整组编排的形式。先以"单元导语"点明习作要求；再以"精读课文"学习表达方法；继以"习作例文"感悟、积累读写联动经验；最后以"单元习作"呈现本单元的学习成果。一册的"习作单元"做到了各部分之间的环环相扣；各册的"习作单元"又能前后连贯，自成体系。如三年级上册以"观察"为题，以后依次为三年级下册的"想象"，四年级上册的"写事"，四年级下册的"写景"，五年级上册的"写物"，五年级下册的"写人"，六年级上册的"围绕中心意思"写，六年级下册的"表达真情实感"。由此不难看出"习作单元"的内容环环相扣，步步深入，相当集中地通过各个项目训练，终成大局。这比起之前的老师想让学生写什么，就命题写什么，随心所欲、零打碎敲的那种作文教学，自然会有更好的效益。如三年级下册的习作单元以"想象"为题，在"单元导语"中明确指出"发挥想象写故事，创造自己的想象世界"。这就是具体地点明了想象是靠发挥的，而且要有故事性。每个人的想象不一样，重要的是要创造出属于自己的想象世界。精读课文《宇宙的另一边》非常有意思：是星光流过我的身体告诉我宇宙的另一边也是这边的倒影。那边的小孩子是我吗？当我拿出作业本时，他正在把作业本放进书包里；我气喘吁吁爬楼梯时，他正下楼去；我们的第一节课是语文，他们是数学……《我变成了一棵树》也是精读课文，但进一步要求让学生区别"哪些想象有意思"。这很重要，因为没有意义的胡思乱想，显然不应是习作想象的要求。第二题则是由课文想象开始，过渡到自己的想象："你想变成什么？变了以后会发生什么奇妙的事？"这一单元的"交流平台"，通过对两篇课文读后感的交流，以打开学生思路，深化对课文中想象的感悟。"初试身手"更具有游戏性，让学生在纸上按自

己的手指印，再在手指印上添画成"想象中的事物"，以这样的游戏作业过渡，再按提供的开头展开想象，无疑可以降低想象习作的难度。最后两篇"习作例文"《一支铅笔的梦想》和《尾巴它有一只猫》为最后的习作《奇妙的想象》发挥了极佳的辅助作用。何况，"习作例文"还提供了7个开头供学生选择。还特别应当点明的是，强调了习作的"自改"和"互改"，并与课外活动出墙报"想象岛"相联系。这样的习作单元编排，对学生写作能力的培养和提升，确实有着"集中突破"的效果。

4. 与"阅读""口语交际""综合实践活动""语文园地"相呼应，综合提高学生的写作能力

叶圣陶先生在《对于小学作文教授之意见》（《叶圣陶教育论集》，教育科学出版社，1980年）中指出："作文之形成为文字，其内容实不出思想、情感两端。以言思想，则积理必富而为文始佳。若但读物得宜，便令仿其词句，握管撰作，则收效犹薄。夫文无本体，必附丽于事物而后成其为文。读物之实质固亦为种种之事物；而读物之外，事物正多，尤贵实际探求。宜令学者随时随地探求事物之精蕴，且必经己之思考而得答案。然后陈事说理自荐确切而畅达。以言情感，则因人而异，岂能强求其同。"这说明作文不只是单纯地写文章，而是语文教育文化形态的综合体现和个人语文能力的全面展示。所以，作文水平的提高必须与阅读、口语交际、综合实践活动乃至对现实生活的体验，紧密联系起来。统编教材对写作教学内容的编写，在强化"写话"与"习作"训练的同时，又密切联系了与"阅读""口语交际""综合实践活动""语文园地"的配合，以求综合提高学生的写作能力。对此，我们应当有足够的关注。

如三年级下册第四单元"单元导语"的"习作要求"是"观察事物的变化，把实验过程写清楚"。阅读部分的精读课文是《花钟》，重点让学生体会表达准确是以"观察细致"为基础的，课后的朗读、默读、背诵，都为深化认识这一点服务。特别是课文"用不同的说法来表达鲜花

的开放"，要让学生边填边体会，以加深体验，在课后"小练笔"中再做仿写练习。《蜜蜂》一课则突出实验过程中作者的细致观察，通过"填图表"和"与同学交流"，体会作者是怎样作观察的。略读课文《小虾》，则重点让学生自主感受作者在饲养小虾过程中的细致观察。有了这样的阅读引领，也就为习作《我做了一次小实验》做了示范，并以图表来帮助学生梳理小实验的主要信息，对接在表达中如何用连接词把实验过程表达清楚。"语文园地"的"交流平台"是一种很受学生喜欢的口语表达讨论，交流内容是对关键词句的认知和运用，这在细致观察时如何主动思考，提出问题，是极富针对性的。当然，关于修改符号的学习与使用，是学生自改作文之必需，即使是"日积月累"栏中的古诗《滁州西涧》，也集中表现了唐朝诗人韦应物对西涧（今安徽省滁州市西涧湖）雨中景色的细致观察所抒发的悠然自得的心情。就这样，单元的"习作要求"——"观察"，有机地融入本单元所有语文学习的内容之中，让学生在潜移默化中获得深刻印象。这在教学中是必须引起教师充分重视的。

5. 调整了应用文写作的安排，充分体现了时代的要求

应用文写作是习作教学的重要内容。这是因为语文本来就是人类传递信息、交流思想必不可少的工具，是发展社会经济、文化、教育、科技，推动社会不断前进的有力手段，所以在人类社会历史发展的长河中它一直为人们所重视。

正是语文本体与生俱来的应用性和交际性，决定了在人们日常工作、学习、生活和社会交往中有一些被广泛使用并具有某些惯用格式的实用性文章，我们称之为"应用文"。在语文教材中编入一些应用文写作教学，也正是因为它在现实生活中的不可缺失，而一直相沿至今。在"五四"时期的一些国文或国语教材中，就已入编应用文，作为正课"俾使正式接受"。所以，不要说小学，就是初、高中也规定每学年的应用文应占各种体裁精读选文总数的5%（参见朱绍禹主编《语文教育辞典》，

延边人民出版社，1991 年）。

当然，随着时代的不断演进，应用文从内容到形式也都发生着很大的变化，其废除了不少繁文缛节。20 世纪 50 年代中期，还开展过有关应用文学习问题的讨论，认为要学习，但不必如精读选文一样去对待。因此，教材对应用文的选编也就有了两个明显变化：一是不把应用文作为精读课文；二是适度减少选量，只选对这个年龄段学生来说是必要又合适的。

在统编教材中对应用文的选编，当然也是统编教材习作内容体系中的一个重要部分，但与原先的人教版教材相比，也有重要调整，其中除保留了原有的通知、书信、读后感这些在当下仍然是常用的应用文之外，更新增了之前从来没有进入过教材的"参观路线图""文化遗产简介""海报设计""毕业联欢会活动策划书"等。显然，路线图、海报、简介、策划书都是当代新出现并常需用到的"新应用文"系列，对于这些紧随时代步伐、与现实生活息息相关的"应用文"，小学生不但应当有所了解，而且也有必要学会运用。"一滴水里见太阳，半瓣花中识人情"，应用文的某些新样式也许很少，但同样会关系到现实生活中的文化存在和日用需求，我们也必须跟上时代的步伐。

6. 增强了想象类习作，不仅突显了对儿童心理特征的呵护，而且也体现了发展创造思维的深度习作要求

在习作教学中想象能力的培养是十分重要的。这首先是因为它符合儿童的心理特征。孩子是最富想象力的，每个人的童年基本上是在各种各样的想象中度过的，对此，鲁迅先生说得好："孩子是可以敬服的，他常常想到星月以上的境界，想到地面下的情形，想到花卉的用处，想到昆虫的言语；他想飞上太空，他想潜入蚁穴……"这里的关键在于富有想象力正是儿童的强项。所谓想象能力是人脑对已有表象进行加工改造而创新形象的能力，是形象化的富于创造性的思维能力。尽管不是所有

的想象都会缔造出有价值的创新成果，但它绝对是智力发展的一个重要方面。所以，在统编语文教材中的习作内容十分重视想象类习作的练习指导，所以我们必须充分注意。总观统编教材对想象类习作的练习共安排了14次之多，这比之前人教版教材所安排的9次，增加的幅度是很大的。具体表现在二至四年级童话类习作的训练达7次，比人教版教材增加了5次；五年级下册还新编了"探险故事"。此外，在全套教材中还单独编排了"想象"的习作单元（三年级下册第五单元）。显然，这样安排也呼应了课程标准中的一系列习作要求，如"写想象中的事物""能不拘形式地写下自己的见闻、感受和想象""能写简单的纪实作文和想象作文"等。

重视在习作教学中对学生想象能力的培养，还体现了发展创造思维的深度习作要求。如果说，教育的目的是"育人"，那么"育人"的关键是"育心"，而"育心"的重点则在"育脑"，今天的学生有一个发达的灵动的大脑，日后才能成为具有国际竞争力的创新一代。正是从这样的角度思考，培育想象力的习作又怎能不是一种旨在激活大脑，发展创造思维的深度习作！

要真正学好、用好小学语文统编教材，就不可忽视其中对写话、习作教学的系统设计和科学安排。如果将其单列来做研究，它完全是一套完整而有序的小学作文教材，可以从根本上解决传统作文教学中教师随心所欲、无序、松散且低效的教学状态。这不仅是为了从根本上提高小学作文教学质量，也是为了更有效地凸显语文教育中写作教学的逻辑体系和存在价值。

第五章　语文素养的文化之光

第一节　深度学习：指向改造大脑的教学

什么是语文素养？对于"语文"的词义我们是明确的，关键在"素养"。要说"素养"，总会牵涉到"素质"。"素质"的本义当指"个人先天具有的解剖生理特点，包括神经系统、感觉器官和运动器官的机能特点"（参见《教育大辞典》，顾明远主编，上海教育出版社，1998年）。就"素质"与"素养"相比，还是有所不同。第6版的《现代汉语词典》对"素养"做了简明的解释："平日的修养。"这当然有一定的道理：一个人的素养不仅与人的解剖生理特点有关，也与人在社会生活中的成长发展有关。这就应当是先天和后天相辅而成的学识品格。而自小母语的滋养和以后语文教育的熏陶自然是形成素养的最基本方面。所以，一个人的语文素养总是会闪耀着"以文化人"的文化之光。

走进21世纪，在教育改革大潮的冲击下，以生为本、以学为基的教学理念，逐渐为业界同人所接受，"化教为学"的改课共识，正在成为人们的行动，这当然会更多地体现在语文教学之中。然而，在学生学起来了之后，还有一个如何学的问题，怎样使有效学习真正成为面向未来育人的重要战略手段。于是，"能动学习""深度学习"的问题，就不失时机地提上了语文课改当下的议事日程之中。

"化教为学"不仅要求教师以教导学，去落实以学为基，更要求这种"学"须逐步成为"深度学习"，从而让学生真正学会学习，终身受益。

深度学习也是人工智能研究中形成的一个概念，但这与学习科学中的深度学习概念还是有区别的。后者研究的是人的深度学习，特别是学生的深度学习问题，更具有根本性。因为"会学习"是人作为万物之灵的显著特点之一。人工智能学习的研究只是模仿人的学习而已。

语文的深度学习，其所谓的"深度"，当集中在"理解"和"创新"上。"理解"是深度学习中的第一要义。理解不仅是对学习内容的理解，更在于对自己学习行为的反思和改进，即明白自身学习效率高低、成败的原因在哪里，从而能动地做积极调整，在学习中学会学习。这是一种"原认知"的能力，即对自己的认知活动的再认知，从而获得主体能动的学习力。当然，"创新"也是深度学习中"深度"的应有之义。因为学习科学之所以要强调学习的深度，就是认定有效的学习不应当只是一种被动的授受关系，而应当是充满了批判的创新活动，有着学习者可以自主发现的自由天地。教育的根本目的不是要培养只知"守成"的匠人，而是要培养富有创造力的勇者，去适应时代新潮流的种种挑战。

语文深度学习的"理解"与"创新"，从根本上说都关乎人的思维能力，所以这是指向改造大脑的学习。因为深度学习的背后，就是深度思维所生发的张力。有人说人有三条命：生活、语言和思维。其实，归根到底，这三条命也就是一条命：精神生命。人类因为有了语言才有了思维（思维也就是与口头语言、书面语言不同的一种内部语言）。有了语言和思维，才有了生活的能力。学习语言也可以说是在修炼思维、陶冶精神。所以，比之其他学科，语文这一学科在培养学生深度学习能力、提升思维张力方面就显得更为关切，也可以更见成效。什么是"张力"？这里借用的是物理学名词，意思是"受到拉力作用时，物体内部任一截面两侧存在的相互牵引力"（参见《现代汉语词典》第6版）。思维活动只有在激发碰撞时，才会有更多的张力显现出来。下面，笔者着重在语文教学的深度学习问题上，就如何探寻思维张力发表一点拙见。

1. 思维指向的多极化

思维的张力来自不同思维之间发生的碰撞，而碰撞当始于质疑。明代著名思想家陈献章提出著名的"贵疑论"："前辈谓'学贵知疑'，小疑则小进，大疑则大进。疑者，觉悟之机也。"有疑，拓展了思维的多极，诚如卡比和古德帕斯特在《批判性思维与创造性思维》中所指出：问题意识是批判性思维和创造性思维的认知基础。只有提出一个好问题，我们才能进入由问题驱动的认知框架中，更有效地完成知识的内化和生成。

学习古诗《登鹳雀楼》，在交流讨论时，一个学生提出了疑问："鹳雀楼到底有多高？书上画的是三层，诗人登上了三层，觉得还不够，还想再上一层，那应该有四层吧？"教师怔了一下，缓过神来后，觉得这正可以引导大家作深度思考，便说："'欲穷千里目，更上一层楼。'是写诗人登楼时的想法呢，还是写诗人登上了三楼还想再登一层？"于是，孩子们激烈地讨论开了：

——"可能是诗人一边上楼一边想，就一层一层爬上去了。"

——"图上画的鹳雀楼是三层，诗人觉得不够高，应该有四层才好。"

——"诗人觉得这个楼不够高，看得不够远。"

——"诗人有这种想法，与楼有几层没关系。即使站在楼下也可以有这个想法。"

——"诗人在讲一个道理，要站得高才能看得远，这与楼有几层没有关系。"

……

这样的讨论，显然是提升思考力的重要契机，而这一切又源于是否有能够激发讨论的好问题。正是有疑有问，才引发了学生思维指向的多极化。当然，这里的关键还在于教师的发现和引导。

2. 思维品质的个性化

面对同一个问题，不同的人会产生不同的思维活动。这种思维的个性化现象不仅是因材施教的重要依据，也是维护学生人格发展，形成思维创新的必要条件。

课堂上教师正在组织学生导读《猎人海力布》，让教师意想不到的是，课文中"要救乡亲们，只有牺牲自己"这句话，竟成了学生热议的话题：

——"海力布能不死吗？为什么救乡亲他就非死不可！"

——"这样的好人，死了太可惜。我想一定有更好的办法，既救乡亲，他又能不死。"

——"我有一个办法，他可以把宝石借给那位老人，让老人把宝石含在嘴里听一听鸟儿的话，让老人来告诉乡亲。"

——"这办法恐怕不一定行。因为海力布是好人，大家相信他。让老人来告诉大家，大家不一定相信。"

——"海力布可以把宝石再借给不相信的人，这样传下去，大家都会相信的。"

——"这肯定不可能，因为时间来不及了。"

——"我觉得大家都没说到最重要的那一点上。因为海力布把鸟儿的话说了后，他真的就变成了一块石头，所以大家才信了。海力布的牺牲才换得了大家的信任。海力布当然宁可牺牲自己，也不愿别人牺牲。这也正是英雄本色！"

……

别小看了同学们的这种七嘴八舌，其实这正是思维个性化所呈现的生命活力。随着思维的这种激烈碰撞，才闪烁出智慧的火花，推动着深度学习不断拓进。

3. 思维建构的互联化

在大数据信息时代，十分重要的一条是"万物皆可互联"。学习资源可以综合运用的便捷，极大地提升了学生思维建构的速度和质量，也必然牵动着语文学习方式的改变，深度学习便自然地生在其中。2017年适逢宋朝大诗人苏轼980周年诞辰，六年级的学生们运用"大数据""朋友圈""交叉分析"等时髦方式，通过自主学习与小组合作，最终形成了23份关于苏轼的研究报告。在社会的一片赞誉中，我们感受到孩子们是可以开展深度学习的。他们本来就有着强烈的问题意识，有着丰富的想象力和一定的逻辑思维能力。移动互联时代，为孩子们的"能动学习""综合性学习"提供了极为有利的条件。而这种深度学习正是发展思维的极好形式。我们纵观当下在语文课改范畴里出现的种种新常态，诸如群文阅读、"1+X"（"1"指教材，"X"指与之具有相同特点的一系列文章）拓展阅读、文化主题阅读乃至万物启蒙全科阅读等，都体现了深度阅读的真谛所在：思维建构的互联化。

4. 思维过程的显性化

在一般情况下，人的思维活动具有隐性的黑箱效应。为了在语文教学中有效地发展学生的思维能力，我们都会追求如何让思维过程显性化。在这方面，运用"思维导图"于阅读教学，应当是不错的选择。

思维导图是将内隐的思维以图式作物化的过程。也叫心智图、脑图。"图式"最早由康德提出，以后成为心理学"图式理论"的一个核心概念。沙塔洛夫在20世纪60年代末创立的"纲要信号图示法"，是一种由字母、单词、数字和其他信号组成的图形，用以指导理解和记忆教学内容，也是与思维导图相近似的教学方法。思维导图应当在教师的点拨下让学生自行设计。如教学《乡下人家》一课时，就可列出不同的导图来彰显文本的思维过程。这无疑会对学生在深度学习中的思维发展发挥良好作用。如：

第一，按景物、人物的形象思维序列做导图：

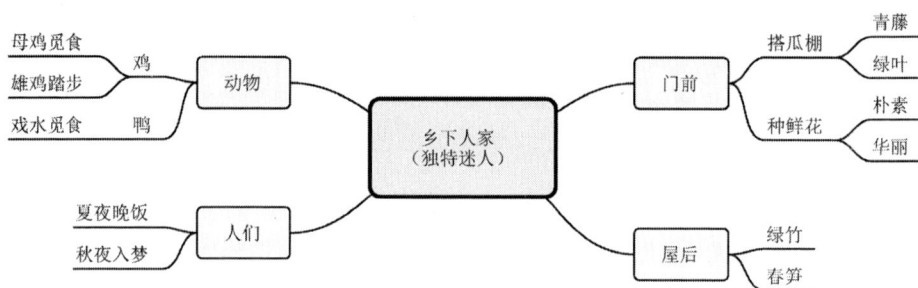

图 5-1　思维导图

第二，按空间、时间的逻辑思维序列作导图：

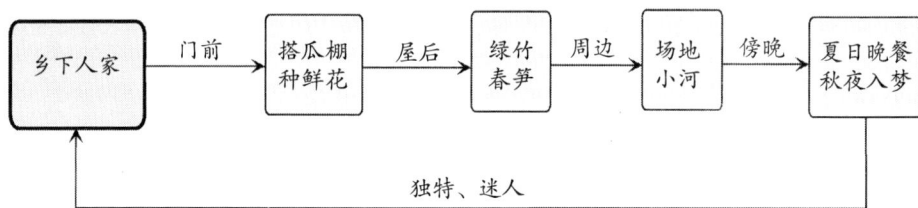

图 5-2　思维导图

思维导图可以应用于阅读教学，也可以用于作文教学。学生将自己的习作先列一个思维导图来代替"写作提纲"，应该是颇有趣味的尝试。

当然，思维过程显性化的方法很多。最常用的是口述分析或用文字做书面分析，更会大量应用在日常的语文课堂之中。

5.思维成果的共享化

进入互联网时代，我们拥有了便捷海量的信息传递，不仅"万物皆可互联"，而且"万物皆可共享"。一个"共享"的新时代正在悄然走来。从"共享单车"到"共享客厅"，着眼的是人的福祉，盘活的是社会资源。在语文教学中，师生的思维成果是一笔最可宝贵的精神资源，也应当实现共享。哲人说：你有一个苹果，我也有一个苹果，交换之后每人还是一个苹果。但如果我有一个思想，你有一个思想，交换之后，我们每人都可以拥有两个思想。这个通俗的比喻道出了思维成果的交流共享何等重要，不仅"1+1"可以等于"2"，而且加上因交互发生的思维张力，可以远远大于"2"。

为什么"佐藤学教学模式"会受到许多师生的青睐，其中不可忽视的一点便是它的小组协同交流共享机制。要相信学生才是学习的主人，他们都是天生的学习者；更要相信生命具有强大的学习潜能，问题在于这种潜能需要得到合理开发。在思维成果的交流中获得共享，在共享中发生碰撞，在碰撞中产生思维张力，从而获得思维的发展应当成为语文教学的不二法门。所以，交互式学习正在成为当下深度学习的一种重要形态而引起我们的重视。

6. 思维品质的创新化

我们在教学中关注思维的发展程度，其中一个关键因素是思维的品质。因循守旧的思考，充其量只能是鹦鹉学舌、人云亦云，重复的都是"昨天的故事"。这样的思维形态，缺乏发现，缺少创造，缺失进步。固守这种思维方式的人，就不免墨守成规、故步自封，不能解决任何实际问题。因为所有发生的实际问题都是新问题，都会有特定的情境、复杂的矛盾和有别于其他问题的性质，如果不从问题的实际出发，创造性地予以应答，就无法解决问题。面对未来社会，科学昌明，经济发展一日千里，更需要我们以思维的创造性去应对。

思维品质的创新化需要从小培养，因为创新化的根基在于善于把握自己的思想，尊重自己的独立见解，不人云亦云。

一位教师在教学《后羿射日》一课时，有小朋友在课堂上提出课文中有错误：既然太阳把河水都晒干了，后面怎么又说后羿"蹚"过九十九条大河？"蹚"不是说明了河里都有水吗？

老师觉得学生说得很有道理，但到底是咋回事，就让学生针对这一疑问写信去问教材编辑委员会。人民教育出版社的老师觉得小朋友说得对，"蹚"字确实用得不恰当，表扬了小朋友读书会动脑子，敢于对课文说"不"的质疑精神。

所以，思维品质的创新化，并非专指有了多少发明创造，应当从自己的独立思考做起，珍视自己的独特感受，尊重自己的独立见解。这在语文教学中尤其重要。

我们对思维的通常理解是人脑对客观事物的一般特征和规律性的一种概括的、间接的反应过程。而人类复杂思维活动的存在和展开，都有赖于语言。正是语言才形成了人类展开思想、表达交流思想的手段。让语文的深度学习和思维的发展张力，和谐地栖居在人的生命家园里，应当是语言文化中最核心的素养。

第二节　语文知识教学的"人格化"诉求

语文课程改革的时代节点之一，是由过度强调其"工具性"特点，转向"工具性和人文性的统一"。总观新中国成立以来，人们对语文教育目标的解读，也由原先的所谓"双基"（基础知识、基本技能）目标，转换为全面的"三维目标"（知识与技能、过程与方法、情感态度与价值观），并在此基础上又进一步升华为"核心素养"目标。这种进步发展，从总体趋向上体现了语文教育时代进步的大方向：重视语文教育的文化特性，凸显"以文化人"的逻辑价值。但在新形势下，也容易给人们带来一种错觉，语文的基础知识是不是仍重要，它在提高学生的语文素养方面有什么作用，语文基础知识教学有什么不同于其他学科的特点，当下又应当如何落实……所有这些都是我们不能不思考的新问题。

所谓"知识"，应当就是人对事物的属性与联系的认识。知识来源于实践，又在实践中发展。它是学校教育的基本内容之一，是实施德育、智育、体育、美育和劳动教育的基础，无疑是十分重要的。从这个视角看问题，语文课程当然也离不开它的基础知识。基础知识教学毫无疑问应当是语文教育的重要内容之一。

问题在于，由于各门课程的性质、任务不同，其基础知识教学的形式、方法也就会有较大差异。

数学教学就不同于语文教学。学数学必须先学好基础知识，然后方能学会计算方法。数学教材就是按基础知识的序列，做直线式安排。而语文完全不一样，所阅读的课本是现成的一篇篇文章，是语言文字运用的"成品"。当然，其中也有基础知识，但隐身在文章的背后，而且也不严格按基础知识的系统程序直线式出现，是一种随文而生的运用式排列，是螺旋式的不规则排列。这种特点决定于语文课程的性质"是实践性课程，应着重培养学生的语文实践能力，而培养这种能力的主要途径也应是语文实践"；"应该让学生多读多写，日积月累，在大量的语文实践中体会、把握运用语文的规律"。

另一方面，语文课程标准还明确强调："义务教育阶段的语文课程，应使学生初步学会运用祖国语言文字进行交流沟通，吸收古今中外优秀文化，提高思想文化修养，促进自身精神成长。工具性与人文性的统一，是语文课程的基本特点。"据以上两个方面，语文基础知识绝对不是要不要教学的问题，而是如何教学，方能体现随课文渗透，在学习语言文字的运用中有机结合，充分显现语文基础知识教学工具性与人文性的统一。

根据以上认识，笔者将其归纳为"语文基础知识教学如何人格化"的命题。

所谓"人格"，是指"个人的尊严、价值和道德品质的总和"（参见《教育大辞典》，顾明远主编，上海教育出版社，1998 年）。这说明了知识本身就具有丰富的人文性内涵。知识的价值，就是"对于人类社会的存在和发展，以及丰富个体精神生活所具有的价值"。它包括了知识的物质价值（对人类物质生产的价值）和精神价值（满足人类精神需求的价值）。正是因为语文的基础知识是在课文中生存的形态，而课文一般又都是文质兼美的人文作品，所以，只要教师不是将语文知识有意无意地从课文中剥离出来进行抽象灌输，而是能密切联系课文的人文内涵做灵动点化，就不难实现基础知识的"人格化"。问题是我们比较习惯于基础知识的理性化传递，剥离式呈现，这就导致在当下比较强调语文教育的人文价值的情况下，语文基础知识教学因某种尴尬而被淡化出局。这确实是值得我们反思的。

所以，语文基础知识的"人格化"，应当是语文教学的应有之义。古希腊的苏格拉底就认为"知识即道德"，人之所以为善为恶，全是因为与是否真有知识相关。夸美纽斯也认为：人应当首先熟悉万物，才有能力去管束万物和管束自身。马克思主义更是把科学知识看作是认识世界和改造世界的重要手段。所以，关键不是语文基础知识是否可以"人格化"的问题，而是如何做到"人格化"的策略。

1. 追求学习目标上的"蒙以养正"

语文基础知识教学应当恪守"蒙以养正，圣功也"的古训。学生的启蒙开智，都应为了涵养正气这一根本目标。这也就是说，所有的语文基础知识，在语文运用表达思想的语境里，都必然会有益于满足人类精神需求之内在价值，从而有助于健全人格的养成。

一位老师在执教《去年的树》时，一个孩子把课文中锯木头的声音"沙——沙——"读成"杀——杀——"。这两个是同音字，都读"shā"，问题是这个孩子读"杀"的时候，面部表情是一派凶狠，而且还伸手做了"杀"的动作。大家知道他的意思，就禁不住笑起来。但老师没有批评这个孩子，而是问全班学生：这个"shā"应当是哪个字？不料这位读"杀"的孩子说："多好的大树被锯木的机器给杀了，真残酷，杀死了小鸟的好朋友，还不就是无情的'杀——杀——'吗？"老师说："你的理解很深刻，把书读到心里去了。'沙——沙——'是模拟声音的词，也就是表示声音的，'沙'与'杀'是同音，确实也是可以模拟的，但习惯上我们用的是'沙'，而不是'杀'，所以也不能读'杀'。可是你觉得'沙——沙——'的声音，简直就是在'杀——杀——'，说明你读书很用心，也很用情，在这一点上，我们要向你学习。"这一番话，既点明了拟声词的相关知识，又鼓励了孩子读书的用情，给全班学生以正面的爱憎观念的导引，这不就是语文知识教育的人格化境界吗？

2. 借助学习内容上的"文以化人"

语文基础知识，当然会具有知识理性的特点，但是在课文中，语文基础知识又往往存活在语言运用的场景之中。只要我们不是将其从形象的语境中剥离出来进行知识教学，就完全可以在课文的情景中达到"文以化人"的效果。《树和喜鹊》一课，当说到起先只有一棵树和一只喜鹊时，树和喜鹊都很孤单；后来有了好多树和好多喜鹊时，树和喜鹊都很快乐。课文后面的习题是："朗读课文。想一想树和喜鹊后来为什么很快乐。"课文的表述采用了"留白"的手法，没有写出快乐的原因，让读者用自己的阅读想象去补充。虽然作者和编者没有明说作品中的"留白"这一关乎叙述的基础知识，但小朋友应当在起步阅读时就关注这种"留白"，培养边读边想的好习惯。于是在老师的启发下，小朋友们找出了树和喜鹊都很快乐的许多理由。有的说："喜鹊会帮助捉树上的虫，树没有虫咬很快乐，喜鹊吃到了很多虫，不挨饿了也很快乐。"有的说："喜鹊吃树上结的果子，还帮大树把种子传播到别的地方去。"有的说："喜鹊拉的屎，给大树送上肥料，大树当然很快乐。"还有的说："大树为喜鹊的窝遮风挡雨，喜鹊又使大树们觉得有了那么多邻居很热闹，所以大家都很快乐"……这时，有个孩子提出来："树林里本来很安静，有了那么多喜鹊会不会太吵？"别的学生说："不会的，它们很守规矩。"老师便趁热打铁追问："守规矩？你从哪里看出来？"学生说："我从'打着招呼一起飞出去''飞回窝里，安安静静地睡觉了'读出来的。"

显然，"树和喜鹊"这种群居的生态平衡，作者通过"留白"的叙述技巧，为激发学生的阅读思维创造了条件；而教师对这一基础知识又通过现场讨论，使学生悟到了许多道理，激活了"文以化人"的内在机理，实现了知识教学的"人格化"。

3. 推进学习态度上的"习以性成"

培养良好的学习态度，对于学生的人格健全，具有基础性的意义。《三字经》中"人之初，性本善。性相近，习相远。苟不教，性乃迁。教之道，贵以专"不仅道出了"习以性成"的道理，而且十分强调树立专心致志学习态度的重要性。统编教材四年级下册的"习作例文"《颐和园》是一篇游记，这对学生写游览活动的作文，是一篇可以示范的"习作例文"。课后习题："长廊、佛香阁、昆明湖等景物的特点不同，作者描写的方法也不一样。我要找出描写这些景物的句子，好好体会体会。"这道习题包含着不少要求，先要认识三处景物的特点：长廊的"长"；佛香阁的"高"；昆明湖的"大"。再要体会描写方法的不同：写长廊采用"总体归纳"的方式；写佛香阁是"视角呈现"的方法，归结于"向下望"之所见；写昆明湖是"分区介绍法"——长堤、石桥、湖心岛等三部分。这就关系到不少写作的基础知识。在课堂讨论时，有的学生把写佛香阁向下望的一节文字"正前面，昆明湖静得像一面镜子……"也归纳到写昆明湖的第三部分中去了，甚至认为昆明湖的特点应该是"静"。到底是"大"还是"静"比较恰当？教师引导学生体会课文中是怎样写长堤之长、石桥之多、湖心亭之美，从而认为确实是写了昆明湖的大。写昆明湖的静只是游客站在佛香阁高处远观昆明湖所见，应该属第二部分。这就让大家体会到阅读时要认真用心，才能正确领会基础知识的道理。如果是粗心大意地阅读，基础知识就无法落到实处。

4. 学习意志上的"持以有恒"

许多语文基础知识的落实，不是可以浅尝辄止、一步到位的，它需要锲而不舍的态度和"持以有恒"的用心。如人教版五年级上册语文教材，选有林海音的《窃读记》，课文中的"我"儿时买不起书，只好想方设法去书店偷着读的情景十分感人。课后的第三道习题："'我很快乐，也很惧怕——这种窃读的滋味！'课文中有一些语句描写了'我'的这种心理活动，找出来多读几遍，体会这样写的好处。"这一题有相当难度，隐含了"描写心理矛盾"的基础知识。先要让学生能够发现这一基础知识的体现处，然后还要去深入品味这样写的丰富内涵。学生在仔细品读课文中找出了"安心"与"担心"、"快乐"与"惧怕"、"皱起眉头"与"心里高兴"、"脚站得有些麻木"与"浑身轻松"等四处，都是心理矛盾的描写处，并交流了品读的体会。但教师觉得还有一处多次提及、贯串全文的心理矛盾描写没有找出来，便鼓励大家要以"持以有恒"的态度再读再品。好一会儿，终于被学生找到了，那就是"饭店"的诱惑与"书店"的向往。不仅在开头第一小节的环境叙写中就点出，到中间的想象一碗"面条"与靠着"书柜"的情态，再到结尾处的"吃饭长大"与"读书长大"的比照，始终体现了腹中"饥饿"与眼里"贪读"的矛盾心理。所以，教师在课堂上要真正落实语文基础知识的训练，并非易事，往往需要学生在学习意志上的坚持，才能真正使基础知识的掌握扎实而又深入。

5. 拓展学习方式上的"美以育人"

语文课文是一篇篇现成的文章，关于文章的基础知识，不仅有文字的、语法的、逻辑的、修辞的，那么也有文章学的，如体裁、文本形态等。如果说连续性文本是其基本样式，那么也还有非连续性文本，如图画、表格等。不同形式的文本，有不同的呈现样态，具有不一样的美学价值。教师若能引导学生做文本样态的转换改变，不仅可以使学生掌握多样的表达能力，而且能够体验到不同文学体裁、文本样态的特点和美感。如《雅鲁藏布大峡谷》一课中有这样一段文字："在同一坡面上，从高到低形成了九个垂直自然带。不同高度的自然带呈现出不同的自然景观，犹如凌空展开的一幅神奇美丽的画卷。在这里，可以见到从寒冷的北极到炎热的赤道分布的动植物。"教师要学生参考课文的叙述，改做一幅呈"山坡面"（三角形）的图示。学生兴趣很浓，在研读课文改做图示的过程中，体会到非连续性文本呈现方式的优势所在：形象、简洁、一目了然。一位老师在教《匆匆》一文时，给学生提供可选择的词语，做自由组合的表达：

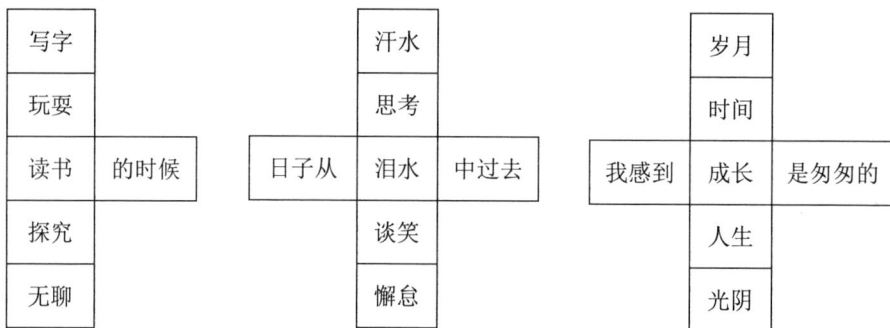

写字	
玩耍	
读书	的时候
探究	
无聊	

	汗水	
	思考	
日子从	泪水	中过去
	谈笑	
	懒怠	

	岁月	
	时间	
我感到	成长	是匆匆的
	人生	
	光阴	

这样，不仅触发了学生诸多的关于时间匆匆而过的生活感悟，而且在词语灵动搭配（主、谓、宾、介词结构等多语词）的基础知识训练方面获得了运用实践的体验。它同样体现了语文基础知识学习和促进健全人格形成方面的相辅相成。

马克思主义认为，人格不是超历史、超现实的抽象，本质上是人的一种社会特质。所以，我们对语文基础知识教学提出"人格化"的诉求，不仅是可行的，而且是必须的。因为这正是语文教育文化过程之必然。离开了学生生命成长的现实，又脱节于语文课的人文内涵，进行抽象的、纯理性的语文基础知识教学，并不符合语文课程工具性与人文性高度统一的文化特征。

第三节　语文教育：唱响"劳动创造"主旋律

听一位老师导读宋朝翁卷的《乡村四月》："绿遍山原白满川，子规声里雨如烟。乡村四月闲人少，才了蚕桑又插田。"熟读成诵之后，老师让学生交流读后的体会。有的学生说：春耕时节，一片很美的风光。有的说：农民在这美好的季节里，充满了劳动的愉快。但另有一位学生表示反对：这分明揭露了旧社会农民的苦难生活，你看刚刚忙完了采桑养蚕，又要插田种稻了，为什么他们不能在这大好的春光中出去旅游呢？这听起来似乎也有道理，讨论只好不了了之。在旧社会，农民辛勤耕作，过着牛马不如的生活，这是学生的固有认识，应该没有错，但就这首诗的内容特点而言，是诗人抓住了最能反映农村生活节奏的事物，体现了农民劳动的另一面：生活情趣和劳动中的愉快。说到底是如何认识其中的辩证关系：在劳动的艰辛中也有诗意栖居的愉悦之另一面。这也从侧面反映了在当下语文教育中，对新生一代全面加强"劳动创造"这一主旋律认识的必要性。

如何寻找新时代劳动教育的目标与路径，确实是当下实施全面发展教育的一个不容忽视的重要方面。因为劳动就是生命存在的第一条件。2018 年的全国教育大会上，习近平总书记强调："要在学生中弘扬劳动精神，教育引导学生崇尚劳动，尊重劳动，懂得劳动最光荣、劳动最崇高、劳动最伟大、劳动最美丽的道理，长大后能够辛勤劳动、诚实劳动、创造性劳动。"2019 年，中央全面深化改革委员会第十一次会议审议通过了《关于全面加强新时代大中小学劳动教育的意见》，提出了具体的要求。毫无疑问，这都需要通过学校课程的实施，方能得到具体落实；然而这方面却并不尽如人意。据浙江省教研室《2019 年浙江省中小学劳动教育调研报告》（参见《人民教育》2020年第1期）所示：数据表明学校不仅并未开齐开足综合实践活动课程、技术课程等实施劳动教育的主要课程，而且对其他国家课程，教师在学科教学中融入劳动教育的选项只排第六（67.79%），说明学科融入劳动教育的考虑并未得到普遍认同。"语文"历来是最具人文性的课程，语文课程丰富的人文内涵对学生精神世界的影响是广泛而深刻的，学生对语文材料的感受和理解又往往是多元的。在关乎人的生命之本的"劳动创造"精神之弘扬方面应该有更多的作为，发挥更大的熏陶感染作用。如统编教材六年级上册第六单元人文主题是"我们是大地的一部分，大地也是我们的一部分"，说的是人与环境和保护环境的主题，但其中一个绕不开的话题便是内蕴的劳动价值观。《古诗三首》之前两首分别描绘了南北不同的自然风光，无不处处体现了因人的劳动才得以诗意地栖居。第三首更以湖阴先生庭院内外的景色，表现了主人公精心打理所获得的劳动果实，才有这种人与自然的和谐之美。《只有一个地球》说明了人类只能依赖地球生存，从而说明人类在劳动创造世界中，珍惜资源、保护地球之重要。《青山不老》讲一位老农扎根晋西北山野种树植林的感人事迹，更是颂扬了劳动的伟大。《三黑和土地》这首现代诗所表现的农民对失而复得的土地之挚爱，也就是对劳动的挚爱。于此可见，"劳动"作为一个与人类生命休戚相关的神圣话题，就这样成了人文教育中绕不开的话题。我们根本无须生搬硬套地去抽象说教劳动伟大，认真地学好一篇篇课文，在教师的相机引导下，学生是足以汲取树立劳动神圣的精神营养的。

当然，在新时代面对新生代如何唱响"劳动创造"的主旋律，特别是在语文教育文化中如何根据语文课程的性质和语文教学的规律，去有机地培养儿童正确的劳动观，自有其学科教学的特殊性。我们当然更应该从语文课程教学的规律出发，有机地、自然地、适切地发挥好劳动教育在锤炼品质、健全人格、促进成长方面不可替代的作用。从大处论，似当注意以下五个方面。

1. 把握时代性

尽管劳动是一个普世、普适的话题，但就其具体内涵而言，还是有着不同时代的认知要求。如对于劳动的价值观而言，在旧社会人们关注的多是生产物质的层面，农民、工人辛勤劳动，但所得物质都属少数的剥削者所有。这少数人养尊处优从不劳动，却可以花天酒地、作威作福；而广大劳动人民当牛作马，却只能艰辛地勉强度日，挣扎在饥饿线上。所以，说起劳动，我们联想到的就全是艰辛和苦难，完全抹杀了劳动的光荣与伟大。在新社会、新时代，劳动的价值观有了很大的发展变化：首先劳动应该包含了脑力劳动和体力劳动。劳动是创造真正属于自己的幸福之源，所以，劳动虽要付出艰辛，但同时也让人们获得愉悦和幸福。就教育的视角说，劳动是收获果实而必须付出的过程；是获得正确认知的一种实践过程；是面对所有真实问题的探索与解决并获得创新成果的必然途径；也是学生的成长发展，促进社会化的过程。正是因为其价值内涵有了这样的不同，所以，就时代的劳动教育要着力培养的首先是学生对劳动价值观的认识，从而激发他们劳动创造的热情和恒久的积极性。如指导阅读《田家四季歌》时，在学生熟读的基础上，一位教师便适时地引导大家思考：你觉得在歌里哪些地方写出了田家劳动的辛苦？哪些地方写出了田家劳动的快乐？学生们纷纷投入讨论，有的认为"才了蚕桑又插秧""早起勤耕作，归来带月光"都说明了农家的劳动很辛苦。有的认为"麦苗儿多嫩，桑叶儿正肥""谷像黄金粒粒香"说明了农家的劳动很有意义，很快乐。这时，同学们又有了新发现："'麦苗儿多嫩，桑叶儿正肥'也是写辛苦的呀，如果没有辛苦的劳动，这些庄稼怎么能长得这样好。"这时，教师看火候已到，便进一步启发大家思辨：既是写劳动辛苦，但又表现出劳动愉快的还有哪些句子。于是，全班同学兴趣盎然地一一找出来，结果大家觉得每一句写劳动辛苦的句子，也都表现了劳动的愉快。最后的那句，便是最重要的答案："身体虽辛苦，心里喜洋洋。"这看起来似乎只是一个很普通的教学环节，但却体现了对新时代劳动价值观认知和培养的高度。

2. 关注紧迫性

高度重视劳动与劳动教育有助于人们实现个性及能力的全面发展，无疑应是教育的一个永恒主题，也是实现文明发展、社会进步中的一个主流价值观。改革开放之后，随着科技进步，生产力的高速发展，人们的物质生活获得了极大丰富，人们的价值观也日益多元。与此同时，轻视劳动的观念，害怕劳动的艰辛而鄙视体力劳动等不良思想倾向也日趋严重起来。这种现状与培养德智体美劳全面发展的社会主义建设者和接班人的育人目标，显然是背道而驰的。这就带来了当下亟须加强劳动教育的紧迫性。正是因为这种紧迫性，就更要求我们在语文教学中，在充分尊重语文学科的基本特点和学习规律的前提下，去充分发掘语文课文内在的劳动教育因素，发挥其熏陶感染、潜移默化的作用。

一位教师为学生导读《蟋蟀的住宅》一课时，紧紧抓住了课后第二题中"想想为什么蟋蟀的住宅可以算是'伟大的工程'"这一交集点，激发学生的深度阅读和思辨：小小昆虫的洞穴为什么称得上"伟大工程"？"伟大"又表现在哪些方面？……于是，大家的讨论便热烈展开：有的归结出蟋蟀建造住宅的"三不肯"，不肯随遇而安（到哪里就算住哪里）；不肯利用现成的洞穴；不靠别人，而是自己一点儿一点儿挖掘。有的分析了蟋蟀对住宅选址的慎重：向阳，顺着地势，便于排水。有的梳理了住宅的外部特点：门洞隐蔽、平台平坦。有的归纳了内部特点：光滑、平整、简朴、清洁、干燥、卫生。有的更在意它的建造过程：修建的时间，使用的工具，整修的细致。还有的追寻其根本：认为蟋蟀的住宅，建造得如此精美，也表现了它的劳动精神……这时，现场有老师提出蟋蟀是昆虫，何必与"劳动精神"挂钩，这是不是有点牵强。显然，这样的讨论是十分有益的，一点儿也不牵强。既然文章采用的是拟人化手法，以丰富的想象，把蟋蟀比作人，把它的巢穴称作"住宅"，那么，这种建筑住宅的精神又何尝不是一种精益求精的劳动精神。课文内涵本身所具有的丰富性，学生解读感悟的个性化，课堂生成应有的包容度，都应当是加强语文课程劳动教育的有利条件。

3. 尊重规律性

在语文课程里加强劳动教育，不能简单地再把语文课上成道德与法治课。首先是知行合一、注重实效，应是新时代劳动教育应遵循的基本规律。只是抽象说教、生硬结合，显然达不到应有的效果。同时，在语文教育中加强劳动教育，必须根据语文课程的个性特点来进行，方能水乳交融，与读写活动互为一体，达到"润物无声"的自然境界。语言文字是人类最重要的交际工具和信息载体，是人类文化的重要组成部分，其本身就具有很大的包容性。语文课程致力于学生的语言文字运用能力，可以提升学生的综合素养，构建生命的精神世界，为学生形成正确的世界观、人生观、价值观打下坚实的基础，这自然就包括了劳动教育的必要内容。更重要的是"语文课程是一门学习语言文字运用的综合性、实践性课程"，"工具性与人文性的统一，是语文课程的基本特点"。这就提醒我们在语文课中自然地渗透劳动教育，就必须充分地运用语文教学的这些基本规律，尊重这些基本规律。实践足以证明，在语文课程中实施劳动教育这一人文内涵，也只有遵循语文教学的规律，根据语文教学的特点，运用语文教学的方法，才能达到"有效"的要求。如教学《海滨小城》，一位教师在教学中自然地渗透劳动教育，就做得十分贴切到位。她在引导学生初读课文、读通课文的基础上，要学生思索读后印象，用一个字来概括，多数同学认为"美"字最合适，这位教师便让大家讨论为什么是"美"最合适，并且要求以课文中的句子来说说理由。强调这一点很重要，不仅是课后习题的要求，也是语文教学本质特点"学习语言文字运用"的要求。在立足于"运用"的基础上，学生归结出了"大海之美""海边之美""小城庭院之美""小城街道之美"。但教师没有到此为止，而是再让学生思辨：这些美从何而来？最后，在众多的答案中学生多数认可的是人们的勤劳才创造了小城的美。显然，这里对劳动教育的渗透，不只是从课文的现实存在发出，而且是从语文学习的特点和规律发出的。它是瓜熟蒂落的结果，没有丝毫强行灌输、荒腔走板的痕迹。

4. 提倡交融性

有教师认为：劳动教育确实很重要，但统编教材三至六年级的单元人文主题中并没有劳动教育的专题呀！这样的认识显然是不全面的。从哲学的观点看，劳动是人们改变劳动对象使之适合自己需要的有目的的活动。正因为劳动是人类特有的基本的社会实践活动，它所包含的体力劳动和脑力劳动，是人们生活的第一需要，所以劳动无处不在。应当说，劳动是个"母题"，教材中许多单元的人文主题，都与"劳动"有着这样或那样的联系。这并不奇怪，因为劳动本来就是人类特有的基本的社会实践活动，也是人通过各种有目的的活动改造自然对象并在这一活动中改造人自身的过程。正是因为这样，劳动就产生了作为生命存在的根本性意义，它既是自然的过程，也是社会的过程。细细分析，我们不难发现，人类所特有的劳动，不仅要在人与自然之间产生意义，而且还要在一定的社会关系、社会结合形式中才能实现。劳动又促使人与人之间发生了更加密切的联系，成为个人与自然、与社会之间相互作用的基础与纽带。正是因为这样，劳动的发生和发展，就必然带来了人与人之间和人与自然、人与社会之间极为丰富的关系逻辑。这种关系自然也就会辐射到生命全部、生活全部。若我们去细细分析统编教材三至六年级各个单元的人文主题，都不难发现这些主题与劳动教育这个"母题"有着这样或那样的交融关系，当然有的可能更直接些，有的会间接些。正因为这样，我们在语文课程中加强劳动教育，也绝不是搞表面化的教，而是要充分根据学情，根据教材，伺机而行，适可而止。

正因为这样，要真正落实好在语文教育中加强劳动教育，我们就不能背离了"交融性"原则。从辩证的关系来认识"交融"，大千世界的各种事物之间，既有对立的一面，又有统一的一面。我们在认识不同事物之间相异个性的同时，又要充分看到其"你中有我，我中有你"相互联系的一面。这就决定了有些不同事物之间不仅可以交融，而且必须交融。在当下我国教育改革理想与教学现实之间的张力不断加剧的背景下，"交融"式的教学策略，越来越受到人们的关注和重视。在语文课程中要有机地加强劳动教育，是时代的刚性需求，这是"必须去"的方向，但同时我们还得解决"怎么去"的问题。在这方面，笔者认为更应强调的便是"交融"，而不是"强加"。加强劳动教育是为了更好地促进学生全面发展，必须与语文教学的性质、目标、内容、方式和学习主体进行多维系统融合。所谓"交融"，就是两者的结合能"顺理成章，因势而为"。它不是两者简单的"交加""交集"或"叠加"，而是要两者如"水乳交融"般的"你中有我，我中有你"。其重点体现在五个方面：一是与教育目的的"交融"。"工具性与人文性的统一，是语文课程的基本特点"，劳动教育无疑是语文课程人文性的一个重要内容。二是与学习主体的"交融"。学生在语文学习中不仅要提高学习和运用祖国语言文字的能力，还要形成良好的个性和健全人格，这就离不开劳动教育的熏陶。三是与教学内容的"交融"。对于语文教学的具体内容，教材的优质统编，劳动教育无疑是重要内容之一，关键在于如何在"交融"中深度推进与和谐落实。四是与教学方式的"交融"。教师对教学方式须交融综合，以多种灵动的方式，为身心特点、学习偏好、家庭环境各异的所有学生提供学习支持。五是在学习评价方式上也要做相应的"交融"。教师要关注并为学生提供展示这方面学习成果的多样化机会。

5.发挥创造性

《关于全面加强新时代大中小学劳动教育的意见》中特别对"新时代"劳动教育提出了一系列的新定位：要"适应科技发展和产业变革，针对劳动新形态，注重新型技术支撑和社会服务的新变化""鼓励高新企业为学生体验现代科技条件下劳动实践新形态、新方式提供支持"……在小学，落实这方面的要求，更基本的还在于发挥劳动的创造性。紧跟时代步伐，创新劳动教育的内容和手段，大力发展学生的创造性思维和创造性劳动能力。如学生在语文的自主学习中，利用互联网已渐趋习惯地成了不可或缺的一部分。学生一碰到自读课文中的难题，就通过上网查询以解决问题。这一方面固然是一种进步，但另一方面也带来了新问题，即患了"网络依赖症"，淡化了对问题分析研究、质疑探讨的思维过程。劳动创造性的基础在于人的心智活力和思维方式，如果对学习中碰到的问题，不做深入分析、调查研究，或者对查找获得结论的可信度、准确度，没有进行独立思考的过程和习惯，那就很难说我们的思维是具有创造性的。所以，教师指导学生对语文课文的读解思考，要更多地立足于学生个体真实的生活实践和劳动实践。如教学《竹节人》时，教师发现学生对竹节人的制作很感兴趣，就指导大家做竹节人，特别表扬在制作过程中学生的一些创造性设计，全班还展开了一场"竹节人会演"，把全班同学的创造性制作推向了高潮。在教学《夏天里的成长》时，教师让每一位学生做出规划——"我希望在今年的夏天里有怎样的成长？"以此代替"暑期生活计划"，也是一项不错的设计。之所以规划后所做的口头和书面交流特别受大家关注，不能不说是因为所讲所写的并非空中的楼阁、乱坠的天花，而是多少都关乎着即将到来的夏天，"我"通过努力可望获得的真实成长。

在语文教学中加强劳动教育，绝不是外加的灌输和说教，而是为语文教学"补钙"，为学生成长"壮骨"，是语文教学进入新时代改革前行之必需。语文教学与劳动，本来就有密切的共通之处：一方面，语文学习就是劳动，它需要立志，需要勤奋，需要刻苦，需要持之以恒。在语文学习的道路上"不经历风雨，怎么见彩虹""没有人能随随便便成功"。另一方面，我们阅读的课文不可能都与劳动无关。"语文"的阅读世界、写作世界都关乎人的"充满了劳绩，但诗意地栖居"这一现实。因为正是劳动才创造了世界，创造了人的幸福生活，也创造了语文。可以说正是劳动才创造了人的生命。

第四节　充分发挥统编教材的文学性

1923 年颁布《新学制课程标准纲要小学国语课程纲要》之后，我国开始认识到儿童文学教育在小学语文课程中应有重要的位置，随后在出版的多套小学国语教科书中便开始出现较多的儿童文学作品。

历史的发展常有相似之处。到了 2011 年，《义务教育语文课程标准（2011 年版）》颁布之后，人教版的义务教育课程标准实验教科书，以更强的文学性特点面世。而 2019 年全面使用的统编义务教育语文教科书，又有了更为精致的文学性特点。

据此，我们不能以为语文教材中的文学性问题已经不成问题，其实，它同样经历了或"过"或"不及"的波折。就"过"的方面说，在 1963 年颁布的全日制语文教学大纲就提到过"不要把语文课教成文学课"的问题。当时，叶圣陶先生曾对这个问题做过多次说明，所谓不要把语文课讲成文学课，是"针对教学上的积弊而言"的，或"置课本于旁，另外发挥一通"，或"脱离课文……化为文学理论概念而讲之"。显然，语文课程有它自己的课程性质和目标，文学学科则有独立的学术体系和学科结构。虽然两者有紧密的联系，但不能互为混淆替代。在语文学科中文学作品教学的基本要求，叶圣陶先生则认为在于"要教学生精读"，"练成读书本领"，"由语文文学而深明其内容，且有裨于思想之提高，品德之修养"（参见《语文教育辞典》，朱绍禹主编，延边人民出版社，1991 年）。

在"不要把语文课讲成文学课"的同时，当下我们更要讨论的其实应该是如何充分发挥语文教育中的文学因素功能的问题。语文教材越来越重视教材选文的质量，这使得更多的经典文学作品入选。从统编教材看，一至六年级十二册教材中近三百篇课文，基本上就是文质兼美的文学作品，具有经典性、时代性和多样性。因此，如何正确充分发挥统编教材文学性的教育功能，是用好统编教材，落实以立德树人为目标的语文素养整体提升之关键所在，十分值得重视。

充分发挥语文教材的文学因素功能，与进行文学教学不是一回事。语文教材的文学性是客观存在的。这不仅因为教材的选文是文学作品，还因为文学是语言的艺术，既然"语文课程是一门学习语言文字运用的综合性、实践性课程"，那么作为语言艺术的文学作品，自然是学习语言运用必不可少的范本。至于"文学教学"，那完全是另一种内容独立的系统，因此，课程标准在"总体目标与内容"中提出的要求，在义务教育阶段只是"能初步鉴赏文学作品，丰富自己的精神世界"而已。

用好统编语文教材，当然离不开对其文学性教育功能的充分发挥。那么，我们应当从哪些方面入手去具体发挥语文教育中的文学性功能呢？

1. 形象鲜明的生动意趣

兴趣不只是课程开发中的一个辅助物，而是课程的重要组成部分。五四运动时期的著名文学家郑振铎在创办《儿童世界》时就声称："第一是兴趣，第二是兴趣，第三还是兴趣。"确实，对孩子来说，所有的学习都离不开"兴趣"这位最好的"老师"。因为小学生尤其渴望在阅读中获得愉悦和快乐，渴望能在一个想象的世界里尽情遨游，以求开阔眼界，满足好奇，丰富知识。正是从这样的角度看，小学生对文学有一种天然的需要，发自本心的喜欢，也最容易引起阅读兴趣。语文课程的文学性正是在这方面可以发挥极大的作用，让孩子从小就喜欢语文。所以，充分发挥语文教材文学因素的功能，首先就是要重视兴趣的全程培养，并且将持续的文学阅读习惯与兴趣的培养看作是重要的文学素养。特别是小学的第一、二学段是儿童文学作品阅读兴趣培养的重要阶段，我们更要从教材中浅近的文学作品入手，如儿童歌谣、童话、民间故事等，注意从低水平兴趣向高水平兴趣的逐步发展。统编小学一年级教材编入大量的歌谣，三年级则以读写童话作为重点，都说明了对培养儿童文学阅读兴趣的重视。充分发挥教材优势，凸显课文形象鲜明的生动意趣，不只是一种方法抉择，更具有从根本上夯实文学阅读基础的教育价值。这也体现了语文教学改革必须从"多读书"入手的战略抉择。

儿童是富有想象力的，但想象的意趣产生要建立在合理的基础上。这需要教师的启发引领。在教学《小蜗牛》一课时，一位老师引发大家思考：春天到了，妈妈叫小蜗牛到树林里去玩，可为什么小蜗牛爬到时已经是长满草莓的夏天了？妈妈叫小蜗牛去摘草莓，可小蜗牛爬到时为什么已经是长蘑菇的秋天了？妈妈叫小蜗牛去采蘑菇，可为什么蜗牛爬到时已经是地上盖着雪的冬天了？

孩子们兴趣很高，想象十分生动。有的说："小蜗牛是个贪玩的孩子，它一路上没好好爬，只是玩耍，到想起了要去摘草莓，才赶往小树林，那可晚了，已经秋天了。"有的说："小蜗牛路上遇到了麻烦，碰上了一只凶狠的狐狸，要把小蜗牛吃了，小蜗牛赶忙钻到一个石缝里，可狐狸老是守着，小蜗牛没办法"……正当争论不休时，老师说："我们想到的原因虽然编得很生动，但冤枉小蜗牛了。请大家读读课文，'小蜗牛爬呀，爬呀，好久才爬回来。'这告诉我们什么？"于是学生才认识到小蜗牛爬得很努力，很专心，"爬呀，爬呀"说明它一刻不停地在爬，实在是因为它天生爬不快，爬得太慢了，而这正是所有小蜗牛的特点。

2.潜移默化中的精神熏陶

教育的根本目标在于立德树人，由于语文是母语课程、文化载体，在培养人的道德品质、化育精神世界方面，具有异于其他课程的独特优势。语文在这方面的价值发挥，主要应得益于教材选编的经典文学作品。因为文学作品中鲜明生动的艺术形象最能吸引学生的阅读与欣赏，使他们由欣赏而动情，由动情而移性，在不知不觉中，性格情操得到陶冶，思想感情得到净化，道德行为得到规范，精神世界得到构筑。这一切的实现是熏陶感染式的，不依托于说教灌输，恰如"随风潜入夜，润物细无声"。这也正是语文教育必须激发文学因素的重要价值所在，关乎的正是"立德树人"的教育之本，我们又怎能等闲视之。

课程标准特别强调："要重视培养学生广泛的阅读兴趣，扩大阅读面，增加阅读量，提高阅读品位。提倡少做题，多读书，读好书，读整本的书。"统编教材最佳地体现了课程标准的这一要求，选编了大量的经典的文学作品，牢牢抓住了"多读书，读好书"这个"牛鼻子"。这当然就要求我们在使用统编教材时必须十分重视并且充分发挥语文的文学性之教育功能，在潜移默化的精神熏陶上下功夫。笔者在一次听课中发现，即使是一年级下学期的小朋友，也能敏锐地感知文学作品形象的力量。老师在导读"识字8"《人之初》时，其中第一句为"人之初，性本善"，在学生粗知"善"的大概意思之后，教师提出了一个问题："在我们已经学过的这些课文中，你觉得哪些人和事是'善'的？"在一旁听课的我，正愁小朋友答不上时，不料他们发言十分踊跃：

——《吃水不忘挖井人》里的红军是'善'的，他们为乡亲们挖井，让大家都可以喝到清洁的水了。"

——"我要说，这不光红军是'善'的，还有乡亲们也是'善'的，乡亲们也参加了挖井，而且新中国成立后还在井边立了碑——'吃水不忘挖井人，时刻想念毛主席'。"

——"《端午粽》里的外婆也是'善'的，每年的端午节，外婆总会煮好一锅粽子，盼着我们回去。我外婆也是这样的。"

——"兰兰也是'善'的，她那双胖乎乎的小手会画画，会帮大人做家务，还想着变成大手时要为大家做更多的事。"

——"《妞妞赶牛》里的妞妞也是'善'的呀，牛要吃河边的柳，妞妞硬把牛拉开了。"

……

课文中的那些文学形象，即使对于一年级的孩子来说，也会留下深刻的印象。

3. 文学表达的语言示范

文学语言是文学作品形式最重要的基本因素，当然也就形成了语文教学中学习语言表达的宝贵材料。正是在语言学习这一根本点上，语文教学就必须十分重视其文学因素功能的发挥。

无论是诗歌、小说、散文和戏剧，所有的文学作品必须借助于精美的语言来反映社会生活，塑造艺术形象。包括作品中人物的语言和作者的叙述语言，都必须在民族共同语，特别是人民群众新鲜活泼、丰富多彩的口头语言的基础上，经过加工、提炼，逐渐形成、丰富、发展起来。这就形成了文学语言所具有的准确、鲜明、生动，富于形象性和感情色彩，充分个性化和高度精练、含蓄等特点。显然，这无疑是语文教学中最值得学生学习的语言范本。

统编教材四年级上册第 10 课，是著名文学家、教育家叶圣陶先生写的《爬山虎的脚》，"爬山虎"会"爬"当然要有脚，可植物爬山虎又怎么会有脚呢？它的脚是什么样的呢？怎么长出来的？自然是这篇课文的重中之重。一位教师在导读这一课时，先采集了一些爬山虎的枝条，在学到这一段时，就直接把一截截枝条发给小朋友观察，明白是咋回事。大家看明白了，课文也就学完了。应当说，能对照实物观察体验，读懂课文，不失为一种不错的教学方法。但这毕竟不是科学课而是语文课，作为语文课首要的是应当让学生在识字断文中去读懂文字是怎样表达的，必要的观察，也应当是为理解文字如何表达服务的，而不能用观察简单来代替欣赏文字的表达技巧。在课文中，作者把"脚"表达得既简明畅达又层次清晰，这才是学习语言表达的至要。教师若能以图梳理则可为：

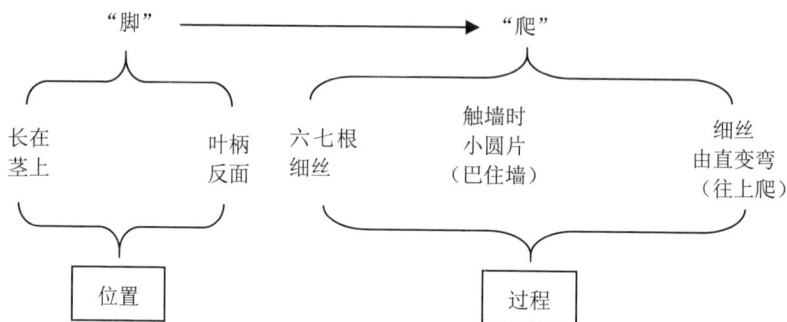

图5-3　思维导图

由此，才能体会到作者用语言表述是何等准确、细致、清晰、生动。

4. 源于生活的美与价值

我国早在十八届三中全会上就提出了"改进美育教学，提高学科审美与人文素养"的问题，以中央"决策"的形式重申了美育在现代教育中的地位。我们要充分发挥语文教育中的文学性，也就是因为它能给人以特别强烈的审美感受。这也正是文学重要的社会作用之一。

所谓审美感受，就是在辨别出客观事物的美与丑、真与假、善与恶的同时，对美的事物产生兴趣和感情上的激动、精神上的满足等特殊心理活动。优质的文学作品，在进步的世界观、人生观、价值观的指导下，将生活中比较粗糙、分散、处于自然形态的社会美和自然美形象地提炼为更强烈、更典型、更理想的艺术美，以影响、提升人们的思想感情。同时陶冶和培养健康的生活情趣和高尚的艺术趣味，提高欣赏水平，促使人们能敏锐地加强对现实中美的感受和领会的能力。

统编教材中所选的文学作品，大多具有经典性，在教学过程中要让学生真正得到感悟和熏陶，并非只须一读了之，而必须紧密联系学生的阅读感受，循循善诱，启发引导。

记得之前的人教版教材中有一篇关于小蜜蜂爱劳动的课文，其中有一句说："一只工蜂最多能活 6 个月，活到限数，自己就悄悄死在外边，再也不回来了。"一位老师问学生："这里的'限数'是什么意思？"一个学生举手回答说："'限数'就是小蜜蜂完蛋了。"学生用"完蛋"来解释，意思没有错，但感情色彩不对。于是，教师抓住这个契机说："你讲的意思没有错，但作者在这里可以用'完蛋'吗？课文为什么不用'完蛋的日期'？"教师提出这一点，学生便特别关注思索了——

——"'完蛋'只能说坏人，小蜜蜂是好样的，不能用'完蛋'。"

——"如果这里用'完蛋'，就表现不出老梁（养蜂人，笔者注）对小蜜蜂的感情了。"

——"工蜂的精神很伟大，把它说成是'完蛋'，是对工蜂的不尊敬。"

……

这里，正说明了"限数"与"完蛋"，不只是一个用词问题，而事关审美感受的根本问题。

5. 百花齐放的文体教学

所谓文体就是文章和文学作品的体裁。文章和文学作品的内容不同，在形式上就会有不一样的体例，而将众多的体例，按其性质、特征是否相近归成若干大类，就成了"文体"。《文心雕龙·定势》中有言："夫情致异区，文变殊术，莫不因情立体，即体成势也。"意思是说作者在作品中所表达的感情、旨趣，总是随着文章的不同而采用不同的表达方式来确立不同的文体的。所以，我们为了更好地读懂作品的内容，就不能不考虑它采用的是什么文体。于是，语文教学中的读与写，我们都不能不具有一定的文体知识。统编教材的选文基本上是文学作品，我们也就自然地需要就文学作品的体裁进行适度的教学，而这种教学又自然地成为语文教学中充分发挥文学性的一个重要方面。

统编教材五年级上册的《牛郎织女》是一篇关于民间故事（体裁）的文本，有着语言平实、情节生动、生活气息浓厚、便于口头讲述的特点，这是因为它本来就是在生活中人们口头流传的故事。一位教师在执教这篇课文时，让学生阅读了神话《牛郎织女》和文艺性科学小品《银河边的牛郎星和织女星》，着重让学生体会不同文体对同一题材的作品所采用的不同表达方式。从而让大家体会到神话虽然也是口头讲故事，但它采用的却是以想象和幻想来试图从社会生活化的角度，解释原始社会人们不能理解的某些自然现象，因而对天庭、王母娘娘、仙女、天兵天将等交代得特别生动、具体。而科学小品则采用了科学说明的方法，适度采用形象生动的文学语言，重点在说明相关的科学知识。就这样，教师"因文制宜"，综合进行了多文体作品的群文比较阅读，让学生对文学作品不同的体裁特征和作用有了比较深刻的认识。

6. 多元赏析的思辨效应

文学作品在反映丰富的社会生活时，其角度是多元的。因而人们对文学作品的思辨赏析所做出的探讨与评价也往往是多元的。小学生阅读文学作品虽然主要是感染和欣赏，但是也会做出自己的评价；特别是对作品表现出来的是非、善恶、美丑，不可能没有自己的想法。正是从这样的视角，我们认识到儿童阅读文学作品一样可以激发出他们的思辨效应。显然，这对于发展儿童的思维具有十分重要的价值。

入选统编教材的许多文学作品都是经典之作，尤其有着可以发展孩子思辨能力的潜在价值。在语文教学中我们就要充分体现文学的这种教育功能，不能只是停留在简单的"读故事好玩"这样的浅层表面。它应当也是阅读教学要"边读边想"的基本要求。这在《义务教育语文课程标准（2011 年版）》第一学段教学目标中就明确提出："对感兴趣的人物和事件有自己的感受和想法，并乐于与人交流。"

教学《狐狸分奶酪》一课时，一位小朋友说："怎么可以叫狐狸去分奶酪呢？狐狸很刁猾，小熊不会自己分吗？"老师觉得这个想法很有意思，就让大家思考：如果小熊兄弟自己分，该怎么分才会公平呢？学生纷纷争着发表自己的想法：

生1：小熊完全可以自己来分，如果分得有多有少，不要在乎，反正相差不会太多，都是兄弟嘛。

生2：如果发现分得相差有点大，也有办法解决呀！可以再切一点，分给小块那边，不就相差不大了。

生3：如果真想分得很匀，可以让一只小熊来切，切开后再让另一只小熊先挑。

生4：这个办法好，先把办法讲明了，切奶酪的那只小熊一定会切得很用心，尽量使两块大小相同。要不，大的一块就会被另一头小熊挑去了。

生5：碰到了问题，一定要自己想办法解决。随便叫别人来解决就可能会上当。

……

于此可见，在阅读文学作品的过程中引发学生的深度思考，不仅可以对生活历练做沟通体验，而且能在对文本意蕴的深度解读中同时实现对语言文字的实践运用。这也正是语文教学重视发挥文学因素功能的价值所在。

第五节　古诗词的"意象"之美

汉赋、唐诗、宋词、元曲、清联，被人们誉为中国民族文化的"五座高峰"。我们不难发现，在这"五座高峰"中，一脉相承的是"诗"，是诗的精神和身躯。这就不难理解为什么说中国是一个诗的国度。可见，统编小学语文教材之所以大量增加古诗词的分量而成为一大特色，不只合乎情理，更有其深刻的意义。

统编教材中古诗词的分量增加了，其教学价值自然也相应提升，这就要求我们对其研究行为的关注。特别是古诗词的教学不能停留在"习惯"上，只管词语解释和文白对译这个层面，而应当构建以意象为中心，串联其对历史意义的认知、促进情感思维的发展和审美能力的提升。

这里所谓的"意象"是指文学艺术作品中通过某一特定的物象来表现渗透创作者主观感受所产生的意义和情调，简单地说，也就是寓了作者之"意"的生活物"象"。它可以是客观事物在作者头脑中的直接复现（回忆性的意象），也可以是已通过了创作者的加工改造（创造性的意象）。意象往往具有这样一些特点：一是所反映的是具有感知觉的直观性和形象性，如"月""楼""梅""帆"等；二是这些直观的物象又往往具有很强的寓意性，如以月色寄托思念，以楼台抒写送别，以梅花象征品格，以孤帆代表远行，等等。三是这些直观的物象又具有丰富的概括性，如月亮不只是寄托思乡愁，又可以是念友情，记述季节更迭，慨叹岁月如流。也正是因为意象所具有的形象性、寓意性和概括性等特点，才造就了它在古诗词的构思中成了最活跃的因素。当作者有了主观的情思之后，古诗词的创作，必须得找到与之相应的境象。情思与境象的结合，才有了诗意的寄托和表现。如果是先有意而去找境，那是"因情生景"；如果是先有境而触动了诗人郁结已久的情思，便是"即景生情"。当然更多的情况是两者会同时萌发，难分先后，那是"情景相融"。不论是哪一种情景的共生体，都是形成的"意象"。由此看来诗人在创作的机制中，意象是其"硬核"，这也就决定了意象在古诗词教学中所具有的核心地位和价值逻辑。

在统编小学全套语文教材各个部分中，"识字""识字加油站""课文""阅读链接""语文园地"中的"日积月累"和六年级下册的"古诗词诵读"等，入编的古诗词多达126首，这些古诗词中出现的意象众多，如"月亮""风""梅花""雪""楼""柳""酒""雨"等，其中较多的是"风""月""雪""楼""梅"等。那么，我们在教学中又如何抓住意象这个核心环节来统领教学全程呢？

1. 以意象的捕捉感知主题

古诗词创作的一大特点便是对意象的运用，往往赋"意"于"象"，以"象"表"意"。所以，在读者解读时，要善于捕捉意象去感知作品的主题。如统编教材五年级上册的《古诗词三首》，有两首（《山居秋暝》《枫桥夜泊》）都写了"月"。应当说在古诗词中以"月"作为意象的诗词有很多，据学者统计，在李白 1059 篇诗作中有 342 篇写到了"月"，而杜甫的咏月诗也多达 100 首。课文《山居秋暝》中的"明月松间照，清泉石上流"描写了皎洁的月光透过松林洒落下来，清澈的泉水从石头上潺潺流过。诗人以月光之色和泉水之声的一静一动，把山间的美好晚景描绘得淋漓尽致。而在《枫桥夜泊》中"月落乌啼霜满天"写到的月亮却是在漫天寒霜之中，在乌鸦的啼叫声里慢慢西沉的月亮。这不同的月色，就表达了两位诗人完全不同的心境。前者是王维流连忘返的心情，完全因月夜山村的清幽宁静而沉醉，流露出想长久隐居于此的心愿。而后者的月色却反映出诗人因科举落第返乡时的那种孤寂和忧愁。这就说明同样的"月亮"意象，却连通着完全不同的诗作主题。教师若能在导读中注意意象的捕捉，抓住不同的"月"色，让学生比较一下两首诗写月有什么不同，主题又有什么不同，学生就更能体会到古诗词中意象的重要作用，领悟到应当如何抓住意象，去体会古诗词的思想内涵是如何以意象归纳得到集中呈现的。

2. 据对意象的理解梳理内容

虽然古诗词中的意象只是某一生活中可视的景物，但因为诗人的寄意于彼，使意象具有很高的概括性，意象往往成为全诗的一个聚焦点。这在教学中就往往可以以意象为抓手，去梳理全诗的内容。如统编教材六年级下册第10课《古诗三首》中的《石灰吟》，为明代于谦所作。全诗以"石灰"这一意象作比拟以言志，表达了诗人不畏艰难、坚贞不屈的高尚品质。理解这首诗的意象，先得了解于谦的为人，方能明白他何以要以石灰这一意象作吟。他是钱塘（今浙江杭州）人，明朝的大臣，又是一位军事家。他不仅以爱国献身的精神，令人畏服，而且还清正廉洁，俭约自律，更令世人瞩目。最后在皇权的争逐中被诬杀。这非同凡响的一生，比拟为石灰的千锤万击、粉身碎骨而终留清白，实在是至理至实、至情至美。这就不难理解于谦对石灰的吟诵，正是他一生为人的自许和追求。从中我们就不难引导学生去抓住石灰这一意象用思维支架去具体梳理诗的内容：

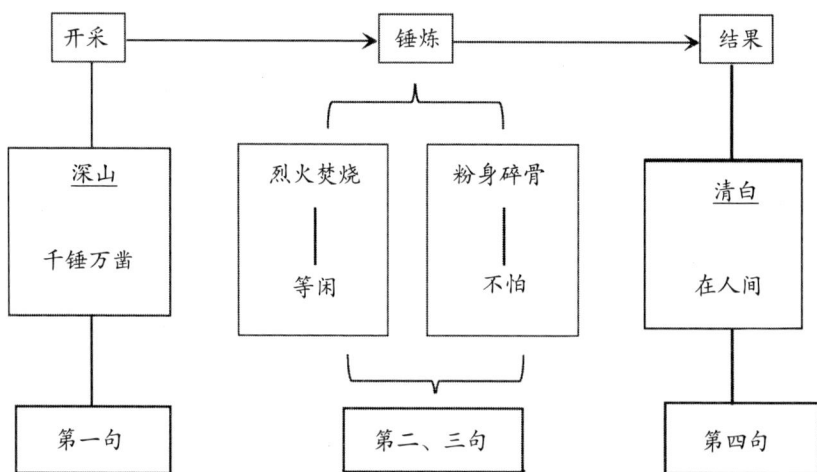

图 5-4　思维支架

这样的梳理，不仅可以让学生明白如何抓住意象去统领全诗内容，还能使其从中悟得诗人创作时形成意象的心理过程和意义求索。

3. 从意象的生发丰富想象

意象从根本上说来源于对客观世界的感知，它是诗人有记忆以来就开始的感性生活的全部，这就决定了意象是诗人对外部事物从某一视角所作的概括，本身就蕴含了丰富的想象。我们在教学古诗词时，完全可以抓住意象去还原生活的真意，生发丰富的联想，学生不仅对诗意有深度的理解，而且也激发了他们基于特定现场的想象能力。在教学统编教材六年级上册《六月二十七日望湖楼醉书》时，一位教师以"望湖楼下水如天"一句中"楼"的意象为契机，让大家反复诵读全诗，想象当时苏轼写下这首诗的情景。在讨论中触发了大家丰富的想象，并借此提升了联想思维的能力：

——"我从'黑云翻墨'的描写中联想到了夏季雷雨天的情景，黑云就像倒翻了墨汁瓶，从天边滚滚而来。诗人在'楼'上居高望远感受这暴雨，自然会写得更加形象。"

——"我补充一点，诗中'黑云翻墨未遮山'的瞬间，白亮白亮的大雨点就来了。这让我想到夏季雷雨天说来就来的快速，如果走在路上，要想躲避都来不及。诗人在靠湖边的楼上，会感受得更真切。"

——"要说快，正是这种阵头雨的特点，诗中所写'卷地风来忽吹散'正是这样。我联想夏天碰到过的雷阵雨，有一次暴雨刚刚过去，一下子阳光竟然又出来了。"

——"暴雨过后的'望湖楼下水如天'写得真好。我去西湖边玩过，西湖十分开阔，湖面水天连成一片，看起来湖似乎就更大了。我有这种感觉。"

——"我从题目中的'醉书'联想到当时苏轼在楼上开怀畅饮，差不多快喝醉了。他用醉眼看湖上的一场暴雨，一定特别开怀，特别有感受。"

——"我从查找资料中得知苏轼在杭州当地方官，叫通判。六月二十七日那天，他游览西湖共写了五首诗，这是其中的一首。我可以想象他那时心情十分高兴，才能把这场大雨写得这样好。"

——"我从地点'望湖楼'可以想象，这肯定是当时的一家著名酒馆，而且地址肯定就在湖边，可以从楼上观望西湖全景，所以体会才会特别真切。"

……

4. 作意象的比照促进思维

在古诗词中作为意象的事物往往会带有一定程度上的同质性，这是因为客观上某些景物更容易引发诗人的触景生情。如"月""水""梅""帆"等，但这些相同的景物，在引发诗人的情意时会有所不同，这就为展开不同诗词中对同一意象的比照创造了条件。这样的比照过程，不仅是让学生获得了挑战大脑，展开深度思辨的机会，而且在比照中更可以深入体悟诗词的丰富意蕴，应该是一举多得的教学策略。在一堂二年级上册的语文课上，学的是第 18 课《古诗二首》中李白的《夜宿山寺》"危楼高百尺，手可摘星辰。不敢高声语，恐惊天上人。"诗人充满浪漫的想象，山寺本来已是高耸入云，再加上寺中之楼，自然会因奇高而显"危"。高到什么程度？一是高到伸手似乎就可以摘下天上的星星；二是与"天上人"已相距很近，以至不敢高声说话，怕惊动了他们。诗人以浪漫的笔调、大胆而夸张的想象，淋漓尽致地写出了高山顶上危楼之奇高而给人以非凡气势的感受。执教的老师在引导孩子诵读、理解的基础上忽出奇招：我们从这座山寺危楼中可以回想到这学期学过的另一首也写"楼"的诗，还记得吗？学生马上兴高采烈地背起了这一册第 8 课《古诗二首》中的《登鹳雀楼》："白日依山尽，黄河入海流。欲穷千里目，更上一层楼。"教师就趁机提出："两首诗都写有'楼'，这两座'楼'有什么不一样吗？"于是大家就议论开了。有的说："这两处都写楼，而且是有不同特点的楼。危楼是出奇的高，鹳雀楼不是很高，书上画的也只是三层。"有的说："写危楼的高是通过夸张、比喻的方法；写鹳雀楼主要不是写高，而是上楼看风景。"还有的说："《登鹳雀楼》写登楼主要是讲了一个道理：登得高就能望得远。"显然，这样拿古诗词中的意象作比较对照，确实有助于激活思维，推进深度阅读。

5. 借意象的"概括化"深悟诗意

意象的外在形态只是生活中可以直观的某一物象，但诗人借助这一物象以明志、以抒情、以寄意时，这个物象就有了情景交融的丰富内涵。也就是说，它已不再是一个单纯的物象，而是"象"与"意"的叠加融合而获得了"概括化"的整体效能。所以，在古诗词的教学中，教师应引导学生抓住意象去深悟诗词的丰富意蕴，才能达到学生不仅知其意，而且能感乎情、励乎志、勉乎行的深悟效果。如在导读统编教材四年级下册第21课《古诗三首》中的《墨梅》时，教师就结合介绍了作者王冕的生平和以墨梅述志的背景：王冕，元朝人，别号梅花屋主，浙江诸暨枫桥人。他从小酷爱读书，因家贫失学牧牛，但他在牧牛时常私下溜进学舍，旁听村童诵读而跟着学。后来又夜潜庙宇佛堂，坐佛膝上借长明灯光读书。成人后，初试进士不第，又深感当朝元代的政治腐败、气运将尽，乃负气怀愤，出言无所顾忌，而被视为狂。他浪迹江湖，最后归隐九里山中，以开垦荒地勉度生计，又植梅千棵，自题草舍为"梅花屋"，唯待明朝兴起。王冕诗作、绘画、书法、篆刻俱佳，自成风格，堪称名家，特别爱画墨梅。他的一幅《墨梅图》收藏在故宫博物院，课文中的这首诗是题画诗，其诗意也正是他一生的写照。

在学生了解了王冕生平的基础上，教师就可以让大家进一步研读讨论：为什么这首诗是他一生为人处世的写照？这株梅花种在什么地方？它与"洗砚池"有什么关系？梅花本来是什么颜色的？为什么王冕爱用淡墨色画梅花，表达了他怎样的人生追求？王冕笔下的墨梅，又表现了怎样的意蕴？……显然，如此抓住"墨梅"的意象来深悟诗意，其根本点就在于抓住了"墨梅"这一意象的"概括化"，来还原诗人表意的细处，就在这个还原过程中达到对诗意的深入开掘。

在古诗词的教学中我们若能牢牢抓住"意象"这一诗词创作中的"硬核"，即能从"象"的直观感知发掘诗人"意"的寄托宣泄，无疑是可以为儿童自读古诗词赋予一个重要方略。

当然，在有些古诗词中不只是一个"意象"的呈现，而是多个意象的叠加。如统编教材六年级上册第 17 课《古诗三首》中的《江南春》："千里莺啼绿映红，水村山郭酒旗风。……"其中的"水村""山郭""酒旗""风"，便是四种意象的叠加，中间没有任何联系词，集中展现了江南春光的声色之美和独特的地理风貌、生活气息。这在古诗词中是对"意象"的多样运用，也是值得我们注意的。

第六节 "融合性文体"的存在逻辑与教学价值

小学语文的阅读教学，应当具有文体意识。这是因为小学语文教材历来是以选编现成作品为主的，这自然就少不了文体的存在。"文章以体裁为先"，所以作者在写作之前，总会思考如何"宜正体制"的问题；完篇后，又会顾及务必"不失体裁"。之所以这很重要，皆因"文章之体裁，犹宫室之有制度，器皿之有法式"的道理。造宫室和制器皿的人，如何"苟舍制度法式，而率意为之，其不见笑于识者鲜矣，况文章乎"（明代徐师曾《文体明辨序》）？所以，如"陶者尚型，冶者尚范，方者尚矩，圆者尚规"一样，著文者当然会十分看重文体，编选者也不可能丢弃了文体意识。唯此，便足见在语文教学中教师重视对文体问题的关注和研究，是一个十分重要的方面。

那么，我们要重点探讨的"融合性文体"所指何谓？这就得先从"文章"说起。所谓"文章"可以说指所有反映客观事物，组成为篇章的书面语言。在中国古代文论中，文章也包括了文学作品。现代的文体概念，非文学作品的文章，通常指记叙文、说明文、议论文和应用文四大类；文学作品的分类则比较复杂，有"二分法"（"韵文""散文"）、"三分法"（"叙事类""抒情类""戏剧类"），更为通行的是"四分法"，即"诗歌""小说""散文""戏剧"（参见《写作大辞典》，庄涛等主编，汉语大辞典出版社，1992年）。在文学作品中的"儿童文学""民间文学"等还会有更细的分类。

文体分类的复杂性在于它的不断形成和演变是由一定的社会生活决定的。社会在不断变化，文体的分类当然也在不断变化。某些文体的形成还与在一定的社会发展阶段出现的技术条件和交际需要等各种因素密切相关。如随着近代大工业时代的到来，机器印刷术出现了，报纸可以大行其道，便随之产生了许多新闻文体，如报道、通信、特写、访谈、评论等。这些文体，既有以真实叙事为主体的特点，又采用了一些文学的表现手法，至于我们现在能够经常读到的诸如报告文学、人物传记、游记、回忆录、科普作品等，虽有很强的文学色彩，但又从根本上有别于以虚构为主要手段，以人物形象塑造为基本特征的文学作品。它所呈现的是客观存在的人和事，有自己的实用意义，但同时又借助于文学手段，使作品也富有形象性、可读性和感染性。这就成了"实用"的和"文学"的两者相融的体裁。这种融合性文体属不同文体跨界联通所形成的一种中间文体，也被人称为交叉文体。从根本上说，融合性文体的不断涌现和大量出现是文体发展的必然规律。因为所有写作都是为社会生活中的表达交际需要服务的。表达交际的需要在先，而文体的研究整理在后，所以，新的文体总是随着时代写作的步伐前行，本来就是一个无法事先框定的世界。

笔者学习和使用统编教材，并研究其文体要素，觉得有这样一些特点：

一是着重考虑到学习者是儿童的特点。这集中表现在文体的安排是以儿童文学体裁为主线的，这比较符合儿童的认知规律。如一、二年级的上下册，大量出现的是童谣和儿歌。因为这是儿童最容易也最乐于接受的。孩子在出生之后最早听到的应该就是母亲的催眠曲和摇篮曲，那就是儿歌的一种形式。之后在幼童生活中也总是少不了民间歌谣的耳闻口诵。到了三年级上册，不仅童话体裁的课文更多了，而且在第三单元还有了集中读童话的编排和"我来编童话"的习作练习。到了三年级下册，则有了"寓言"的集中阅读（第二单元）。显然，由于寓言的故事形式相对比较短小，而又隐含着讽喻意义，可以让孩子自己去体会、领悟，并从中获得教益，当然也比较能为儿童理解和接受。之后出现的各类文体，也大多以儿童的人物、生活事件为本，自然也多有儿童文学倾向。

二是充分体现了语文课程的特点。语文课虽具有很强的文学性，但毕竟不是文学课，它只能是"一门学习语言文字运用的综合性、实践性课程"。为了有利于学生学习、运用好语言文字，在选文时当然不会受文体的约束，所以在教材中出现较多的各式的融合性文体，既反映出写作交际的生活现实，又会更容易贴近儿童语文学习运用的需要。

三是作为教材，选文还必然会服从教学目标、程序的安排。"双线组元"是统编教材的主要编排特点之一。各册各单元均设计为有"人文目标"和"语文素养目标"前后连贯、循序渐进的逻辑系列。这个逻辑系列才是主要的，其他方面（如"文体"等）自然只能是兼顾。因此，更多的融合性文体入选势在必然。如"回忆录""人物传记"等无疑是革命传统教育的需要；而游记、访问记等则是培养学生家国情怀的必然；各种科学小品，当然更是在丰富见闻、发展科学思维、培养具有科学精神的新一代方面所不可缺少的。而所有这些文体又大都是融合性文体。

四是教材受学业程度与教学实施的严格局限，难免要由编者对现成作品做节选和改编，这也会带来在文体认知方面的复杂性。如《为人民服务》本来是毛主席在张思德同志追悼大会上的"演讲稿"，不是纯粹的议论文。《火烧云》节选自萧红的自传体小说《呼兰河传》；《芦花鞋》则选自曹文轩的长篇小说《青铜葵花》。这两篇课文都是长篇小说的节选，但前一篇的节选已经很难见到小说的特点，似乎更像一篇科学小品或散文，这无疑在文体的认定上会带来一定的复杂性，但作为学语文的教材之特殊性，这样节选是完全合理的。

由以上四个方面我们不难发现，其实教材中大量的课文都属融合性文体。这种文体在课本中是有其必然的存在逻辑的，它成了语文课程内容的重要体现，也就是因为它在学习语言文字的运用上有其重要作用，具有不可替代的教学价值。问题是我们在教学中必须充分认识到它因"融合"而成一种新文体的意义所在，并充分发挥它如下的诸多教学价值。

1. 正确认识融合性文体教学的认知功能

语文是文化的载体，作为母语课程，其功能决不只囿于识字断文，而是要以文化人，以文育人，在与贤杰对话认识大千世界中丰富认知，建设好自身的精神家园。融合性文体十分有助于将各方面的认知对象汇聚到学生面前，既可以有宇宙之大，也可以有虫鱼之微；既可以有上下五千年的穿越时空隧道，也可以有纵横亿万里的巡视九州四海……而所有这些借助于各式文体的作品，特别是带融合性的交叉文体，自然更能曲尽其妙。如统编教材三年级下册的《我们奇妙的世界》，这是英国作家彼得·西摩写的散文，作者以简洁、清新的文学语言为我们画出了一个充满了生命力的奇妙大自然，也正如单元人文主题所揭示的"天地间隐藏着无穷无尽的奥秘，等待我们去寻找"。读过了"从天空到大地"之后，再来看看一般人都难以见到的《海底世界》，课文从海面写到海底，从海底的声音引向海底的动物、植物和矿物，最后总结"海底真是个景色奇异、物产丰富的世界"，其写实的知识性倾向告诉我们这应当是一篇科学小品文，属兼具知识性和文学性的融合文体的作品——"科普作品"。《火烧云》是萧红自传体小说《呼兰河传》的节选，但单独成文后，我们就很难拘泥于它原先的文体，也仿佛是一篇描写自然景观的科学小品，因为在这部分它已缺失了小说的固有特征，但我们又必须知道它属长篇小说中的一段节选。本单元的习作《国宝大熊猫》，虽然是小学生作文，但从表现手法上看可能得更多地倚重于科学说明文的写法，在这里真正达到了"读"与"写"的密切结合。以上的简单分析可以得到这样的例证：融合性文体的课文会更具有强大的认知功能，课文的体式与课文的内容在这里的相谐最为关键，这无疑也是我们最重要的教学视点。

2. 重在学习融合性文体的语用技巧

选编为教材的课文，都是学习语言文字运用的好材料，体现的是工具性与人文性的密切结合。而教学那些融合性文体的课文，正因为能在文体上更适合时代生活的交际需要，也就会拥有更大的语用训练价值。这里的重要问题是我们在教学中对语用技巧的品析和学习，要充分考虑到"文体各异，学法有别"。这是因为作者根据不同的文体，会采用不同的语体（即不同风格的言说方式）。语体与文体是有着密切关系的，如记叙文多采用叙述语体，要求准确、具体、清晰、有序，必须把事情的来龙去脉、经过结果记述得具体、清楚。议论文属议论语体，强调的是严密的逻辑性、思辨性和说服力。说明文多接近于科技语体，对语言的准确、严密、清晰、简洁要求很高。文学作品当然属应用文艺语体，其语言形象、生动，既富有想象力，又富有生活气息。在语文教学中由文体到语体，再到语用，是一脉相承、高度统一的。如《燕子》是郑振铎先生写的一篇文学散文，题目虽称"燕子"，其实由衷赞美的是充满生机的春天景色，当然，燕子是一个突出的代表形象。但有一位老师因为不清楚文体，在语用训练上也就错位于"说明文"或"科学小品"一类，其品读结构的板书，多体现为知识性的语用技能，成了：

$$
燕子\begin{cases} 外形——羽毛、翅膀、尾巴 \\ 生活习性——春天从南方赶来 \\ 飞掠——天空、柳树、湖面 \\ 休息——飞倦了落电线上 \end{cases}
$$

显然，如果是"文学散文"的语体意识，就必然会关注这样的语用指向：

燕子——春天

$$
情境\atop描写
\begin{cases}
一、\boxed{燕子}形象：乌黑（羽毛）\quad 轻快有力（翅膀）\quad 剪刀似的（尾巴）\\
二、\boxed{春色}光彩夺目：轻风吹拂\quad 细雨洒落\quad 柔柳\quad 花\quad 草\quad 赶集\\
三、\boxed{飞行}灵动：剪刀似的（尾巴）\quad "叽"的一声\quad 这里——那边\quad 掠过\\
四、\boxed{停歇}静美：嫩蓝\quad 春天\quad 几支（木杆）\quad 几痕（细线）\quad 有趣图画
\end{cases}
$$

这显然是指向"描写"的语用技巧。比之前例指向"知识"的语用技巧，其目的和意义就不是同一回事了。

3. 充分感受融合性文体教学的交际需求

各类文体的写作都会有一个共同目标，这就是交际需求。在思想的交际过程中，口头语言是思想诉诸听觉的交际形式；书面语言（文章）是思想诉诸视觉的交际形式。只不过书面的文章更能打破时间和地域的限制，可以大大地增加思想交际的容量和提高思想交际的质量。在当代，社会生活是空前多元的，要满足这种时代的需求，文章交际的体式也必然会随着不同交际的需求而衍生出多种多样的体态。教材中许多融合式文体的出现，正体现了这种需求的存在逻辑。如统编教材五年级下册第四单元的第 10 课《青山处处埋忠骨》、第 11 课《军神》、第 12 课《清贫》，都是"人物传记"。从革命先烈方志敏，到人民领袖毛主席，再到开国元帅刘伯承，虽然记述的都只是一个片段，但为人民为革命坚强不屈的精神、壮志凌云的意气，可谓惊天地、泣鬼神。而让下一代承传好红色传统，就必须从了解历史人物入手。这无疑是对超时空交际的一种现实需求。这组课文对于革命传统教育正是不可或缺的好材料，而"人物传记"的文体也属"融合性文体"，既有革命伟人真实写照的一面，又借助了描述英雄形象的文学方法，特别具有感人的激情。又如第七单元的第 18 课《威尼斯的小艇》、第 19 课《牧场之国》、第 20 课《金字塔》，

三课从文学体裁看应属"散文"，但说成是"游记"更贴切。"游记"，也属"融合性文体"，既有异国风光的纪实，又有文学手法的描写。而三篇课文写的都是域外风光，从意大利的威尼斯到荷兰的水之国、花之国、牧场之国，再到埃及的金字塔……所有这些，也正是开放的时代，对全球化的文化交流和国际理解。从这里足见教材中"融合性文体"的涌现绝非偶然，而正是体现了高度开放的时代交际之必然需求。

4. 着力培养融合性文体教学的读写能力

文章或作品一旦形成，便会在社会上进入交际，通过传递和散播，沟通文章和作品的生产和消费。语文教学从某种角度看也正是通过传播达到育人目的的一种形态。而读写能力正是在这样的过程中必须具备的基本能力之一。有了这样的能力，学生才能从教材中形成"接受"形态。学生对教材文章的接受是必须通过个体独特的感受、体验、理解、补充、拓展、批判等形式来实现的。这一系列产生于接受过程的心理活动的高下优劣也就是读写能力的高下优劣。

读写能力不能凭空产生，它只有在具体的读写活动中，经过实践，反思，再实践，再反思而获得逐步的提升。今天，学生需要的读写能力不是一种单一文体作品的读写能力，而应当是对多元社会、多元文化思想交际所形成的多种文体的读写能力。特别是随着时代进步和科学昌明的需要而不断涌现的各式新文体的读写能力，这就包括了许多融合性文体。如统编教材三年级下册的第四单元是按照"观察与发现"这样相当独特的思维发展要求来编排的。观察发现的对象是什么？当然是"大自然"，于是便形成了本单元"自然界如此奇妙，留心观察，会有新的发现"这样的人文目标。第13课是《花钟》，是一位植物学家把不同时间开放的花种成了一个花的"时钟"，让这些花在二十四小时内依次开放，人们从什么花开放的时间，就可以去读懂这个特别的"花钟"了。引入如此有趣生动的一件事，却是一种独特说明文的文学化呈现。在观察第

14 课《蜜蜂》时应当是介绍相关生物知识的说明文，但却是法布尔（昆虫学家）记述"我"和小女儿所做的一个有趣的实验：探求蜜蜂辨认方向的能力到底有多强。第 15 课《小虾》是作家菁莽写的一篇散文，采用文学的笔调，呈现的却也像是一篇关于小虾生活习性的科学小品。通过对这样三篇融合性文体文本的学习，在阅读能力上要达成的那个点是"借助关键语句概括一段话的大意"，这显然是阅读这类文章的重要能力。在习作训练方面，则同样紧扣"观察事物的变化"，怎样"把实验过程写清楚"。这里我们便不难发现在一些"融合性文体"课文的教学中，对此是有其比较特殊的读写能力培养任务的。当我们在导读这类课文时不可掉以轻心。

5. 深度提升融合性文体教学的思维水平

教材中许多融合性文体的教学，我们更不能忘记了它们在激发学生思维碰撞，发展学生思维能力方面的重要作用。

教育实践表明，思维能力每一个人都有，但确实有高阶、低阶的区别。对照布卢姆的教育目标分类理论，人们一般会把"认知过程中的感知记忆、理解等归于低阶思维能力，而把分析、综合、评价、创造等视为高阶思维能力"。虽然这并不是绝对的，但确实有一定道理。

尽管"文体论"曾经是中国"文论"的重要组成部分，但因为古今的文章大相径庭，对文体的分类也就不可同日而语。从选入统编教材的多篇小古文而言，大多都是一种融合性文体文本，既有"记叙"，往往间杂了"议论"，也不乏"说明"。但有思想深度是其共有特点，所以也特别具有发展思辨力的教学价值。如统编教材六年级上册的《书戴嵩画牛》就存在着"牧童的话到底对不对"的思辨。牧童的话来自他在牧牛生活中获得的认知，是"搐尾而斗"，不是"掉尾而斗"。苏轼不仅认可牧童的话，而且上升到"耕当问奴，织当问婢"的高度，这在他的另一篇短文《书黄筌画雀》，也表示了同样的意思："黄筌画飞鸟，颈足皆展。"或曰："飞鸟缩颈则展足，缩足则展颈，无两展者。验之信然。乃知观物不审者，虽画师且不能，况其大者乎？君子是以务学而好问也。"

但是世界很大，物各有殊，虽然有搐尾而斗之牛，但也有掉尾而斗之牛，所以在课文的"注释"中也指出了这一点，说明牧童的话不全对，他只是就他看到过的斗牛而言，认识面还是不大。再说艺术创作虽来源于生活，但比生活会更集中、更概括，会高于生活。唐代的王维是位大诗人、大画家，但他画的一幅《袁安卧雪图》中竟有雪地芭蕉的景物。这在现实生活中不存在，但在绘画中可以存在。正如沈括在《梦溪笔谈》中所评论："书画之妙，当以神绘，难可以形器求也。"他还举例说彦远画评言："王维画物多不问四时，如画花往往以桃、杏、芙蓉、莲花同画一景""……雪中芭蕉此乃得心应手，意到便成，故造理入神，迥得天意，此难可与俗人论也。"也真是，正如课堂上一学生所说："红牛牌饮料罐上画的牛不但掉尾而斗，还是红色的，难道世界上有红色的牛吗？但是我们不会说他画错了，反而觉得好看。"于此可见，牧童的话就不对了。

显然，在语文阅读教学中开展批判性阅读、反思或辩论，可以使融合性文体的课文的批判性阅读、反思或辩论更加凸显。

参考文献

［1］江曾培，郝铭鉴，孙颙．文化鉴赏大成［M］．上海：上海文化出版社，1995．

［2］孙隆基．中国文化的深层结构［M］．桂林：广西师范大学出版社，2004．

［3］吕思勉．中国文化史［M］．厦门：鹭江出版社，2014．

［4］曹明海，张秀清．语文教育文化过程研究［M］．济南：山东人民出版社，2005．

［5］陈弦章．语文教育文化论［M］．桂林：广西师范大学出版社，2008．

［6］张志公．传统语文教育初探［M］．上海：上海教育出版社，1962．

［7］朱绍禹．语文教育辞典［M］．延吉：延边人民出版社，1991．

［8］袁真．姓名学概论［M］．拉萨：西藏人民出版社，2001．

［9］陈资璧，卢慈伟．你的第一本思维导图操作书［M］．长沙：湖南人民出版社，2012．

［10］顾明远．教育大辞典［M］．上海：上海教育出版社，1998．

［11］张隆华．中国语文教育史纲［M］．长沙：湖南师范大学出版社，1991．

［12］中央教育科学研究所.叶圣陶教育论集［M］.北京：教育科学出版社，1980.

［13］周一贯.语文教学研究改革概观［M］.杭州：杭州大学出版社，1992.

［14］周一贯.语文课堂变革的创意策略［M］.上海：华东师范大学出版社，2018.

［15］周一贯.周一贯与语文教育生命观［M］.北京：北京师范大学出版社，2019.